영유아를 위한

놀이지도

영유아를 위한
놀이지도

김정은 저

동문사

머리말

"놀이 속에서 배우고 성장하는 아이들"

영유아의 삶에서 놀이만큼 자연스럽고 중요한 활동은 없을 것입니다. 아이들은 놀이를 통해 세상을 탐구하고, 상상력을 펼치며, 친구들과 교감하는 법을 배웁니다. 또한 놀이 속에서 문제를 해결하고, 창의적인 생각을 키우며, 때로는 자신의 한계를 시험해보기도 합니다. 이렇게 놀이가 가진 무궁무진한 가능성은 유아교육 현장에서 교사들이 놀이를 어떻게 지원하고 지도하느냐에 따라 더욱 확대될 수 있습니다

이 책, "영유아를 위한 놀이지도"는 놀이를 매개로 한 교육적 실천이 어떻게 이루어져야 하는지에 대해 구체적이고 체계적인 가이드를 제공합니다. 현대 교육 현장은 아이들이 직면하고 있는 급속한 사회적, 기술적 변화를 반영해야 하는 도전에 직면해 있습니다. 디지털 기술의 발전, 가정과 지역사회의 변화는 아이들의 놀이 양상과 그 의미에 큰 영향을 미치고 있습니다. 이러한 변화 속에서 놀이의 본질을 유지하면서도, 시대에 맞는 새로운 접근 방식을 모색하는 것이야말로 오늘날 유아교육 현장에서의 핵심 과제가 아닐까 생각합니다.

이 책의 목차를 살펴보면, 영유아 놀이에 대한 체계적이고 종합적인 이해를 돕는 다양한 주제를 다루고 있습니다. 제1장에서는 놀이의 정의와 개념, 놀이의 특성을 구체적으로 탐구하며, 놀이를 통해 배우는 유능한 영유아의 모습을 소개합니다. 이는 놀이의 본질에 대한 이해를 바탕으로 아이들의 놀이를 어떻게 바라보고 지도할 것인지에 대한 기초적인 관점을 제공하며, 제2장에서는 고전적 놀이 이론과 현대적 놀이 이론을 다루며, 놀이를 바라보는 이론적 틀의 변화를

살펴봅니다. 이를 통해 교사들이 다양한 이론적 관점에서 놀이를 이해하고 적용할 수 있는 기초를 마련합니다. 제3장에서는 놀이 중심 교육과정과 2024 개정 표준보육과정, 2019 개정 누리과정 등을 상세히 설명하며, 놀이와 교육과정의 통합적 관계를 탐구합니다. 또한 놀이를 통해 교육과정의 영역을 어떻게 통합적으로 이해할 수 있는지 구체적인 사례를 통해 제시합니다. 제4장에서는 연령별 발달과 놀이의 특징, 영역별 놀이 발달, 그리고 놀이의 발달 단계를 다룹니다. 영유아의 발달 단계에 따라 놀이가 어떻게 달라지는지에 대한 이해를 통해 적합한 놀이 지도 방법을 제시합니다. 제5장에서는 놀이 발달에 영향을 미치는 다양한 요인을 분석합니다. 개인적 요인, 가정환경 요인, 사회문화적 요인, 물리적 요인 등을 구체적으로 살펴보며, 각 요인이 놀이 발달에 미치는 영향을 이해하도록 돕습니다. 제6장에서는 실내외 놀이 환경 구성에 대해 구체적으로 다루며, 안전한 놀이 공간을 마련하기 위한 기준과 평가 지표를 소개합니다. 이는 놀이 환경이 아이들에게 미치는 영향을 고려한 중요한 내용입니다. 제7장에서는 자유놀이의 개념과 중요성, 운영 방안을 중점적으로 다룹니다. 특히, 교사가 자유놀이를 계획하고 실행하며, 놀이를 평가하고 확장할 수 있는 방법에 대해 실질적인 지침을 제공합니다. 제8장에서는 교사의 놀이 지원 방법을 다양한 관점에서 설명합니다. 상호작용을 통한 지원, 놀이 공간과 자료의 변화를 통한 지원, 일과 변화 및 가정 및 지역사회 연계를 통한 지원까지, 교사가 놀이를 지원할 수 있는 다각적인 방안을 제시합니다. 제9장에서는 놀이 관찰, 기록 및 분석 방법을 다룹니다. 이를 통해 교사들이 아이들의 놀이를 체계적으로 이해하고, 이를 바탕으로 한 교육적 지원을 실천할 수 있도록 합니다. 제10장에서는 현대 사회의 변화와 놀이의 미래를 탐구합니다. 디지털 기술과 놀이의 변화, 디지털을 활용한 스마트 놀이, 그리고 놀이와 배움을 연결하는 디지털 놀이 지원 방법을 통해 미래지향적인 놀이 지도 방안을 제시합니다. 제11장에서는 실제로 적용할 수 있는 다양한 놀이의 구체적인 사례를 다룹니다. 수 · 조작놀이, 자연친화놀이, 쌓기놀이, 역할놀이, 신체놀이, 전통놀이, 미술놀이 등 다양한 놀이 활동을 통해 교사들이 현장에서 활용할 수 있는 실천적 지침을 제공합니다.

이 책이 특별히 강조하는 점은 놀이가 단순한 활동 이상의 의미를 지닌다는 것입니다. 놀이 속에는 아이들의 내면 세계와 발달 과정이 담겨 있으며, 교사들은 이를 관찰하고 지원함으로써 아이들의 성장을 도울 수 있습니다. 놀이가 단순히 시간을 보내는 수단이 아니라 배움과 성장의 중요한 도구임을 이해할 때, 우리는 놀이 속에서 아이들과 함께 새로운 세상을 열어갈 수 있을 것입니다.

이 책을 집필하며, 저는 놀이가 가지는 힘을 다시 한번 깨닫게 되었습니다. 놀이를 통해 아이들의 무한한 잠재력을 발견하고, 그 속에서 아이들의 미래를 준비하는 일이 얼마나 중요한지 되새기는 계기가 되었습니다. 이 책이 영유아를 사랑하고 그들의 성장을 돕고자 하는 모든 교사와 부모님, 그리고 유아교육을 공부하는 학생들에게 유익한 지침서가 되길 진심으로 바랍니다.

여러분이 이 책을 통해 놀이에 대한 이해를 넓히고, 놀이를 지도하는 데 필요한 실천적 통찰을 얻어가시기를 바랍니다. 무엇보다, 이 책이 여러분의 현장에서 놀이를 통해 아이들의 웃음과 성장을 끌어낼 수 있는 작은 힘이 되기를 바랍니다.

저자 김정은

차 례

CHAPTER 01

놀이개념

Chapter 01
놀이개념

현재 영유아 교육과정, 즉 2024 개정 표준보육과정과 2019 개정 누리과정에서는 배움으로서의 영유아 놀이의 의미와 가치를 강조하고 있다. 놀이는 유아의 일상에서 자연스럽게 나타나며 유아가 세상을 경험하고 배워가는 방식으로, 유아는 놀이하면서 가장 잘 배우며 놀이를 통한 배움을 지원하는 것이 영유아 교육의 본질이기 때문이다. 따라서 놀이개념에 대한 이해는 필수적이다. 이에 본 장에서는 놀이에 대한 정의, 개념, 본질 및 놀이의 가치에 대해 살펴보고자 한다.

Q. '놀이' 하면 생각나는 단어를 자유롭게 표현해보아요.

Q. '놀이'를 정의한다면 무엇이라고 할 수 있나요? 자신의 생각을 적어보세요.

1. 놀이의 정의

놀이란 무엇일까?에 대한 질문은 상당히 오래전부터 제기되어 왔다. 1800년대부터 최근까지 많은 학자들은 다양한 관점에서 놀이를 정의하려고 하였다. 여러 학자들이 놀이를 정의하려고 노력하였음에도 불구하고 놀이를 정의하기란 쉽지 않다. 그러한 이유는 놀이가 추상적이고 유동적이며 다양한 의미를 가지고 있기 때문이다. 일반적으로 놀이를 생각했을 때 재미나 유희를 위한 행동으로 생각할 수도 있고 또는 영유아들이 경험하는 모든 것으로 받아들일 수도 있다. 놀이는 사람에 따라 다르게 해석될 수 있으며 사람마다 놀이를 바라보는 관점이 다를 수 있다.

놀이는 Play로 'Plaga'라는 라틴어에서 유래되었다. 'Plaga'는 '갈증'이라는 뜻을 가지는데 이는 놀이가 목마를 때 물을 마시는 행동처럼 위 주체자 스스로 자연스럽게 원하여 이루어지는 행동이라는 의미가 내포되어 있다(황준성, 홍주영, 2013). 놀이는 남녀노소 관계없이 모든 인간 심지어 동물들도 즐기는 '여러 사람이 모여서 즐겁게 노는 일 또는 활동'(국립국어원)으로 다양한 학자들의 정의를 살펴보면 다음 〈표 1-1〉과 같다.

〈표 1-1〉 놀이에 대한 정의

학자	정의
시쇼어(Seashore)	표현의 즐거움을 위해 자유롭게 자기를 표현하는 것
프뢰벨(Fröbel)	타고난 본성의 자연계 개화
홀(Hall)	현대까지 남아 있는 과거의 습관과 정신
그로스(Gross)	후의 삶에 필수적인 행동에 대한 진지한 의도 없는 본능적 연습
듀이(Dewey)	어떤 결과를 위해 의식적으로 수행하는 것이 아닌 행동 자체가 목적인 활동
쉴러(Schiller)	무목적적인 에너지 소비
스펜서(Spencer)	본능적으로 일어나는 불필요한 행동으로 이득을 고려하지 않고 즉각적인 만족을 위해 행해지는 활동
라자루스(Lazarus)	자유롭고, 무목적적이고, 재미있는 활동
샌드(Shand)	즐거움으로 유지하기 위한 일종의 놀이
듈스(Dulles)	자기표현과 정서적 탈출 가치의 본능적 형태
커티(Curti)	갈등으로부터 자유롭기 때문에 일반적으로 고도의 동기화된 즐거운 활동

출처: Saracho & Spodek (1995).

놀이에 대한 정의와 함께 놀이가 영유아에게 미치는 영향에 대해 언급한 학자들도 있다. 프뢰벨(Fröbel)은 인간의 가장 순수한 정신적 활동이 놀이라고 정의하면서 영유아는 놀이를 통해 인간의 내재적인 독특성, 개성, 내적 기질, 성향이 개화(unfold)된다고 하였으며, 프로이트(Freud)는 정신분석학적 관점에서 사회 · 정서 발달 측면에서 놀이가 정화(catharsis) 효과에 주요 역할을 한다고 보았다.

피아제(Piaget)는 인지발달론적 관점에서 놀이는 현실 세계와 상관없이 사물의 놀이 활동에 알맞게 변화시키는 상징적 전환이 이루어지므로 놀이는 순수한 동화적 활동이라고 하였다. 아이작(Isaacs)은 놀이는 영유아의 삶 자체이며, 놀이를 통해 주변 세계를 이해하게 되고, 자신이 이해한 주변 세계는 놀이를 통해 재창조된다. 이러한 과정에서 주변 세계에 대한 확고한 지식을 얻는다고 보았다.

레비(Levy)는 놀이 행동을 인간의 개성을 계발시켜 주는 역동적인 과정이라고 하였고, 브루너(Bruner)는 놀이를 통해 행동 선택권이 증가하여 문제해결 및 사고의 융통성이 길러진다고 보았다. Homo Ludens(호모 루덴스; 놀이하는 인간)를 주창한 요한 하위징아(Johan Huizinga)는 인간은 놀이하는 존재로 즉 인간이 하는 모든 문화, 철학, 예술, 종교 등이 원래는 놀이에서 시작되었다는 것이다. 고대에는 사람들이 노래하고 춤추는 것을 놀이처럼 하였는데 이게 점점 종교의식으로 발전했고 그냥 끄적거리던 낙서도 발전하여 예술이 되었다. 또한 사람들이 모여서 함께 놀던 것이 점차 규칙이 생기고 발전해서 스포츠 같은 형태가 되었다고 한다. 즉, 인간이 문화 활동을 시작한 근원에는 놀이가 있었으며, 이 놀이가 씨앗이 되어 다양한 문화로 성장했다는 것이다.

이와 같이 놀이를 바라보는 관점에 따라 다양하게 정의된다. 다양한 학자들의 공통점은 놀이는 일상에서 자연스럽게 자발적으로 나타나며 놀이를 통해 세상과 관계를 맺고 세상에 대한 궁금증을 해결한다는 것이다. 결국 놀이는 영유아의 생활에서 매우 중요하며 교육적 가치를 지녔음을 알 수 있다.

2. 놀이의 개념

놀이를 하나의 행동 범주로 개념화하기 위해 놀이와 유사한 행동인 탐색, 놀이와 비놀이, 놀이와 일로 서로의 공통점과 차이점으로 접근하여 설명하려고 한다.

1) 놀이와 탐색

놀이와 유사한 행동으로 언급되는 것이 탐색인데 충분한 탐색이 이루어진 후 놀이를 하는 것인지? 놀이를 하면서 탐색이 이루어지는 것인지? 탐색과 놀이를 엄격하게 분리하기란 어렵지만 서로 밀접한 관계라는 것은 자명한 일이다. 탐색과 놀이는 내적으로 동기화된 행동이라는 공통점이 있는 반면, 개념적으로는 차이점이 있다. 허트(Hutt, 1971)에 따르면, 탐색은 익숙하지 않은 사물 또는 대상에 호기심을 가지고 "이 물건의 속성은 무엇일까?(What does this object?)"라는 의문을 가지고 접근하는 사고의 측면이 강한 활동이라면, 놀이는 "이 물건을 가지고 무엇을 할 수 있을까?(What can I do with this object?)"라는 생각을 가지고 접근하므로 행동에 중점을 두는 것이다. 영유아들은 만져보고, 입에 넣어보고, 떨어뜨려 보는 등 무엇인지를 알아보려고 한다. 즉, 탐색을 한다. 탐색을 충분히 한 후 그 사물이 익숙해지면 그것을 가지고 놀이할 수 있다. 따라서, 인간의 초기 단계에서는 놀이와 탐색을 구별하기 어렵지만 일반적으로 놀이는 특정 사물에 대한 탐색 이후에 일어난다는 것을 의미한다. 놀이와 탐색을 비교해보면, 다음 〈표 1-2〉와 같다.

〈표 1-2〉 놀이와 탐색

기준	놀이	탐색
발생시간	탐색 이후	놀이 전
상황	친숙한 사물	낯선 사물
목적	사물에 대한 정보 수집	자극 창출
행동	다양한 행동	정형화된 행동
분위기	즐거움	진지한
심장박동	많은 변화	작은 변화

출처: Hughes & Hutt (1979).

2) 놀이와 비놀이

놀이에 대한 개념을 제시할 때 레비(Levy, 1978)는 놀이와 놀이가 아닌 비놀이 행동으로 구분하였다. 그에 의하면 놀이는 인간의 개성을 계발시켜 주는 역동적 과정으로 내적 동기, 현실감 부재, 내적 통제 신념이라는 세 가지 특성을 가진 행동으로 정의하였다.

먼저 놀이는 내적 동기(intrinsic motivation)를 가진다는 것으로 내적 동기란 내적으로 활동에 몰입하는 것으로 외적 결과를 위해 행동이 나타나는 것이 아니라 활동 내부에 기원을 두고 내적인 보상을 갖는다. 반면 비놀이 행동은 외적 동기에 의해 이루어지며 외적인 보상이 주어졌을 때 활동이 일어난다.

두 번째 놀이는 현실감 부재(suspension of reality) 속에서 일어나는 것으로 현실감 부재란 영유아가 잠시 현실을 중지하고 현실적 자아가 아닌 상상적인 자아를 수용하는 것이다. 놀이는 가작화 형태로 현실로부터 자유를 얻는 현실감 부재를 경험하게 된다.

마지막으로 놀이는 내적 통제 신념(internal locus of control)을 가지는 것으로 내적 통제 신념이란 자신의 행동과 그 결과를 스스로 통제하고 있다고 지각하는 상태나 정도를 말한다. 반면 외적 통제 신념은 어떤 일의 결과가 자신의 개인적 노력보다 외적 요인에 의해 통제된다. 따라서 놀이는 내적 통제 신념과 관련성이 높다.

결론적으로 레비(Levy, 1978)는 놀이를 인간의 특성을 계발하도록 돕는 역동적 과정으로 이를 도식화하면 [그림 1-1]과 같다.

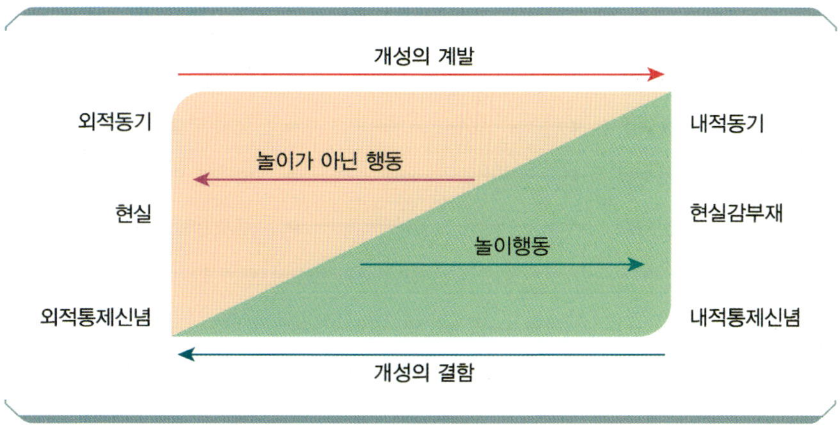

[그림 1-1] 놀이 행동 (인간의 개성 계발)

출처: Levy (1978).

3) 놀이와 일

놀이의 개념을 정의하기 위해 일의 특성과 대비하여 제시한 프로스트와 클레인(Frost & Klein, 1979)은 놀이는 그 자체의 즐거움이 중요한 것으로서 결과가 아니라 과정이 중요한 반면 일은 결과를 내기 위한 것이라는 차이가 있다. 놀이는 내적으로 동기화된다는 점도 일과 구분되는 특성으로 볼 수 있으며 놀이는 외적 보상 없이 하게 되는 것이다. 놀이를 일과 비교하고 서로 상반되는 것으로 볼 수 있으나 그렇다고 하여 놀이와 일이 같은 특성을 전혀 가지고 있지 않다고 할 수 없다. 놀이에서 주로 볼 수 있는 특징이 일에서도 나타나기 때문이다. 하고 싶은 일을 스스로 원해서 하고 결과는 중요하지 않으며 그 일을 즐기면서 외적으로 주어지는 보상에는 관심 없이 일하는 경우라면 일이 놀이와 같은 성격을 지니게 된다. 모든 활동은 완전한 놀이와 일이라기보다는 놀이에 가깝다거나 일에 가까운 것으로 볼 수 있을 것이다. 따라서 놀이와 일의 고유한 특성들을 연속선상에 제시하였다. 이를 도식화하면 [그림1-2]와 같다.

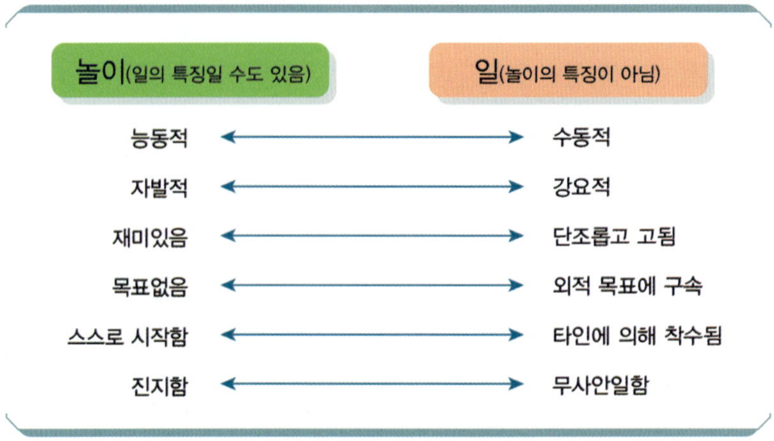

[그림 1-2] 놀이와 일의 연속체

출처: Frost & Klein(1979).

전경화(2019)에 의하면 놀이와 일을 대비하여 놀이의 개념 규정 시 두 가지 관점으로 바라보아야 한다. 먼저 놀이와 일을 전혀 다른 특성으로 보고 개념을 규정하는 관점과 또 다른 관점은 놀이와 일은 연관성을 가지고 있는 것으로 파악하는 것이다. 전자의 관점은 놀이와 일을 전혀 다른 특성으로 보는 경우로 교육에서 놀이를 활용하기 어렵다. 그렇지만 후자의 관점은 교육에서 놀이를 활용할 가치가 있다. 듀이(Dewey)는 놀이와 작업(일)을 같은 맥락으로 간주하여 특히 영유아의 활동에서는 놀이와 일을 구별하기란 모호하다고 하였다(채종옥 외, 2004). 이에 비해 몬테소리는 유아의 활동에서 놀이와 일(작업)을 구분하여 놀이는 발달을 이루기 위한 현실적인 목표가 결여되어 있어 교구를 통한 조작활동을 놀이가 아닌 일(작업)로 본 것이다. 이처럼 놀이와 일의 대비를 통한 놀이의 개념 규정에 있어 관점의 차이가 있을 수 있다.

Q. 내가 가장 좋아하는 놀이는 무엇인가요? 자유롭게 자신의 생각을 표현해보아요.

Q. 가장 좋아하는 이유는 무엇인가요?

Q. 다른 친구들이 가장 좋아하는 놀이와 나와 같은가요? 다른가요?

3. 놀이의 특성

2019 개정 누리과정에 따른 놀이이해자료에서는 유아 놀이의 주요 특성을 자유로움, 주도성, 즐거움이라는 세 가지로 명시하고 있으며 또한 자유로움, 즐거움, 몰입, 상상력 등을 수반하는 놀이의 특성을 기술하였다(교육부, 보건복지부, 2019). 놀이이해자료에서는 놀이의 특성을 다음 〈표 1-3〉과 같이 정리하고 있다.

〈표 1-3〉 놀이의 주요 특성

놀이는 자유롭다	• 목적으로부터의 자유 • 규칙으로부터의 자유 • 사실로부터의 자유 • 시간과 공간의 경계로부터의 자유
놀이는 주도적이다	• 자발적 참여 • 능동성 • 내재적 동기
놀이는 즐겁다	• 재미 • 몰입 • 감정의 해소 • 상상과 호기심 • 유머

출처: 교육부·보건복지부 (2019).

'놀이는 자유롭다'는 계획된 목적으로부터의 자유, 미리 결정된 규칙으로부터의 자유, 놀이는 현실을 넘어서 상상하고 자유롭게 표현할 수 있다는 사실로부터의 자유, 놀이는 특정 시간과 공간의 제약을 받지 않고 언제 어디서나 이루어질 수 있다는 시간과 공간의 경계로부터의 자유를 의미한다.

'놀이는 주도적이다'는 놀이에서 주도성으로 유아의 자발성, 능동성, 내재적 동기, 즉흥적 전개와 같은 특성과 관련되어 있다. 유아는 놀이하면서 신체적, 사회적, 인지적으로 능동적이며 자발적인 참여를 끊임없이 이어간다. 이처럼 놀이는 유아 스스로 의지를 발동시키고 표현하며 자발적 조율이 전개되는 맥락에서 유지된다. 이러한 자발성은 유아의 내부에서 일어난 욕구와 동기가 무엇보다도 중요한 원동력이 된다. 내재적 동기는 자신의 신체, 정신, 행위를 스스로 통제하고 주의를 기울이고 끈기있게 집중하게 한다. 따라서 유아의 놀이는 외부에서 계획하여 제공한 학습 목표의 범위 안에 머무르는 일련의 과제 수행과는 다른 속성을 가진다.

'놀이는 즐겁다'는 놀이에서 재미와 기쁨, 몰입, 실험, 마주침, 해소, 심미성, 유머 등의 정신적, 정서적 상태를 수반하는 즐거움이 있다는 것이다. 유아는 또래, 교사와 함께 협력하면서 재미와 기쁨을 느끼고 표현한다. 때로는 재미와 기쁨이라는 정서를 넘어 몰입의 상태로 들어가기도 한다. 유아는 놀이를 반복하고 변화를 발견하는 재미를 가지고 놀이를 지속하기도 한다.

놀이는 여전히 무궁무진한 탐구와 해석이 가능하다. 2019 개정 누리과정에서 제시한 자유로움, 주도성, 즐거움이라는 보편적인 놀이 특성 외에도 더 많은 놀이의 특성을 발견할 수 있다. 루빈, 페인과 반덴버그(Rubin, Fein & Vandenberg, 1983)는 놀이는 항상 내적으로 동기화되고, 즐겁고, 목적이 없으며 결과보다는 과정에 가치를 두며 몰입하는 특성과 상상적 요소가 있다고 하였다. 존슨, 크리스티와 야키(Jonson, Christie & Yawkey, 1999)는 놀이의 특성을 비사실성, 내적 동기화, 과정 중시, 긍정적 정서, 자유로운 선택이라고 하였고, 하위징아(Huizinga, 2010)는 놀이는 자유로운 행위이며 시간과 공간, 일상적 행위에서 벗어난 행위이며 놀이에는 통용되는 규칙이 있다고 하였다. 놀이의 특성을 구체적으로 살펴보면 다음과 같다(Jonson, Christie & Wardle, 2005).

1) 내적 동기화

내적 동기화(intrinsic motivation)란 보상, 요구, 강요 등과 같은 외적 요인과 관계없이 자신의 흥미나 욕구, 즐거움 등의 내적인 동기가 일어나 자발적으로 놀이하는 것을 말한다. 영유아는 자신의 내적 동기에 의해 스스로 자발적으로 생각하고 행동하게 놀이를 통해 자율적으로 성장하게 된다.

2) 과정 중심

놀이는 결과보다는 과정 중심(process orientation)이다. 결과에 대한 부담감이 없으므로 다양한 활동을 시도할 수 있다. 과정 중심은 다각도록 탐색하고 자유로운 행동 변화의 경험을 풍부하게 한다.

3) 긍정적 정서

긍정적 정서(positive emotions)는 놀이의 핵심으로 놀이는 일반적으로 즐거움과 기쁨을 준다. 하지만 놀이가 언제나 즐거운 것만은 아니다. 놀이과정에서 두려움이나 무서움 및 공포감을 접하기도 하지만 반복해서 놀이하다 보면 두렵거나 불안하고 슬픈 기분도 긍정적 정서로 전환되는 특성이 있다.

4) 비실제성

비실제성(non-reality)은 실제에 대한 가상성으로 영유아가 지금, 여기의 현실적 구속에서 벗어나 새로운 가능성을 경험하게 해주는 것을 말한다. 영유아기는 상징놀이를 통해 가작화된 행동을 실제 인물이나 상황에 맞추어 변형한다. 놀이의 비실제성은 전조작기 유아들의 가상적인 정신세계를 놀이를 통해 표현하는 중요한 요소이기도 하다.

5) 자유선택성

놀이는 자유 선택(free choice)을 할 수 있는 활동이다. 영유아는 자기 의지에 따라 언제, 어디서, 누구와 무엇을 하며 놀 것인가를 자유롭게 선택하여 놀이할 때 잠재된 능력들을 최대한 표출할 수 있다. 영유아의 자율성이 바탕이 되어야 주도성을 발전시킬 수 있다.

6) 외적 규칙으로부터의 자유

외적 규칙으로부터의 자유(freedom from external rules)는 정해진 규칙이나 외부 지시에 따르지 않고 영유아가 자발적으로 놀이하는 것을 말한다. 놀이의 규칙은 함께 놀고 있는 사람끼리 정할 수 있고 어떤 놀이나 활동에는 나름의 규칙을 정할 수 있다.

4. 놀이하며 배우는 유능한 유아

유아는 놀이를 좋아하고 놀이를 하면서 가장 잘 배운다. 놀이하면서 배우는 영유아의 유능함은 타고난 것이며 다양한 놀이 경험을 통해 점점 성장한다. 유아는 놀이에 유능하며 스스로 배워 나간다. 놀이하는 유아의 유능함은 개정 누리과정에서 제시하고 있는 인간상과 연계될 수 있다. 개정 누리과정에서 추구하는 인간상은 배움의 주체인 유아의 현재 모습이며 앞으로 유아가 성장할 모습이기도 하다. 2019 개정 누리과정에 따른 놀이이해자료에서 놀이하는 유능한 유아의 특성과 추구하는 인간상을 도식화하면 [그림1-3]과 같다.

놀이하며 배우는 유능한 유아		개정 누리과정이 추구하는 인간상
• 몸을 움직인다 • 하고 싶은 것을 스스로 선택한다 • 상상한다 • 재미와 기쁨을 느낀다 • 주변과 관계를 맺는다	→	• 건강한 사람 • 자주적인 사람 • 창의적인 사람 • 감성이 풍부한 사람 • 더불어 사는 사람

[그림 1-3] 유능한 유아의 특성과 추구하는 인간상

출처: 교육부·보건복지부 (2019).

유아는 몸을 움직인다.

- 놀이에서 유아는 감각을 사용한다.
- 놀이에서 유아는 마음껏 움직인다.
- 놀이에서 유아는 안전하게 몸을 움직이며 보호한다.

'놀이에서 유아는 감각을 사용한다.' 유아는 몸을 움직이며 감각으로 세상과 만난다. 보고, 듣고, 냄새 맡고, 맛보고, 만지고, 온몸을 움직이면서 세상과 교류한다. 파란 하늘, 향기 나는 꽃, 달콤한 딸기, 시원한 바람, 말랑한 찰흙, 가벼운 종이, 동그란 구슬 등을 온몸으로 온 감각으로 느낀다.

'놀이에서 유아는 마음껏 움직인다.' 유아는 마음껏 움직이고 쌓고, 돌리고, 부수고, 덧붙이며 무언가를 만들고 주변의 물체와 물질을 변화시킨다. 몸을 움직이면서 세상을 만나고 세상에 대한 경이로움, 즐거움, 기쁨, 성취감, 실패, 좌절 등을 느끼게 된다. 이때 유아는 어떤 자료를 접하더라도 머뭇거리지 않는다. 재미있을 것 같아서 몸으로 부딪쳐 보고, 눈앞의 물체가 어떻게 움직이는지 궁금해서 손으로 만져본다. 유아가 세상과 교류하는 능력은 놀이에서 그대로 나타난다. 유아는 놀이하면 몸과 마음을 마음껏 움직여 세상과 즐겁게 교류하며 건강하게 성장해 간다. 놀이하는 유아는 몸을 움직이고 감각을 사용하여 세상과 교류하는 유능함을 가지고 있다.

'놀이에서 유아는 안전하게 몸을 움직이며 보호한다.' 유아는 몸을 움직이며 놀이하면서 자신의 몸을 안전하게 보호할 수 있는 방식에 대해서도 알아간다. 몸을 어떻게 조절해야 넘어지지 않을지, 어떻게 피해야 잡히지 않을지, 칠사와 같은 놀이 자료를 어떻게 사용해야 다치지 않을지를 놀이에서 배운다. 유아는 몸으로 놀이하기 때문에 몸으로 위험을 감지할 수 있고 이로써 안전하게 자신을 보호할 수 있는 힘을 가지게 된다.

유아는 하고 싶은 것을 스스로 선택한다.

- 놀이에서 유아는 적극적으로 탐색한다.
- 놀이에서 유아는 다양하게 시도한다.
- 놀이에서 유아는 자긍심을 가진다.

'놀이에서 유아는 적극적으로 탐색한다.' 유아는 하고 싶은 것을 스스로 결정하고 적극적으로 실행한다. 놀이하는 유아는 "해 볼래요.", "할 수 있어요."라고 말한다. 유아가 스스로 선택하였지만 생각만큼 되지 않을 때도 있다. 그래도 포기하지 않는다. 가끔은 어려운 것도 선택한다. 놀이에는 유아가 하고 싶은 것을 스스로 선택하고자 하는 욕구가 나타난다. 유아는 자신이 원하는 것이 무엇인지, 그것을 어떻게 해 나갈 것인지에 대한 답을 찾기 위해 적극적으로 탐색한다.

'놀이에서 유아는 다양하게 시도한다.' 유아는 놀이에서 다양하게 시도한다. 자신이 원하는 것을 할 수 있는 자유로움을 누리려고 한다. 유아는 자유롭게 하고 싶은 것을 선택하면서 놀이 방식을 결정하고 놀이 규칙을 만든다. 만지고 싶은 것을 만지고, 움직이고 싶은 대로 움직인다. 하고 싶은 놀이를 선택하고, 놀이 방식을 결정하고, 놀이 규칙을 만든다. 스스로 결정하고 행동하는 자유로움과 주도성은 놀이하는 유아의 특성이다. 놀이하는 유아는 스스로 결정하고 참여하며 적극적으로 실행해 나가는 유능함을 가지고 있다.

'놀이에서 유아는 자긍심을 가진다.' 유아는 놀이에서 자신이 원하는 것을 선택하면서 자신이 무엇을 할 수 있는지를 알아가게 된다. 그러면서 자신의 유능함을 알게 되고 자신을 긍정적으로 바라볼 수 있게 된다. 이처럼 유아는 놀이에서 자존감, 자긍심, 자부심을 느낄 수 있다. 놀이하는 유아는 자신감 있고, 당당하게 세상을 살아가는 유능함을 가지고 있다.

유아는 상상한다.

- 놀이에서 유아는 호기심이 많다.
- 놀이에서 유아는 창의적으로 탐구한다.
- 놀이에서 유아는 세상에 대해 다양한 방식으로 표현한다.

'놀이에서 유아는 호기심이 많다.' 유아는 세상에 대해 궁금해하고 알고 싶어 한다. 유아의 눈과 귀는 세상을 향해 열려있다. 유아는 눈과 귀로 들어오는 모든 자극을 즐기며 왜 물이 흙 속으로 사라지는지, 어떻게 비가 내리는지, 수박은 어떻게 자라는지, 소리가 어떻게 친구에게 전달되는지 궁금해한다. 또 관심이 가고 흥미가 있는 모든 것을 만져보고, 들여다본다. 유아는 호기심으로 놀이한다.

'놀이에서 유아는 창의적으로 탐구한다.' 유아는 놀이하면서 호기심을 갖고 상상한 것을 창의적으로 탐구한다. "이게 무엇이지?", "왜 이렇게 움직이지?" 모든 궁금증에 스스로 대답해 보는 방식이 바로 상상이다. 상상은 유아가 세상에 대한 호기심을 나타내는 방식이고 세상을 알아가는 방식이다. 수박씨가 수박이 될 수 있을 것이라고 상상하며 직접 씨앗을 심어 보고, 종이가 아니라 손바닥에 물감을 칠하면 어떻게 될지 궁금하여 직접 색칠해 본다.

'놀이에서 유아는 세상에 대해 다양한 방식으로 표현한다.' 유아는 자신이 상상하고 탐구한 것을 자기만의 방식으로 자유롭게 표현한다. 호기심이 많고 상상력이 풍부한 유아는 자연과 일상에서 만나는 다양한 사물과 문제에 대해 스스로 탐구하고 자신만의 방식으로 자유롭게 표현하는 유능함을 가지고 있다.

유아는 재미와 기쁨을 느낀다.

- 놀이에서 유아는 감정을 표현한다.
- 놀이에서 유아는 감정을 해소한다.
- 놀이에서 유아는 아름다움을 느낀다.

'놀이에서 유아는 감정을 표현한다.' 유아는 놀이에서 다양한 사물과 매체, 사람과 자연, 우주를 만나며 그 속에서 아름다움을 느낀다. 또한 감각으로 세상과 만나며 재미와 즐거움, 따스함과 안락함 등의 다양한 감성을 느낀다. 유아는 아름다움과 감성을 느끼면서 자신의 감정을 다양한 언어로 자유롭게 표현한다.

'놀이에서 유아는 감정을 해소한다.' '놀이에서 유아는 아름다움을 느낀다.' 유아는 놀이를 더 재미있게, 더 마음에 들게, 더 아름답게 만든다. 즉 유아의 놀이는 아름다움을 추구한다. 블록을 쌓으면서 변화를 주어 더 멋지게 완성하려고 하고, 색을 칠하면서 더 예쁘게 만들려고 하며, 더 재미있게 즐거운 이야기를 지으려고 한다. 이 과정에서 유아는 재미와 기쁨을 느끼고 이를 통해 부정적인 감정을 해소한다. 이렇게 놀이하는 유아는 다양한 사물과 매체, 사람과 자연, 이야기와 주변 세계에 민감하다. 놀이하는 유아는 자신을 둘러싼 환경 속에서 아름다움을 발견하고 공감하며 다양한 언어, 노래, 몸짓으로 풍요로운 감정을 표현하고 부정적인 감정을 해소하는 유능함을 가지고 있다.

유아는 주변과 관계를 맺는다.

- 놀이에서 유아는 도움을 주고받는다.
- 놀이에서 유아는 사람과 소통한다.
- 놀이에서 유아는 세상을 살피고 돌본다.

'놀이에서 유아는 도움을 주고받는다.' 유아는 세상의 모든 사람, 모든 것과 관계를 맺고 싶어 한다. 유아는 주변의 또래, 교사 등 모든 사람에게 관심을 갖고 소통한다. 그러면서 유아는 사람의 존재를 느끼고, 다른 사람에게도 느낌, 감정, 생각이 있음을 알게 된다. 유아는 놀이하면서 자신이 잘할 수 있는 것과 다른 사람이 잘할 수 있는 것을 알 수 있으며, 놀이에서 자신의 역할을 하면서 놀이 방법을 결정하고 놀이 규칙을 만들어 가는 과정을 통해 다른 사람과 소통한다. 그러면서 다른 사람의 감정을 소중히 여기고 서로 필요한 도움을 주고받는다.

'놀이에서 유아는 사람과 소통한다.' 유아는 놀이에서 다른 사람과 생각이 다를 때, 친구와 함께 놀고 싶을 때, 자신이 원하는 역할을 맡고 싶을 때 등의 여러 상황에서 발생하는 갈등을 풀어갈 수 있다. 상황을 지켜보기도 하고, 순서를 정하기도 하면서 더 나은 방법을 찾기 위해 협력한다.

'놀이에서 세상을 살피고 돌본다.' 유아는 놀이하면서 작은 것도 주의 깊게 살피며 아끼고 돌본다. 내가 심은 씨앗 주변이 흙 속에서 우연히 발견한 공벌레, 조금씩 자라는 텃밭의 상추 등 살아 있는 자연에 관심을 갖고 돌본다. 이처럼 놀이하는 유아는 세상과 소통하고, 협력하고, 배려하고, 돌보는 유능함을 가지고 있다.

동영상 시청

놀이의 힘(진짜 놀이 가짜 놀이)

EBS 놀이의 힘 2부 '진짜 놀이 가짜 놀이' 동영상을 시청하고 이야기를 나누어 보세요.

진짜놀이 가짜놀이 1

진짜놀이 가짜놀이 2

Q1. 과연 진짜 놀이는 무엇일까요?

Q2. 진짜 놀이가 되기 위해 어떤 조건을 충족해야 할까요?

CHAPTER 02

놀이 이론

Chapter 02
놀이 이론

놀이 이론의 역사는 인간의 놀이가 왜 중요한지, 놀이는 어떤 역할을 하는지에 대한 다양한 관점과 해석을 발전시켜 왔다. 놀이 이론들은 주로 인간의 발달과 행동을 설명하는 데 초점을 맞추고 있다. 놀이 이론의 역사는 놀이가 단순한 에너지 소비나 휴식만이 아니라, 인간의 발달, 학습, 사회화에 필수적인 활동이라는 인식을 점차 확립해왔다. 이에 본 장에서는 고전적 놀이 이론과 현대적 놀이 이론의 관점을 살펴보고자 한다.

1. 고전적 놀이 이론

고전적 놀이 이론(Classical Play Theories)은 놀이가 무엇이며, 놀이는 왜 필요한가에 대한 의문 위주로 19세기와 20세기 초반에 발전하였다. 고전적 놀이 이론은 에너지 조절 수단의 관점에 따라 잉여에너지이론과 휴식이론이 있으며, 본능의 관점으로는 반복이론과 연습이론이 있다.

1) 잉여에너지이론

잉여에너지이론(Surplus Energy Theory)의 대표적 인물은 18세기 독일의 시인이며 철학자였던 쉴러(Schiller)와 19세기 영국의 철학자이자 사회학자인 스펜서(Spencer)이다. 이 이론은 놀이의 본질을 이해하려는 초기 시도 중 하나로, 인간과 동물의 놀이를 에너지 소모의 관점에서 설명하려고 하였다.

쉴러(Schiller)는 사람들이 기본적인 생리적 욕구를 충족한 후에도 남는 에너지를 소모하기 위해 놀이를 즐긴다고 보았다. 모든 유기체는 일차적 욕구를 충족하는데 필요한 것보다 더 많은 에너지를 생산하기 때문에 일차적 욕구를 만족시키고 난 후, 남는 에너지를 쓰기 위해 놀이를 한다는 것이다. 특히, 어린아이들이 활동적이고 다양한 놀이를 하는 이유를 설명할 때 사용된다.

스펜서(Spencer)의 관점에서, 아이들이 뛰어다니거나 놀이터에서 활발하게 활동하는 것은 그들이 하루 중 필수적인 활동(예: 식사, 수업 등)에서 남은 에너지를 소모하기 위한 방법으로 놀이를 선택한 것이라고 설명할 수 있다. 마찬가지로, 동물들이 사냥하지 않으면서도 서로 뛰어다니고 장난치는 것도 잉여에너지를 소모하기 위한 본능적인 행동이라고 해석된다.

스펜서는 놀이가 자발적이고 즐거운 활동으로 나타나는 이유는 잉여에너지를 발산하는 것이 개인에게 즐거움을 주기 때문이라고 해석한다. 놀이가 필수적인 활동이 아니기 때문에 자발적으로 이루어진다는 특징을 강조하는 것이다. 또한 놀이와 노동을 구분하였는데, 노동은 생존을 위해 필수적인 활동인 반면, 놀이는 이러한 필수적인 활동과는 달리 에너지를 소비하기 위해 자발적으로 이루어진다고 보았다.

잉여에너지이론은 놀이의 물리적 측면에만 초점을 맞췄다는 한계가 있다. 놀이가 단순히 에너지 소모를 위한 행위라는 설명은 놀이의 다양한 심리적, 사회적, 발달적 역할을 충분히 설명하지 못한다는 비판을 받고 있다. 예를 들어, 아이들이 놀이를 통해 문제해결 능력, 사회적 상호작용, 창의성 등을 발달시키는 측면을 간과한 것이라고 볼 수 있다. 또한 잉여에너지이론은 남은 에너지가 있을 때 놀이를 한다고 하였는데 영유아들이 지쳐 있고 힘든 상황 속에서도 새롭고 흥미로운 놀이 기회가 주어지면 놀이에 몰두한다는 점을 설명하지 못한 한계점이 있다.

그럼에도 불구하고 잉여에너지이론은 놀이에 대한 초기 연구에서 중요한 역할을 했고, 이후의 이론들이 놀이의 다양한 측면을 설명하는 데 중요한 기초로 작용했다.

2) 휴식이론

휴식이론(Recreation or Relaxation Theory)은 19세기 독일의 철학자이자 심리학자인 라자루스(Lazarus)에 의해 제안된 이론으로, 놀이가 정신적 · 신체적 피로를 풀고 에너지를 회복하는 방법이라고 설명하였다. 이 이론은 놀이가 단순히 잉여에너지를 발산하는 것이 아니라, 오히려 일상생활에서 쌓인 피로를 해소하고 재충전하기 위한 수단이라고 주장하였다.

놀이의 목적은 피로회복으로 휴식이론의 핵심은 놀이가 피로를 해소하는 역할을 한다는 것이다. 일상적인 노동이나 학습은 정신적 · 신체적 에너지를 소모하고, 이로 인해 피로가 쌓이게 되는데, 놀이를 통해 사람들은 이러한 피로에서 벗어나고, 신체적 또는 정신적으로 재충전할 수 있다. 즉, 놀이 자체가 휴식과 같은 역할을 한다고 보는 것이 이 이론의 핵심이다.

놀이 활동은 노동이나 학습과 달리 상대적으로 가벼운 신체적 · 정신적 활동을 포함한다. 이를 통해 일상적인 긴장 상태에서 벗어나 휴식을 취할 수 있다. 예를 들어, 몸을 많이 움직이는 노동을 한 사람은 신체적으로는 덜 활동적이면서도 정신적으로는 재미있는 놀이를 통해 휴식을 취할 수 있고, 반대로 정신적 업무를 주로 하는 사람은 신체활동을 통해 정신적 피로를 해소할 수 있다.

놀이가 완전히 쉬는 것과 같지는 않지만, 반복되는 일상에서 벗어나 창의적이고 자유로운 활동을 통해 마음의 안정을 얻는 데 도움이 된다. 이 과정에서 에너지를 재충전하고, 피로를 회복하게 되는 것이다.

정신적 활동 후 신체적 놀이로 진행되기도 한다. 예를 들어, 학생들이 오랜 시간 공부를 한 후 운동장에 나가 뛰어노는 것은 정신적 활동 후 정신적인 피로를 신체활동을 통해 회복하려는 것이다. 머리를 많이 쓰는 활동에서 벗어나 몸을 움직임으로써 긴장을 풀고 스트레스를 해소하는 것이다. 반대로 육체노동을 많이 하는 사람이 집에 와서 음악을 듣거나 보드게임을 하는 것은 신체적 활동 후 신체적인 피로를 덜어주고 정신적인 휴식을 취하려는 것이다.

라자루스(Lazarus)는 놀이가 노동이나 학습과 상호보완적인 관계에 있다고 보았다. 즉, 노동이 에너지를 소모한다면, 놀이는 그 소모된 에너지를 회복하는 중요한 수단이다. 놀이를 통해 노동의 피로를 해소하고, 다시 노동을 지속할 수 있는 활력을 얻는 것이다.

패트릭(Patrick)은 놀이를 단순히 에너지를 발산하는 활동으로 보지 않고, 오히려 피로를 풀고 스트레스를 해소하는 기능으로 강조했다. 놀이를 통해 일상적인 긴장과 피로에서 벗어나 재충전된다는 관점이다.

휴식이론은 놀이의 휴식적인 측면을 강조한 반면, 놀이의 창의성, 사회성, 학습 측면을 충분히 설명하지 못한다는 비판을 받는다. 놀이가 단순히 피로를 푸는 활동을 넘어서 다양한 발달적, 교육적 기능을 가지고 있다는 점을 고려하지 않았기 때문에, 놀이의 복잡한 역할을 제한적으로 이해하게 되는 한계점을 가지고 있다.

휴식이론은 놀이가 인간의 신체적 · 정신적 피로를 풀고 재충전하는 수단이라는 관점을 제시하며, 놀이의 중요성을 설명하는 초기 이론 중 하나이다. 그러나 놀이의 다양한 측면을 다루기 위해서는 이후 발전된 이론들과 함께 고려할 필요가 있다.

3) 반복이론

반복이론(Recapitulation Theory)은 독일의 생물학자이자 심리학자인 홀(Hall)에 의해 제안된 이론이다. 이 이론은 놀이가 인간 발달의 과정에서 중요한 역할을 하며, 놀이를 통해 인간은 진화 과정에서 거친 단계를 반복한다고 주장하였다.

글릭(Gulick)은 놀이가 진화적 관점에서 선조들의 행동을 반복하고 모방하는 수단이라고 보았다. 예를 들어, 영유아들이 전쟁놀이를 하거나 가상으로 사냥을 흉내 내는 행동은 과거 생존 활동의 흔적인 것이다.

진화론적 관점의 반복이론은 인간이 진화의 과정을 거치면서 축적한 경험과 행동을 놀이를 통해 다시 재현한다고 본다. 즉, 어린 시절에 하는 놀이가 인간종의 역사적 발달 과정을 상징적으로 반복한다고 주장한다. 이 이론에 따르면, 아이들이 하는 다양한 놀이 활동은 인류가 원시 사회에서 겪은 경험을 다시 체험하는 방식이라는 것이다. 예를 들어, 영아들이 높은 곳에 기어오르기를 즐기는 모습은 원숭이와 유사한 인류 조상의 모습을 재현한 것이며, 물놀이를 즐기는 것 또한 인간의 태초 기원이 반복적으로 나타나는 것이라고 하였다.

홀(Hall)은 아이들이 성장하면서 하는 놀이가 인류 역사 속 여러 단계와 관련이 있다고 보았다. 예를 들어, 사냥놀이나 달리기 등의 신체활동은 원시 인간들이 생존을 위해 했던 활동들을 반영한다고 주장했다. 어린 시절의 놀이가 진화 과정에서의 고대 인간의 삶을 되풀이하며 그 과정을 짧게 재현한다는 것이다.

반복이론에 따르면, 놀이의 주요 목적은 단순한 즐거움이 아니라, 진화 과정에서 축적된 에너지를 해소하고 본능적 행동을 강화하는 데 있다. 이 과정에서 아이들은 성숙해지며, 인류가 거쳐 온 발달 단계에 대한 무의식적 기억을 놀이를 통해 풀어낸다는 것이다.

반복이론은 그 당시에는 큰 영향을 미쳤으나, 현대에는 많은 비판을 받는다. 이 이론은 놀이의 복잡성과 그 사회적, 문화적 맥락을 충분히 고려하지 않았다는 비판이 있다. 또한, 진화론에 의존해 놀이를 설명하는 방식이 지나치게 단순화되었다는 지적도 있다.

4) 연습이론

연습이론(Practice Theory)은 고전적 놀이 이론 중 하나로, 독일의 철학자이자 심리학자인 그로스(Groos)에 의해 제안되었다. 이 이론은 놀이가 단순한 즐거움을 위한 활동이 아니라, 어린 동물과 인간이 성인이 되었을 때 필요한 기술을 연습하고 준비하는 중요한 수단이라고 설명한다.

그로스(Groos)는 동물들이 어린 시절에 하는 놀이를 관찰한 후, 이러한 놀이가 단순한 즐거움 이상으로 생존에 필요한 본능적 기술을 연습하는 기능을 한다고 주장했다. 예를 들어, 아기 고양이가 서로 물고 뛰어오르며 싸우는 놀이는 성인이 되었을 때 사냥 기술과 방어 기술을 익히는 과정이라는 것이다.

인간에게도 마찬가지로 놀이가 미래에 필요한 기술을 연습하는 장이라고 보았다. 어린이가 집짓기 놀이, 인형 놀이, 숨바꼭질 등을 통해 상상력과 협동, 문제해결 능력을 연습하며, 이는 성인이 되었을 때 사회적, 신체적 기술을 개발하는데 기여한다는 것이다. 예를 들어, 소꿉놀이는 가정생활을 모방하고, 술래잡기나 체육활동은 운동 능력을 발달시키는 과정으로 이해할 수 있다.

연습이론에 따르면, 놀이를 통해 아이들은 직접적인 학습 경험을 얻게 된다. 놀이 자체가 실생활에서 필요한 복잡한 행동을 모의하는 방식으로, 규칙을 배우고, 협력하거나 경쟁하며, 새로운 기술을 익힌다. 이처럼 놀이를 통해 습득된 경험은 성인이 되었을 때 유용하게 활용될 수 있다.

연습이론은 놀이가 단순히 심리적 또는 문화적 측면에서만 중요한 것이 아니라, 생물학적으로도 중요한 기능을 한다고 본다. 특히 동물과 인간 모두에게서 관찰되는 유사한 놀이 행동은 진화적 적응의 결과라고 해석한다. 어린 시절의 놀이 활동은 성숙한 개체로 성장하는 과정에서 신체적, 사회적 능력을 키우는데 기여하며, 이는 생존과 번식에 필수적이다.

그럼에도 불구하고 연습이론은 놀이를 생존을 위한 기술 습득의 도구로만 지나치게 강조한다는 비판을 받는다. 놀이가 꼭 실용적인 목적만을 위한 것이 아니며, 놀이에는 창의성, 상상력, 자발성 같은 측면이 포함될 수 있는데, 연습이론은 이를 충분히 설명하지 못한다는 것이다. 또한, 놀이가 단순히 생존 기술을 연습하는 수단이라면, 왜 성인도 놀이를 즐기는지에 대한 설명이 부족하다.

결론적으로 연습이론은 놀이가 성장 과정에서 중요한 학습과 기술 습득의 장이라는 점에서 매우 의미 있는 관점을 제시했다. 특히 동물 행동과 인간 발달에서의 공통점을 강조한 점에서 놀이의 생물학적 중요성을 부각시켰다.

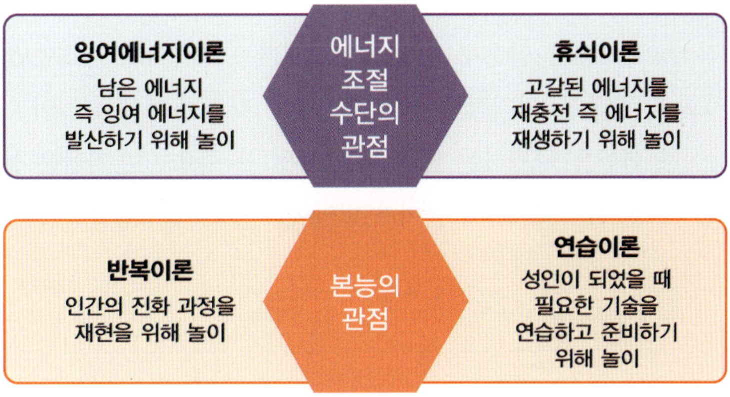

[그림 2-1] 고전적 놀이 이론의 놀이 목적

2. 현대적 놀이 이론

현대적 놀이 이론은 고전적 놀이 이론에 대한 비판과 확장을 통해 발달한 이론으로, 놀이를 다양한 관점에서 더 복합적이고 다차원적으로 이해하려고 한다. 현대적 놀이 이론은 단순히 진화나 연습이라는 생물학적 관점뿐만 아니라, 심리적, 사회적, 발달적, 인지적 측면을 아우른다. 따라서 현대적 놀이 이론은 놀이의 기능이나 역할을 규명하는 데 중점을 두었다. 주요 이론가들은 놀이를 인간 발달의 중요한 요소로 보고, 놀이가 발달에 어떻게 영향을 미치는지 분석하였다.

1) 정신분석이론

(1) 프로이트

프로이트(Freud)와 그의 후계자들에 의해 발전된 관점으로 놀이를 아이들이 무의식적인 욕구와 감정을 표현하고 해소하는 방법으로 본다. 이 이론에 따르면, 놀이를 통해 아이들은 현실에서 느끼는 갈등, 불안, 좌절 등을 상징적으로 재현하며 이를 해결하고 심리적 균형을 찾으려 한다.

프로이트는 아이들이 놀이를 통해 억눌린 감정이나 무의식적 욕구를 드러낸다고 보았다. 예를 들어, 공격성이나 성적 욕망 같은 사회적으로 용납되지 않는 감정을 놀이를 통해 간접적으로 표현함으로써 해소한다는 것이다. 또한 놀이를 통해 아이들은 자신의 본능적 충동이나 욕구를 직접적으로 표현하지 않고, 이를 승화(Sublimation)하여 사회적으로 수용 가능한 방식으로 변형시켜 표현한다. 이는 감정이나 욕구가 억압되지 않고 다른 형태로 표출되기 때문에 심리적 건강에 이롭다.

프로이트는 아이들이 놀이에서 자신이 겪었던 불쾌한 경험을 반복하는 것을 통해 이를 통제하려는 시도를 하며 이를 통해 아이는 충격적이거나 불안한 경험을 재구성하고, 그것을 이해하고 통제할 수 있게 된다. 예를 들어, 트라우마적 경험을 놀이에서 반복하는 것은 그 경험에 대한 두려움을 줄이고 통제감을 회복하는 과정이라고 볼 수 있다.

(2) 말러

정신분석이론을 확장한 대표적인 인물 말러(Mahler)는 아동의 정신적 발달 과정을 연구하면서, 특히 아동이 부모(특히 어머니)와의 애착에서 자아의 분리와 개별화로 나아가는 과정을 설명한 분리-개별화 이론(Separation–Individuation Theory)을 제시했다. 말러는 놀이를 아동이 어머니로부터 심리적 독립을 이루어가는 과정에서 중요한 역할을 하는 활동으로 보았다. 아기들이 출생 후 어머니와의 심리적 융합 상태에서 출발해 점차 자신을 독립된 존재로 인식해 나가며, 이 과정에서 놀이가 중요한 역할을 한다. 특히 상징적 놀이는 아동이 어머니와의 분리를 시뮬레이션하고, 자신이 독립된 존재임을 경험하는 데 도움을 주는데 예를 들어, 아이가 인형 놀이를 하며 인형을 '돌보고' '떠나는' 과정을 통해 실제 어머니와의 분리를 연습하는 것이다.

놀이를 통해 아동은 자신의 자아를 탐색하고, 이를 다양한 역할이나 상황에 투영하면서 자신의 능력을 시험해 볼 수 있다. 놀이에서 아동은 여러 상징적 역할을 수행함으로써 자아를 확장하고, 자신의 감정과 욕구를 표현하고 조절하는 법을 배운다. 말러의 분리-개별화 과정에서, 재접근기(18~24개월) 영아들은 이 과정에서 어머니와의 관계에서 독립성과 의존성 사이에서 갈등을 겪는데 이때 놀이를 통해 아동은 이 갈등을 표현하고 해결하려고 시도한다. 놀이에서 어머니와의 상호작용을 모방하면서 아동은 자신의 독립성을 유지하면서도 어머니와의 연결을 재구성하려는 심리적 노력을 한다.

결론적으로 말러의 이론에서 놀이란 아동이 어머니와의 분리 과정에서 자아를 형성하고 독립된 정체성을 발달시키는 중요한 수단이다. 놀이를 통해 아동은 자아를 탐색하고, 어머니와의 정서적 거리를 심리적으로 연습하며 자율성을 확립한다.

(3) 에릭슨

에릭슨(Erikson)은 놀이란 아동이 각 발달 단계에서 겪는 심리적 위기를 해결하는 중요한 도구로 간주된다. 그는 아동이 자아정체성을 형성하는 과정에서 놀이가 사회적 역할을 탐색하고, 자신과 타인의 관계를 이해하는 데 중요한 역할을 한다고 보았다.

에릭슨은 자율성 대 수치심(Autonomy vs Shame, 1~3세) 단계에서는 놀이를 통해 자율성을 발달시키는데 이 시기에 아동은 스스로 놀이를 주도하며 자신의 능력을 시험해 보고, 이를 통해 자신에 대한 자신감과 독립성을 키운다. 놀이에서 실패나 좌절을 경험하더라도 이를 통해 자율성과 독립성을 점차 발달시킨다. 주도성 대 죄책감(Initiative vs Guilt, 3~6세) 단계에서는 놀이를 통해 아동은 다양한 역할을 시도하고 자신의 목표를 설정하며 이를 성취하려는 노력을 기울인다. 상징적 놀이에서 아동은 자신의 상상력을 발휘하고, 자신의 감정과 욕구를 다양한 상황에서 표현한다. 이를 통해 아동은 사회적 역할을 탐색하고 자신에 대한 주도성을 기른다.

에릭슨의 이론에서 놀이란 아동이 각 발달 단계에서 겪는 심리사회적 위기를 해결하고, 이를 통해 자아정체성과 사회적 기술을 발달시키는 과정이다. 놀이를 통해 아동은 자율성, 주도성, 사회적 역할을 탐색하며, 심리적 성장과 발달을 경험한다. 에릭슨은 그의 저서 「유년기와 사회(Childhood and Society)」에서 놀이는 세 단계로 발달한다고 주장하였다.

〈표 2-1〉 에릭슨의 놀이 단계

구분	특징
자기세계놀이 (출생 후 1년)	자기 신체의 감각적 자극이나 근육 운동 및 발성을 반복하여 시도해 보는 놀이를 통해 자신이 다른 사람과 다르다는 것을 이해하게 된다.
미시영역놀이 (1~2세)	사물을 가지고 놀면서 주변 세계의 다른 사물에 숙달될 뿐만 아니라 자아를 형성한다.
거시영역놀이 (3~5세)	다른 사람과 함께 놀이하면서 사회적 상호작용을 통해 문화와 사회적 역할을 수행하게 된다.

말러와 에릭슨은 놀이를 정신적 발달과 자아 형성의 중요한 도구로 보았지만, 말러는 놀이의 역할을 분리와 자아 개별화에 초점을 맞췄고, 에릭슨은 놀이를 사회적 관계와 역할 탐색의 도구로 보았다.

종합적으로, 정신분석이론은 놀이를 단순한 즐거움 이상의 상징적, 심리적 작업으로 간주하며, 아이들이 자신과 세상을 이해하고 정서적 안정감을 찾는 과정에서 중요한 역할을 한다고 설명한다. 또한 놀이를 통해 아이들은 자신이 가진 심리적 갈등이나 문제를 상징적으로 재현하고, 이를 해결할 수 있는 기회를 얻는다. 이는 이후 아동 심리치료의 중요한 기초가 되었으며, 놀이 치료가 발달하는 데 큰 기여를 했다.

2) 인지발달이론

(1) 피아제

피아제(Piaget)는 놀이가 아동의 인지적 발달에 중요한 역할을 한다고 설명한다. 피아제는 놀이가 아이들이 세상을 이해하고 사고 능력을 확장하는 중요한 과정이며 놀이를 통해 아이들은 새로운 개념을 배우고, 문제해결 능력을 키우며, 추상적 사고와 논리적 사고가 발달한다고 보았다.

피아제는 모든 지적 행동이 동화(Assimilation)와 조절(Accommodation) 과정으로 이루어진다고 하였다. 동화는 아이들은 놀이를 통해 이미 알고 있는 지식에 새로운 정보를 끼워 맞추는 과정이다. 아이가 새로운 경험을 하더라고 기존의 사고방식을 바꾸지 않고 그 틀 안에서 이해하려 한다. 예를 들어, 아이가 강아지를 이미 알고 있다는 상황에서 네 발로 다니는 고양이를 처음 본다면 아이는 고양이를 보고 "네 발 달린 동물도 강아지야."라고 생각할 수 있다. 조절은 놀이를 통해 새로운 경험을 하면서 기존의 인지 구조를 수정하는 과정으로 아이가 고양이와 강아지가 다르다는 것을 알게 되면 "아! 고양이는 강아지가 아니고 다른 동물이구나!"라고 생각하게 된다. 이제 아이는 고양이에 대한 새로운 틀을 형성하고 그 틀에 맞게 정보를 받아들인다. 이처럼 새로운 기존의 사고를 바꾸어 새로운 정보를 받아들이는 것이 조절이다. 동화와 조절 두 과정이 놀이를 통해 균형을 이루고 인지적 성장이 촉진된다.

피아제는 아동의 인지발달이 일정한 단계에 따라 진행되며, 각 단계에서 놀이의 형태도 달라진다고 하였다. 감각운동기(0~2세) 시기의 아이들은 감각과 운동을 통해 세상을 탐색하며, 놀이도 주로 감각적 경험과 단순한 운동을 중심으로 이루어지고 아이가 물건을 입에 넣거나 흔드는 행위는 세계를 탐색하고 이해하는 방식으로 진행된다. 전조작기(2~7세)는 상징놀이가 두드러져 아이들은 사물을 상징적으로 사용하여 역할놀이를 하며, 상상력을 통해 세상을 재구성한다. 예를 들어, 아이가 막대기를 칼로 상상하면서 놀이하는 것은 이 단계에서 나타나는 중요한 인지적 특징이다.

피아제는 놀이가 단순히 즐거움을 위한 것이 아니라, 아이들이 세상을 실험하고 이해하는 중요한 방법이라고 하였다. 놀이를 통해 아이들은 추상적 개념을 구체화하고, 상상력을 발달시키며, 사회적 상호작용을 통해 다른 사람의 관점을 이해하는 능력을 기른다.

피아제는 놀이가 인지발달에 중요한 역할을 하지만, 놀이 그 자체가 새로운 지식을 직접적으로 가르치지는 않는다고 보았다. 즉, 놀이를 통해 아이들이 배울 수 있는 것은 자신이 이미 알고 있는 것을 더 잘 이해하거나 이를 확장하는 것이며, 완전히 새로운 지식을 습득하는 것은 아니라고 주장한다. 따라서, 놀이 자체를 새로운 지식을 가르치는 직접적 교수방법으로 보지 않았음을 알 수 있다.

(2) 비고츠키

비고츠키(Vygotsky)의 놀이에 대한 관점은 사회문화적 이론에 근거하며, 놀이가 아동의 인지발달에 중요한 역할을 한다. 그는 놀이를 단순한 즐거움이 아닌, 아동이 사회적 규칙과 문화를 배우고, 자기조절능력과 상상력을 발달시키는 중요한 사회적 활동으로 설명한다.

비고츠키의 핵심 개념 중 하나는 근접발달영역(Zone of Proximal Development, ZPD)로 영유아가 혼자서는 해결하지 못하지만, 성인이나 더 능숙한 동료의 도움을 받아 해결할 수 있는 과제를 수행하는 능력을 말한다. 놀이가 이 영역에서 중요한 역할을 한다고 주장한 이유는 놀이를 통해 영유아 자신이 아직 완전히 습득하지 않은 능력을 실험하고 연습할 수 있기 때문이다. 놀이에서는 상상과 실제가 혼합되어, 영유아가 자신의 실제 능력보다 한 단계 더 높은 수준의 사고를 실현할 수 있다. 예를 들어, 영유아가 의사 놀이를 할 때, 그는 실제 의사가 되어 환자를 돌보는 행동을 상상하지만, 이는 현실에서는 아직 불가능한 일이다. 놀이를 통해 아이는 성인 역할을 모방하고, 사회적 규칙을 배우며, 자신의 인지발달을 촉진한다.

비고츠키는 놀이가 영유아에게 상상력과 창의적 사고를 발달시키는 중요한 기회를 제공한다고 보았다. 상상놀이는 영유아가 현실에서 경험할 수 없는 것들을 놀이에서 경험하게 하고, 상징적 사고를 발달시킨다. 예를 들어, 막대기를 말로 상상하며 타는 아이는 현실적으로는 불가능한 것을 상상력을 통해 가능하게 하며, 이를 통해 상징적 의미를 이해하고 추상적 사고를 연습한다. 상상놀이를 통해 아동은 단순한 모방을 넘어서, 자신의 경험을 재구성하고 변형하며 이는 아동이 현실을 이해하고 규칙을 내재화하는 데 중요한 역할을 한다.

비고츠키는 놀이가 아동의 사회적 상호작용을 촉진하고, 이를 통해 아동이 다른 사람의 관점을 이해하고 사회적 규범을 배울 수 있다고 보았다. 특히 역할놀이는 아동이 다양한 사회적 역할을 실험하고, 다른 사람과 협력하며 상호작용하는 과정을 통해 사회적 규칙과 관습을 학습하는 중요한 장이라고 설명한다. 또한 놀이에서 아이들은 서로 협력하고, 규칙을 세우며, 갈등을 해결하는 방법을 배우게 된다. 예를 들어, 역할놀이에서는 각자가 맡은 역할에 대한 기대와 규칙이 있으며, 아이들은 이러한 규칙을 준수하면서 놀이를 이어간다. 이 과정에서 아이들은 사회적 규범을 내면화하고, 타인과의 상호작용을 통해 문제를 해결하는 능력을 키운다.

비고츠키는 놀이가 아동의 자기 조절(self-regulation) 능력을 발달시키는 데 중요한 역할을 한다고 주장한다. 놀이에서 아동은 자신이 설정한 규칙을 지키며 행동을 조절하고, 상상 속의 역할에 맞게 자신의 감정과 행동을 통제하며 이는 현실에서도 자기 통제능력을 발달시키는 데 도움이 된다. 예를 들어, 아이가 경찰 역할을 맡고 있다면, 놀이에서 경찰의 규칙과 행동을 따라야 한다는 점에서 자신의 행동을 제어하게 된다. 이러한 경험은 현실에서도 자신이 설정한 목표나 규칙을 따르는 데 필요한 자기조절능력을 기르게 한다.

비고츠키는 놀이가 아동의 사회적, 문화적 학습에서 중요한 매개체라고 한다. 그는 놀이가 아동에게 사회적 규범을 익히고, 성인 세계의 역할을 이해하며, 사회화 과정을 촉진하는 역할을 한다고 강조했다. 또한 놀이를 통해 아동은 문화적 도구(언어, 상징, 개념 등)를 습득하고, 이를 자신의 사고에 적용하게 된다. 놀이에서 사용하는 언어는 아동의 사고를 확장하고 사회적 상호작용을 원활하게 한다. 특히, 비고츠키는 아동이 놀이를 통해 언어와 사고의 관계를 배우며, 언어를 통한 사고 발달이 촉진된다고 보았다.

비고츠키의 관점에서 놀이란 단순한 오락 이상의 사회적, 인지적 발달을 위한 중요한 과정이다. 그는 놀이가 아동이 사회적 상호작용을 통해 성숙한 사고와 행동을 연습하고, 사회적 규범과 역할을 배워가는 과정이라고 하였다. 또한 놀이가 아동의 근접발달영역에서 중요한 역할을 하며, 이를 통해 아동은 자신보다 한 단계 높은 인지적 수준을 경험하고 발전할 수 있다고 설명한다.

(3) 브루너

브루너(Bruner)의 놀이 이론은 놀이가 아동의 인지적 발달과 문제해결 능력을 촉진하는 중요한 과정이라고 설명한다. 브루너는 피아제와 비고츠키의 영향을 받았으면서도, 그들의 이론을 확장하여 놀이가 학습과 발달에 어떻게 기여하는지를 심화시켜 설명한다. 그는 놀이가 단순한 즐거움 이상의 학습 과정이며, 특히 아동이 창의적 사고와 문제해결 능력을 개발하는 중요한 수단이라고 보았다.

브루너는 놀이가 아동에게 실험하고 탐색하는 기회를 제공하며 놀이를 통해 아동은 다양한 행동을 시도해 보고, 그 결과를 관찰하며 학습한다고 보았다. 이 과정에서 아동은 새로운 개념을 발견하거나 문제를 해결하는 방법을 익힐 수 있으며 놀이 속에서는 실패해도 큰 위험이나 부담이 없기 때문에, 아동은 더 자유롭게 탐색하고 창의적으로 문제를 접근할 수 있다. 예를 들어, 블록 놀이에서 아동은 다양한 방법으로 블록을 쌓아보며 구조의 안정성을 실험할 수 있고, 실패해도 놀이의 일부로 받아들여지기 때문에, 아동은 계속해서 새로운 방법을 시도하고 학습한다.

브루너는 놀이가 아동의 문제해결 능력을 키우는 중요한 과정이라 놀이 중 아동은 여러 가지 상황을 접하며 자연스럽게 문제를 해결하려는 시도를 하게 된다는 것이다. 이는 실제 생활에서의 문제 해결에 필요한 인지적 기술을 놀이를 통해 연습하는 과정으로 이어진다. 놀이에서는 다양한 문제를 즉석에서 해결해야 하므로, 아동은 이를 통해 창의적인 사고와 논리적인 사고를 발전시킬 수 있다. 예를 들어, 역할놀이에서 아동은 특정 상황을 극복하거나 갈등을 해결하는 방법을 놀이 속에서 창의적으로 찾아낸다. 놀이가 아동의 상상력과 창의성을 촉진한다고 강조한다. 그는 놀이가 아동에게 현실의 한계를 뛰어넘는 상상 속에서 자유롭게 탐색할 수 있는 공간을 제공한다고 보았다. 놀이에서 아동은 상상을 통해 새로운 상황을 창출하고, 이를 바탕으로 다양한 해결책을 찾아낸다. 상상놀이를 통해 아동은 가상의 문제를 해결하거나, 가상의 규칙을 만들고, 이를 따르는 과정을 통해 복잡한 사고를 훈련하게 된다. 예를 들어, 아이들이 '우주 탐험' 놀이를 할 때, 그들은 실제로 우주를 탐험할 수는 없지만, 놀이 속에서 우주선 운전이나 외계 생명체와의 소통 같은 상상력을 발휘하여 문제를 해결하는 경험을 할 수 있다.

브루너는 놀이가 발견학습(discovery learning)의 중요한 형태라고 주장한다. 발견학습이란 아동이 직접 경험하고 탐색하며 스스로 학습 내용을 발견하는 과정을 말한다. 놀이에서 아동은 주어진 규칙이나 지시를 따르는 것이 아니라, 자율적으로 활동하며 자신만의 방식으로 문제를 해결하거나 새로운 것을 배운다. 예를 들어, 과학 실험과 같은 활동에서 아동은 놀이처럼 스스로 시도하고 결과를 확인하면서 학습하게 되며 이런 놀이 기반 학습은 아동이 주체적으로 사고하고 학습하도록 한다.

브루너는 놀이가 아동에게 유연한 사고(flexible thinking)를 훈련시키는 기회를 제공하여 놀이에서는 규칙이 고정되어 있지 않고, 아동이 상황에 따라 즉각적으로 변화를 주거나, 새로운 규칙을 만들어 적용하도록 하였다. 이러한 놀이의 유연성은 아동이 다양한 상황에 적응하고 문제해결 방법을 유연하게 고안하는 데 중요한 역할을 한다. 놀이 중에는 여러 가능성을 실험하고, 새로운 해결책을 찾는 과정이 자연스럽게 이루어진다. 예를 들어, 블록을 쌓다가 무너질 경우, 아동은 다양한 방법으로 블록을 다시 쌓으려 시도하는데, 이는 문제해결의 유연한 접근을 요구한다.

브루너는 놀이가 사회적 상호작용을 촉진한다고 하였다. 놀이를 통해 아동은 다른 아이들과 협력하고, 규칙을 정하며, 상호작용하는 법을 배운다. 이러한 상호작용은 아동이 타인의 생각을 이해하고, 협동하는 능력을 기르는 데 중요한 역할을 하며 특히 역할놀이나 협력놀이에서 아이들은 규칙을 설정하고, 각자의 역할을 정하며 놀이를 이끌어 나가는데, 이 과정에서 협력과 소통 능력이 발달하게 된다.

브루너의 놀이 이론은 교육 현장에서도 중요한 의미를 가진다. 그는 놀이가 아동의 인지적 발달과 창의적 사고를 촉진하는 핵심적인 수단이라고 보았기 때문에, 놀이를 교육의 중요한 구성 요소로 보고 놀이를 통해 아이들은 자율적으로 학습하고, 스스로 문제를 해결하며, 창의적인 방법으로 사고한다고 하였다. 교사들이 아이들에게 놀이 기반 학습을 제공하여 아이들이 스스로 문제를 해결하고 탐구하는 능력을 키울 수 있도록 해야하며 아동이 능동적으로 탐색하고 실험할 수 있는 환경을 제공하는 것이 중요하다. 또한 교사들이 아동에게 답을 직접 가르치는 대신, 아동이 스스로 발견하고 학습할 수 있는 기회를 제공하는 방향으로 교육을 설계해야 한다는 시사점을 준다. 놀이를 통해 아동은 문제를 스스로 해결하고, 지식을 내재화할 수 있다. 놀이를 통한 학습은 아동의 창의성을 자극하고 문제해결 능력을 강조하며 다양한 놀이 활동을 통해 아이들은 상상력을 발휘하고, 다양한 방법으로 문제를 해결하는 경험을 하게 된다.

위 내용을 요약하면, 브루너의 놀이 이론은 놀이가 아동의 학습과 발달에 있어 매우 중요한 도구임을 강조하며 놀이를 통해 아동은 문제를 해결하고, 창의성을 발휘하며, 사회적 상호작용을 통해 협력과 소통 능력을 발달시킨다. 이러한 놀이 기반 학습은 아동이 보다 능동적이고 자율적으로 학습할 수 있도록 도와주는 중요한 수단으로, 브루너는 이를 통해 아동의 전반적인 인지적, 사회적 발달을 촉진하는 방법을 제시했다.

3) 각성조절이론

각성조절이론(Arousal Modulation Theory)은 놀이가 아동의 각성 수준(arousal level)을 조절하는 중요한 수단이라는 이론으로 인간은 본능적으로 적절한 각성 수준을 유지하려고 하며, 놀이를 통해 지나치게 높거나 낮은 각성 상태를 조절하려는 경향이 있다. 즉, 놀이가 아동의 심리적, 신체적 상태를 적절하게 유지하는 데 중요한 역할을 한다는 관점이다.

각성 수준은 개인이 얼마나 각성되어 있는지를 나타내는 개념으로, 각성이 너무 높거나 너무 낮을 경우 인간은 불편함을 느낀다. 지나친 각성 상태는 불안이나 스트레스를 유발할 수 있으며, 반대로 각성이 너무 낮으면 무기력하거나 지루함을 느끼게 되므로 놀이를 통해 개인은 이러한 각성 상태를 조절하고, 최적의 각성 상태를 유지하려고 한다. 예를 들어, 아이들이 지루할 때는 더 활동적인 놀이를 하여 각성 수준을 높이고, 반대로 과하게 흥분했을 때는 비교적 조용한 놀이를 통해 각성 상태를 낮추려 한다.

각성조절이론은 인간이 특정 활동을 통해 최적의 각성 상태(optimal arousal level)를 유지하려 한다. 놀이를 통해 아동은 지나치게 낮은 각성 상태에서 벗어나거나, 과도하게 높은 각성 상태를 낮추는 방식으로 자신의 심리적, 신체적 균형을 맞춘다. 예를 들어, 활발한 신체 놀이(달리기, 점프 등)를 통해 낮은 각성 상태를 끌어올리거나, 조용한 놀이(퍼즐 맞추기, 책 읽기)를 통해 너무 높은 각성 상태를 조절할 수 있다.

각성조절이론이 놀이의 핵심적인 요소는 자발성이다. 아동은 스스로 자신에게 적절한 활동을 선택하고, 이를 통해 각성 상태를 조절하는 과정을 경험하게 된다. 이는 아동이 자신의 신체적, 정신적 상태를 직관적으로 이해하고, 스스로 조절하는 능력을 기르도록 한다.

놀이 활동은 아동에게 도전적이면서도 흥미로워야 한다. 놀이가 지나치게 단순하거나 흥미롭지 않으면 각성 수준이 낮아져 지루함을 느끼게 되며, 반대로 놀이가 너무 어렵거나 자극적이면 각성 수준이 지나치게 높아져 불안이나 스트레스를 유발할 수 있다. 최적의 놀이 활동은 아동에게 적절한 도전과 흥미를 제공함으로써 각성 상태를 적절하게 유지하게 한다. 각성조절이론에 따르면 놀이가 스트레스를 해소하는 기능도 하여 놀이를 통해 아이들은 불안이나 긴장을 해소하며, 이러한 과정에서 신체적, 정서적 균형을 유지하게 된다. 예를 들어, 신체적으로 활발한 놀이를 통해 스트레스와 불안을 풀어내는 경우가 많으며 이때 놀이가 아이들의 스트레스 해소에 중요한 역할을 한다고 볼 수 있다.

각성조절이론의 교육적 시사점은 첫째, 아동의 각성 상태가 상황에 따라 다를 수 있기 때문에, 교사나 부모는 아이들에게 다양한 놀이 활동을 제공해야 하며 아이들이 스스로 선택할 수 있는 놀이 환경을 마련함으로써 각성 상태를 조절할 수 있도록 돕는 것이 중요하다. 둘째, 각성 수준을 조절하기 위해서는 신체적, 정신적으로 활발한 놀이와 조용한 놀이를 균형 있게 제공하는 것이 필요하다. 예를 들어, 활발한 신체 놀이와 창의적인 상상놀이, 그리고 집중력을 요하는 조용한 놀이 활동을 적절히 혼합하여 제공하는 것이 효과적이다. 셋째, 각 아동의 개인적인 각성 수준과 요구가 다르기 때문에, 교사나 부모는 아동의 반응을 주의 깊게 관찰하고, 그들의 필요에 맞는 놀이 환경을 조성하는 것이 중요하다. 예를 들어, 에너지가 넘치는 아동에게는 활발한 놀이가 필요할 수 있으며, 반대로 스트레스를 받거나 과도하게 흥분한 아동에게는 차분한 놀이를 권장할 수 있다. 넷째, 각성조절이론에서는 놀이가 자율적으로 이루어질 때 가장 효과적이라는 점을 강조한다. 따라서 아동이 스스로 놀이 활동을 선택하고 주도할 수 있도록 하는 것이 중요하며, 이를 통해 아동은 자신의 각성 상태를 자율적으로 조절할 수 있는 능력을 키우게 된다.

이를 요약하자면, 각성조절이론은 놀이가 아동의 신체적, 정서적 상태를 조절하는 중요한 수단이라는 점을 강조하며, 놀이가 아동의 정신적 균형과 발달에 필수적인 역할을 한다. 놀이를 통해 아동은 각성 수준을 조절하고, 스트레스를 해소하며, 스스로의 신체적, 심리적 상태를 이해하고 조절하는 능력 발달을 돕는다.

4) 상위의사소통이론

상위의사소통이론(Metacommunication Theory)은 놀이 속에서 의사소통의 특별한 형태를 강조하는 이론이다. 이 이론은 놀이가 단순한 상호작용 이상의 의미를 가지고 있으며, 놀이 속에서 의사소통이 일어나는 방식을 아동들이 이해하고 조정하는 능력에 주목한다. 특히, 놀이에서의 상위의사소통은 놀이의 규칙을 설정하고, 역할을 조정하며, 상상과 현실을 구분하는 중요한 수단이 된다.

이 이론은 놀이의 복잡한 사회적 측면을 다루며, 아동들이 놀이를 통해 어떻게 서로 소통하고, 역할을 협상하며, 놀이 상황을 조정하는지를 분석하며 특히, 놀이의 규칙이나 역할에 대해 명시적으로 혹은 묵시적으로 의사소통하는 과정을 강조한다.

상위의사소통이란 '의사소통에 대한 의사소통'을 의미한다. 즉, 서로 간의 의사소통이 어떤 의미를 가지는지, 어떻게 해석해야 하는지를 명확하게 하거나 조정하는 과정으로 놀이에서는 아이들이 "이건 놀이야"라는 암묵적인 규칙을 공유하거나, 놀이의 규칙을 설정하고 조정하는 것이 상위의사소통의 예시라고 볼 수 있다. 예를 들어, 아이들이 역할놀이를 할 때 "난 엄마 할게, 너는 아기야"라고 말하는 것은 역할에 대한 상위의사소통이다. 이를 통해 아이들은 서로의 역할을 이해하고 놀이의 방향을 조정한다. 놀이에서 서로가 어떤 규칙을 따르고 있는지에 대한 이해를 돕는 것이 바로 상위의사소통인 것이다.

놀이 중에는 아이들이 놀이의 규칙을 바꾸거나, 상상 속 상황을 현실과 구분하는 경우가 많은데 예를 들어, 한 아이가 놀이 중에 다른 아이에게 "이건 진짜가 아니야, 그냥 장난이야"라고 말하는 것은 상위의사소통의 전형적인 예로 이런 대화를 통해 아이들은 놀이가 실제 현실이 아닌 상상 속에서 일어나는 일이라는 것을 상기하고, 놀이의 경계를 설정한다.

상위의사소통은 놀이 속에서 일어나는 규칙 위반이나 예상치 못한 상황을 해결하는 데도 중요한 역할을 한다. 예를 들어, 놀이 도중 한 아이가 규칙을 어기면, 다른 아이가 "너 그거 하면 안 돼!"라고 말하면서 규칙을 상기시키고 놀이의 질서를 유지하려는 행동도 상위의사소통의 일환이다.

상위의사소통 이론에서는 놀이 속에서 나타나는 "놀이 메시지"와 "현실 메시지"를 구분한다. 놀이 메시지는 놀이 세계에서만 유효한 의사소통을 말하며, 아이들은 놀이를 통해 서로의 역할을 정의하고 상황을 조정한다. 반면, 현실 메시지는 현실 세계에서 유효한 의사소통으로 상위의사소통을 통해 아이들은 놀이와 현실을 구분하고, 서로가 지금 어떤 맥락에서 소통하고 있는지를 명확하게 이해할 수 있게 된다.

놀이에서 상위의사소통은 놀이의 상징성을 이해하는 데 도움을 준다. 예를 들어, 놀이에서 한 아이가 "이 나뭇가지는 칼이야"라고 말하면, 이는 나뭇가지가 상징적으로 칼이라는 것을 상위의사소통을 통해 알려주는 것이다. 이를 통해 아이들은 현실에서는 나뭇가지가 단순한 나뭇가지지만, 놀이 속에서는 칼이라는 상징적 의미로 이해하게 되는 것이다. 놀이가 진행되면서 상황이 변하거나 새로운 상징이 도입될 때도 상위의사소통은 중요하다. 아이들이 놀이에서 새로운 상황을 도입할 때 서로의 이해를 돕기 위해 상위의사소통을 사용한다.

상위의사소통은 협력적인 놀이에서 매우 중요한 역할을 한다. 아이들은 서로의 의도를 명확히 하거나 역할 분담을 조정하기 위해 상위의사소통을 사용하며, 이를 통해 보다 복잡한 놀이가 가능해진다. 협력적 놀이는 여러 명이 함께 규칙을 정하고 상호작용해야 하기 때문에 상위의사소통을 통해 서로의 이해를 맞추고, 규칙을 재조정하는 과정이 필요하다. 상위의사소통을 통해 아동은 타인의 관점을 이해하고 조정하는 능력을 키우게 되므로 놀이에서 발생할 수 있는 갈등이나 혼란을 해결하는 데 상위의사소통은 중요한 도구로 작용한다.

상위의사소통 이론은 놀이가 아동의 사회적 발달과 인지적 발달에 큰 영향을 미친다고 설명한다. 아동은 놀이에서 상위의사소통을 사용하여 타인의 생각과 감정을 이해하고, 상호작용의 규칙을 학습하게 되며. 이를 통해 아동은 협력, 문제 해결, 갈등 관리 등의 사회적 기술을 발달시키고, 자신과 타인의 역할을 명확히 이해하며 조율하는 능력을 키운다. 또한, 상위의사소통은 아동의 언어 능력과 사고력을 촉진한다. 아이들이 놀이 중 규칙을 설명하고 조정하면서 언어를 사용하여 사고를 정리하고, 상징적 사고 능력을 강화한다.

상위의사소통 이론은 놀이 속에서 발생하는 의사소통이 단순한 상호작용 이상의 복합적이고 구조적인 과정임을 강조한다. 놀이에서 상위의사소통은 규칙 설정, 역할 분담, 놀이와 현실의 구분 등 다양한 기능을 하며, 이를 통해 아동은 사회적, 인지적 발달을 촉진하게 된다. 상위의사소통은 아동들이 놀이의 의미를 명확히 하고 상호작용을 조정하는 중요한 도구로 작용하며, 놀이가 그 자체로 복잡한 사회적 학습의 장임을 보여주는 것이다.

5) 각본이론

각본이론(Script Theory)은 놀이를 사회적 상호작용과 문화적 맥락에서 이해하려는 현대적 놀이 이론 중 하나이다. 이 이론은 주로 심리학과 교육학에서 사용되며, 아이들이 놀이를 통해 사회적 규범과 문화적 역할을 학습하고 재현한다고 설명한다. 각본이론은 특히 역할놀이와 관련이 깊으며, 아이들이 놀이를 통해 사회에서 어떻게 행동해야 하는지, 어떤 규칙을 따라야 하는지를 학습한다는 점을 강조한다.

각본이론에 따르면, 놀이에서 아이들은 정해진 시나리오에 따라 행동하며, 이를 통해 사회적 역할을 학습한다. 예를 들어, 아이들이 '엄마와 아기 놀이', '병원 놀이' 등을 할 때, 그들은 사회에서 특정 역할을 맡는 사람들(부모, 의사, 환자 등)이 어떤 행동을 해야 하는지 학습하게 된다. 놀이가 아이들에게 사회적 역할에 대한 이해를 제공하는 도구가 되는 것이다.

각본이론은 놀이가 단순한 상상력의 발현이 아니라 문화적으로 형성된 각본에 따라 이루어진다. 즉, 아이들은 주변 환경에서 본 행동과 상황을 놀이 속에서 재현하고 모방한다. 이를 통해 그들은 자신의 사회적, 문화적 맥락에서 기대되는 행동 패턴을 습득하게 되는 것이다. 예를 들어, 특정 문화권에서 부모와 자녀 간의 관계를 모방하는 놀이가 아이들에게 문화적 가치와 행동 규범을 전달하는 역할을 한다.

각본이론은 놀이가 예측 가능한 구조를 가지고 있다. 즉, 놀이에는 시작, 중간, 끝이 있으며, 아이들은 이 구조 안에서 각본에 따라 행동한다. 예를 들어, '병원 놀이'를 할 때는 환자가 의사를 만나 진료를 받는 일련의 단계가 있다. 이러한 구조는 아이들이 놀이를 통해 사회적 상호작용을 더 잘 이해하고, 예측 가능성을 배울 수 있도록 돕는다. 그리고 각본이론 아이들이 놀이 속에서 문제를 해결하는 능력을 키운다. 각본에 따라 진행되는 놀이에서 예상치 못한 문제가 발생하면, 아이들은 이를 해결하기 위해 상상력과 창의력을 발휘하게 되므로 아이들은 사회적, 문화적 상황에서 발생할 수 있는 다양한 문제를 유연하게 해결하는 방법을 학습한다. 또한 놀이에서 아이들은 다양한 역할을 수행하면서 자신과 타인의 관계를 이해하고, 정체성을 형성한다. 이 과정에서 아이들은 자신이 맡은 역할에 따라 행동하면서 자아에 대한 이해를 깊게 하며, 이는 자아 개발에 중요한 역할을 한다. 예를 들어, '선생님' 역할을 할 때 아이는 권위와 책임을 느끼고, 이를 통해 자신이 더 넓은 사회적 역할을 수행할 수 있는 능력이 있다는 것을 깨닫게 된다.

각본이론은 교육적 맥락에서 놀이가 아이들에게 사회적, 문화적 학습을 제공하는 중요한 수단임을 강조한다. 이를 통해 교사나 부모는 놀이를 단순한 놀이로 끝내지 않고, 아이들의 사회적 상호작용 능력과 문제해결 능력을 발전시키는 기회로 활용할 수 있다.

현대적 놀이 이론에 대해 살펴보았듯이 주요 특징은 놀이가 특정 목표나 결과가 아닌 놀이 자체가 목적이 된다는 점을 강조하고 있으며 놀이가 학습과 분리될 수 없는 과정이라는 점을 강조한다. 놀이를 통해 아이들은 자연스럽게 사회적, 인지적 기술을 배운다. 예를 들어, 블록 놀이를 통해 아이들은 물리적 원리를 이해하고 문제해결 능력을 키운다. 또한 놀이가 사회적 관계를 형성하고, 협동과 경쟁을 배우는 장이라는 점이 강조된다. 현대 이론은 놀이가 단순히 개인적인 활동이 아니라, 사회적 상호작용과 문화적 맥락 속에서 일어난다고 본다. 놀이가 창의성과 상상력을 자극하는 중요한 수단으로 본다. 놀이를 통해 아이들은 다양한 가능성을 탐구하고, 기존의 규칙을 넘어서는 창의적인 사고를 발전시킬 수 있다.

현대적 놀이 이론은 놀이를 다차원적이고 복합적인 현상으로 보며, 이를 통해 인간의 다양한 발달 측면을 이해하려고 한다. 고전적 놀이 이론이 진화론적 관점에 기반을 두고 있었다면, 현대적 이론은 놀이의 사회적, 심리적, 인지적 요소를 강조하고, 이를 통해 놀이가 인간 발달에 미치는 긍정적인 영향을 설명한다.

〈표 2-2〉 현대적 놀이 이론

이론	놀이 효과
정신분석이론	정서적 발달 촉진, 내적 갈등 완화, 자아 기능 강화
인지발달이론	문제해결 능력 향상, 상상력과 창의력 발달, 논리적 사고 발달
각성조절이론	스트레스 조절, 자기조절 능력 향상, 주의집중력 증대
상위의사소통이론	사회성 발달, 타인과의 상호작용 능력 향상, 의사소통 기술 향상
각본이론	사회적 규칙 학습, 역할놀이를 통한 사회성 발달, 현실 적응 능력 강화

동영상 시청

놀이의 힘(놀이는 본능이다)

EBS 놀이의 힘 1부 '놀이는 본능이다' 동영상을 시청하고 이야기를 나누어 보세요.

놀이는 본능이다

Q1. 놀이를 왜 할까?

Q2. 놀이의 효과는 무엇일까?

CHAPTER 03

교육과정과 놀이

Chapter 03
교육과정과 놀이

교육과정과 놀이의 관계를 탐구하는 데 초점을 둔다. 놀이중심 교육과정은 영유아의 흥미와 자발적인 참여를 촉진하는 중요한 접근 방식으로, 이를 통해 영유아는 자연스럽게 학습하고 성장한다. 놀이를 중심으로 교육과정을 편성하고 운영함으로써 영유아는 자신에게 의미 있는 경험을 통해 학습에 대한 긍정적인 태도를 형성하게 된다. 이에 본 장에서는 놀이중심 교육과정의 중요성과 강조되는 배경에 대해 알아보고, 2024 개정 표준보육과정과 2019 개정 누리과정의 주요 영역을 이해함으로써, 놀이 속에 교육과정과 어떠한 관계를 가지고 있는지 살펴보고자 한다.

1. 놀이중심 교육과정

최근 영유아교육에서 놀이중심과 영유아중심 교육과정이 강조되는 흐름은 영유아의 발달과 학습에 적합한 교육 방법을 제공하기 위한 노력에서 비롯되었다. 놀이중심, 영유아중심 교육과정의 중요성과 이에 대한 배경에 대해 생각해보고자 한다.

1) 놀이중심 교육의 중요성

놀이중심 교육과정은 영유아들이 놀이를 통해 자연스럽게 학습하고 성장할 수 있도록 돕는 교육 방식이다. 놀이는 영유아의 인지적, 사회적, 정서적 발달에 긍정적인 영향을 미치며, 이를 통해 영유아는 창의력, 문제해결 능력, 협력 능력을 기를 수 있다(Johnson, Christie, & Wardle, 2005). 특히, 놀이를 통해 배우는 경험은 강제적인 학습보다 더 오래 지속되며, 영유아의 흥미와 참여도를 높이는 데 효과적이다.

2) 영유아중심 교육의 필요성

영유아중심 교육은 영유아를 교육과정의 주체로 보고, 영유아의 흥미와 발달단계에 맞춘 학습 경험을 제공하는 것을 목표로 한다. 이는 영유아들이 스스로 탐구하고 문제를 해결하며 자기주도성을 기를 수 있도록 돕고(Bruner, 1996), 영유아의 개별성을 존중하며, 각 영유아가 가진 고유한 잠재력을 발휘할 수 있는 기회를 제공한다.

3) 강조되는 배경

(1) 교육 패러다임의 변화

현대 교육은 지식 전달 중심에서 벗어나 영유아의 전인적 발달을 목표로 한다. 놀이중심과 영유아중심 교육과정은 이러한 변화의 핵심요소로 자리 잡았다. 2024 개정 표준보육과정과 2019 개정 누리과정에서도 "놀이가 중심이 되는 교육과정"을 강조하며, 놀이를 영유아의 배움과 발달을 지원하는 핵심 방법으로 제시했다(교육부 · 보건복지부, 2019).

(2) 발달 심리학과 교육학 연구의 발전

피아제(Piaget)와 비고츠키(Vygotsky)와 같은 학자들은 놀이가 영유아 발달에 필수적임을 밝혔다. 피아제는 놀이를 통해 유아가 세상을 이해하고, 자신만의 사고 구조를 형성한다고 보았으며, 비고츠키는 놀이가 사회적 상호작용과 학습을 촉진하는 중요한 매개체라고 강조했다. 이러한 이론적 배경은 현대 유아교육에서 놀이중심 접근을 뒷받침하는 중요한 근거가 된다.

(3) 사회적 요구와 변화

21세기 사회는 창의적이고 자기주도적인 인재를 요구한다. 놀이중심, 영유아중심 교육과정은 유아가 미래 사회에서 필요한 역량을 자연스럽게 기를 수 있는 방법으로 주목받고 있다.

놀이중심, 영유아중심 교육과정은 영유아가 즐겁고 의미 있는 학습 경험을 할 수 있도록 돕는 핵심적인 방향성이다. 이는 영유아의 흥미와 발달을 고려해 교육을 제공함으로써, 영유아의 잠재력을 최대로 이끌어낼 수 있는 방법이다. 앞으로도 이러한 교육 방향이 지속적으로 발전하고, 교사와 교육 현장에서 효과적으로 실행될 수 있도록 연구와 지원이 필요하다. 또한 영유아들의 놀이를 잘 관찰하여 교육과정 목적과 목표 및 영역별 목표와 내용을 영유아의 성장 변화에 대한 판단의 근거로 삼을 수 있다는 것을 고려해야 한다.

놀이 속 교육과정 이해하기

〈 놀이 속 교육과정 운영 이해 = 놀이 속 영역별 통합적 이해
= 영역별 목표 = 교육과정에서 추구하는 인간상 〉

추구하는 인간상

0~2세 3~5세	건강한 사람	자주적인 사람	창의적인 사람	감성이 풍부한 사람	더불어 사는 사람

목표

0~2세	자신의 소중함을 알고 건강하고 안전한 환경에서 즐겁게 생활한다	자신의 일을 스스로 하고자 한다	호기심을 가지고 탐색하며 상상력을 기른다	일상에서 아름다움에 관심을 가지고 감성을 기른다	사람과 자연을 존중하고 소통하는데 관심을 가진다
3~5세	자신의 소중함을 알고 건강하고 안전한 생활습관을 기른다	자신의 일을 스스로 해결하는 기초능력을 기른다	호기심과 탐구심을 가지고 상상력과 창의력을 기른다	일상에서 아름다움을 느끼고 문화적 감수성을 기른다	사람과 자연을 존중하고 배려하며 소통하는 태도를 기른다

추구하는 인간상의 목표는
표준보육과정 전 영역에 골고루 스며들어 있음

영역

0~2세	신체운동 · 건강	의사소통	사회관계	예술경험	자연탐구
3~5세	신체운동 · 건강				

Q1. 영유아들의 놀이를 관찰하여 교육과정에서 추구하는 인간상과 어떻게 연계되는가?
Q2. 놀이 속 교육과정을 이해하기 위해서 교사가 계속적으로 들여다보고 고민해야 할 핵심은 무엇이라고 생각하나요?

2. 2024 개정 표준보육과정

1) 신체운동 · 건강 영역

가. 목표

실내외에서 신체활동을 즐기고, 건강하고 안전한 일상생활을 경험한다.

- 감각 경험과 신체활동을 즐긴다.
- 건강한 일상생활을 경험한다.
- 안전한 일상생활을 경험한다.

나. 내용

내용범주	내용	
	0~1세	2세
신체활동 즐기기	• 다양한 감각을 경험한다. • 신체와 주변을 탐색한다. • 대소근육을 조절한다. • 기본운동을 시도한다. • 실내외 신체활동을 즐긴다.	• 다양한 감각을 경험한다. • 신체를 인식하고 움직인다. • 대소근육을 조절한다. • 기본운동을 즐긴다. • 실내외 신체활동을 즐긴다.
건강하게 생활하기	• 도움을 받아 몸을 깨끗이 한다. • 음식에 관심을 가진다. • 하루 일과를 편안하게 경험한다. • 건강한 배변 습관을 갖는다.	• 자신의 몸과 주변을 깨끗이 해 본다. • 음식을 즐겨 먹는다. • 하루 일과를 즐겁게 경험한다. • 건강한 배변 습관을 갖는다.
안전하게 생활하기	• 안전한 상황에서 놀이하고 생활한다. • 안전한 상황에서 교통수단을 이용해 본다. • 위험하다는 말에 주의한다.	• 안전하게 놀이하고 생활한다. • 안전한 상황에서 교통수단을 이용해 본다. • 위험한 상황에 대처하는 방법을 경험한다.

2) 의사소통 영역

가. 목표

일상생활에서 의사소통 능력을 기른다.

- 일상생활에서 듣기와 말하기를 즐긴다.
- 읽기와 쓰기에 관심을 가진다.
- 책과 이야기에 재미를 느낀다.

나. 내용

내용범주	내용	
	0~1세	2세
듣기와 말하기	• 표정, 몸짓, 말과 주변의 소리에 주의를 기울인다. • 상대방의 이야기를 들으면서 말소리를 낸다. • 표정, 몸짓, 말소리로 의사를 표현한다.	• 표정, 몸짓, 말에 주의를 기울여 듣는다. • 상대방의 이야기를 듣고 말한다. • 자신의 요구와 느낌을 말한다.
읽기와 쓰기에 관심 가지기	• 주변의 그림과 상징에 관심을 가진다. • 끼적이기에 관심을 가진다.	• 주변의 그림과 상징에 관심을 가진다. • 끼적이며 표현하기를 즐긴다.
책과 이야기 즐기기	• 책에 관심을 가진다. • 말놀이와 이야기에 재미를 느낀다.	• 책에 관심을 가지고 상상한다. • 말놀이와 이야기에 재미를 느낀다.

3) 사회관계 영역

가. 목표

나를 알아가며 더불어 생활하는 경험을 한다.

- 나를 알고 긍정적으로 여긴다.
- 함께 지내는 즐거움을 경험한다.

나. 내용

내용범주	내용	
	0~1세	2세
나를 알고 존중하기	• 나의 고유함을 알아간다. • 나의 욕구와 감정을 표현한다. • 나에게 친숙한 것을 안다.	• 나의 고유함을 알아간다. • 나의 욕구와 감정을 표현한다. • 내가 좋아하는 것을 해 본다.
더불어 생활하기	• 안정적인 애착을 형성한다. • 또래에게 관심을 가진다. • 다른 사람의 감정과 행동에 관심을 가진다. • 반에서 편안하게 지낸다.	• 가족에게 관심을 가진다. • 또래와 함께 놀이한다. • 다른 사람의 감정과 행동에 관심을 가진다. • 지켜야 할 약속이 있음을 안다.

4) 예술경험 영역

가. 목표

아름다움을 느끼고 즐긴다.

- 자연과 생활에서 아름다움을 경험한다.
- 자유롭게 예술 표현을 한다.

나. 내용

내용범주	내용	
	0~1세	2세
아름다움 찾아보기	• 자연과 생활에서 아름다움을 느낀다. • 예술에서 아름다움을 느낀다.	• 자연과 생활에서 아름다움을 느낀다. • 예술에서 아름다움을 느낀다.
창의적으로 표현하기	• 소리와 리듬, 노래로 표현한다. • 움직임으로 표현한다. • 다양한 미술 재료를 경험한다. • 모방하기를 즐긴다.	• 익숙한 노래와 리듬을 표현한다. • 움직임과 춤으로 표현한다. • 다양한 미술 재료와 도구로 표현한다. • 상상놀이를 한다.

5) 자연탐구 영역

가. 목표

주변 환경과 자연을 탐색하는 과정을 즐긴다.

- 일상에서 탐색하는 과정을 즐긴다.
- 주변 환경에 관심을 가지고 탐색한다.
- 생명과 자연에 관심을 가진다.

나. 내용

내용범주	내용	
	0~1세	2세
탐구 과정 즐기기	• 주변 환경과 자연에 대해 호기심을 가진다. • 사물과 자연 탐색하기를 즐긴다.	• 주변 환경과 자연에 대해 호기심을 가진다. • 사물과 자연 탐색하기를 즐긴다.
생활 속에서 탐구하기	• 친숙한 물체를 감각을 탐색한다. • 일상에서 수에 관심을 가진다. • 공간과 모양을 탐색한다. • 규칙성을 경험한다.	• 친숙한 물체를 감각을 탐색한다. • 일상에서 수에 관심을 가진다. • 공간과 모양을 탐색한다. • 규칙성에 관심을 가진다. • 사물을 같고 다름에 따라 구분한다. • 생활 도구에 관심을 가진다.
자연과 더불어 살기	• 주변의 동식물에 관심을 가진다. • 날씨의 변화를 느낀다.	• 주변의 동식물에 관심을 가진다. • 날씨와 계절의 변화를 느낀다.

3. 2019 개정 누리과정

1) 신체운동·건강영역

가. 목표

실내외에서 신체활동을 즐기고, 건강하고 안전한 생활을 한다.

- 신체활동에 즐겁게 참여한다.
- 건강한 생활습관을 기른다.
- 안전한 생활습관을 기른다.

나. 내용

내용범주	내용
신체활동 즐기기	• 신체를 인식하고 움직인다. • 신체 움직임을 조절한다. • 기초적인 이동운동, 제자리 운동, 도구를 이용한 운동을 한다. • 실내외 신체활동에 자발적으로 참여한다.
건강하게 생활하기	• 자신의 몸과 주변을 깨끗이 한다. • 몸에 좋은 음식에 관심을 가지고 바른 태도로 즐겁게 먹는다. • 하루 일과에서 적당한 휴식을 취한다. • 질병을 예방하는 방법을 알고 실천한다.
안전하게 생활하기	• 일상에서 안전하게 놀이하고 생활한다. • TV, 컴퓨터, 스마트폰 등을 바르게 사용한다. • 교통안전 규칙을 지킨다. • 안전사고, 화재, 재난, 학대, 유괴 등에 대처하는 방법을 경험한다.

2) 의사소통영역

가. 목표

일상생활에 필요한 의사소통 능력과 상상력을 기른다.

- 일상생활에서 듣고 말하기를 즐긴다.
- 읽기와 쓰기에 관심을 가진다.
- 책이나 이야기를 통해 상상하기를 즐긴다.

나. 내용

내용범주	내용
듣기와 말하기	• 말이나 이야기를 관심 있게 듣는다. • 자신의 경험, 느낌, 생각을 말한다. • 상황에 적절한 단어를 사용하여 말한다. • 상대방이 하는 이야기를 듣고 관련해서 말한다. • 바른 태도로 듣고 말한다. • 고운 말을 사용한다.
읽기와 쓰기에 관심 가지기	• 말과 글의 관계에 관심을 가진다. • 주변의 상징, 글자 등의 읽기에 관심을 가진다. • 자신의 생각을 글자와 비슷한 형태로 표현한다.
책과 이야기 즐기기	• 책에 관심을 가지고 상상하기를 즐긴다. • 동화, 동시에서 말의 재미를 느낀다. • 말놀이와 이야기 짓기를 즐긴다.

3) 사회관계영역

가. 목표

자신을 존중하고 더불어 생활하는 태도를 가진다.

- 자신을 이해하고 존중한다.
- 다른 사람과 사이좋게 지낸다.
- 우리가 사는 사회와 다양한 문화에 관심을 가진다.

나. 내용

내용범주	내용
나를 알고 존중하기	• 나를 알고 소중히 여긴다. • 나의 감정을 알고 상황에 맞게 표현한다. • 내가 할 수 있는 것을 스스로 한다.
더불어 생활하기	• 가족의 의미를 알고 화목하게 지낸다. • 친구와 서로 도우며 사이좋게 지낸다. • 친구와의 갈등을 긍정적인 방법으로 해결한다. • 서로 다른 감정, 생각, 행동을 존중한다. • 친구와 어른께 예의 바르게 행동한다. • 약속과 규칙의 필요성을 알고 지킨다.
사회에 관심 가지기	• 내가 살고 있는 곳에 대해 궁금한 것을 알아본다. • 우리나라에 대해 자부심을 가진다. • 다양한 문화에 관심을 가진다.

4) 예술경험영역

가. 목표

아름다움과 예술에 관심을 가지고 창의적 표현을 즐긴다.

- 자연과 생활 및 예술에서 아름다움을 느낀다.
- 예술을 통해 창의적으로 표현하는 과정을 즐긴다.
- 다양한 예술 표현을 존중한다.

나. 내용

내용범주	내용
아름다움 찾아보기	• 자연과 생활에서 아름다움을 느끼고 즐긴다. • 예술적 요소에 관심을 갖고 찾아본다.
창의적으로 표현하기	• 노래를 즐겨 부른다. • 신체, 사물, 악기로 간단한 소리와 리듬을 만들어 본다. • 신체나 도구를 활용하여 움직임과 춤으로 자유롭게 표현한다. • 다양한 미술 재료와 도구로 자신의 생각과 느낌을 표현한다. • 극놀이로 경험이나 이야기를 표현한다.
예술 감상하기	• 다양한 예술을 감상하며 상상하기를 즐긴다. • 서로 다른 예술 표현을 존중한다. • 우리나라 전통 예술에 관심을 갖고 친숙해진다.

5) 자연탐구영역

가. 목표

탐구하는 과정을 즐기고, 자연과 더불어 살아가는 태도를 가진다.

- 일상에서 호기심을 가지고 탐구하는 과정을 즐긴다.
- 생활 속의 문제를 수학적, 과학적으로 탐구한다.
- 생명과 자연을 존중한다.

나. 내용

내용범주	내용
탐구 과정 즐기기	• 주변 세계와 자연에 대해 지속적으로 호기심을 가진다. • 궁금한 것을 탐구하는 과정에 즐겁게 참여한다. • 탐구 과정에서 서로 다른 생각에 관심을 가진다.
생활 속에서 탐구하기	• 물체의 특성과 변화를 여러 가지 방법으로 탐색한다. • 물체를 세어 수량을 알아본다. • 물체의 위치와 방향, 모양을 알고 구별한다. • 일상에서 길이, 무게 등의 속성을 비교한다. • 주변에서 반복되는 규칙을 찾는다. • 일상에서 모은 자료를 기준에 따라 분류한다. • 도구와 기계에 대해 관심을 가진다.
자연과 더불어 살기	• 주변의 동식물에 관심을 가진다. • 생명과 자연환경을 소중히 여긴다. • 날씨와 계절의 변화를 생활과 관련짓는다.

4. 놀이 속 교육과정 운영 이해

교사는 교육과정 운영의 질을 개선하기 위하여 기관과 학급의 특성을 반영하여 자율적으로 누리과정 운영을 평가하여야 한다. 누리과정 운영 평가는 일과 구성이 적절하였는지, 일상생활이나 활동이 놀이를 지원하는 방식으로 진행되었는지, 놀이를 통해 어떤 경험이 어떻게 일어났는지 등에 대해 반성적으로 들여다보는 과정이다. 교사는 학급 내 놀이의 내용, 놀이를 통해 학급에서 일어나고 있는 유아들의 배움과 참여 등에 대한 기록을 바탕으로 교육과정을 평가하고 교육과정 개선 계획에 이를 반영할 수 있다.

맥락에 따라 선택하여 배움 읽기

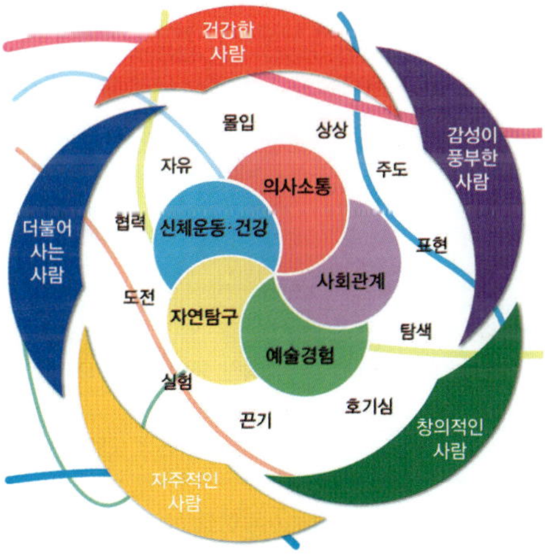

- 5개 영역으로 배움 읽기
- 풍부한 배움 읽기
- 인간상을 향해 성장하는 영아의 배움 읽기

배움을 읽는 방식은 5개 영역으로 읽기부터 풍부한 배움, 점진적인 영아의 변화에 기반한 인간상으로 읽기까지 다양합니다.

교사는 영아가 배우는 순간들에 대해 3가지 방식을 모두 활용하기보다, 맥락에 따라 선택하여 읽을 수 있습니다.

때로는 배움을 5개 영역으로만 읽을 수도 있고, 때로는 풍부한 배움으로 읽거나 5개 영역과 풍부한 배움을 함께 읽어볼 수도 있습니다.

해설서 각 내용에 대한 문구 해설을 참조로 배움의 내용을 구체적으로 읽고, 영아의 배움의 내용을 확장하는 지원으로 나아갈 수 있습니다.

출처: 개정 0~2세 표준보육과정 연수 자료집 (2024).

예시 유아 놀이관찰 내용과 누리과정 운영 평가를 함께 기록한 예

일시	년 월 주
유아 놀이관찰 내용	 주현이가 봄나물로 가방을 만들었다. 서진: 이거 가방! 가방이야 가방! 서진이 거야. 주현: 서진아 너도 만들래? 주현이가 서진이에게 지퍼백을 준다. 서진이가 가방 만들기를 어려워하자 주현이, 교사가 도움을 주어 완성한다. 가방이 완성되자 서진이는 주현이에게 가방을 보여준다. 교사: 이거 가방이야. 서진: 이거 가방이야. 교사는 서진이가 주현이에게 언어로 표현할 수 있도록 지원한다.
누리과정 운영 평가	• 친구의 놀이를 관심 있게 지켜보는 장애유아를 관찰 하던 중, 일반 유아가 장애 유아의 놀이참여를 유도하는 상호작용이 일어났고, 긍정적인 통합놀이의 모습을 관찰할 수 있었음. • 장애 유아가 어려워하는 부분에 대해서는 교사가 신체적 촉진, 언어적 모델링 등을 통해 지속적인 놀이지원을 하였음. • 놀이전반에서 장애 유아와 일반 유아의 놀이가 즐겁게 이루어졌으며 친구의 이야기에 집중하고 모방하여 표현하는 장애 유아를 관찰할 수 있었음. • 바깥놀이에서 할 수 있는 통합활동을 계획해보고자 함.

5. 놀이 속 교육과정 영역별 통합적 이해

교육과정 영역별 통합적 이해는 영유아들의 놀이를 관찰하고 기록한 사례들을 분석할 때 필요한 부분이다. 교사가 영유아의 놀이에서 나타나는 의미와 배움을 연계하여 이해하는데 활용할 수 있다. 교사는 영유아의 놀이를 교육과정 내용별로 이해하지 않고, 통합적으로 이해해야 한다. 교사는 영유아가 교육과정 영역별 내용을 통합적으로 경험하며 추구하는 인간상을 향해 성장해 간다는 점을 이해할 필요가 있다. 또한 교사는 놀이에 따라 영유아 5개 영역 중 일부 영역을 놀이와 연결 지을 수 있으며, 교사마다 놀이에 대한 이해와 해석이 다를 수 있다는 점을 인식해야 한다.

놀이 사례를 통해 교사가 영유아의 놀이에서 이루어지는 배움을 잘 이해할 수 있도록 돕기 위함이지 교육과정 영역별 통합적 이해가 유아의 발달 및 성취기준으로 인식하여 개별 영유아의 놀이를 관찰하고 평가하는 틀로 활용하지 않도록 유의해야 한다.

이해를 돕기 위해 다음과 같은 예시를 살펴보자.

예시 유아의 경험을 누리과정 5개 영역의 내용과 연계하여 이해한 예

신체운동·건강

- 신체를 움직이며 힘을 조절하고, 도구를 이용하면서 안전하게 놀이하는 방법을 경험함.

의사소통

- 자신의 생각을 말하고 다른 사람의 의견을 듣는 기회가 많아 바르게 말하고 듣는 태도 형성에 도움이 됨.
- 교사의 도움으로 탐구 결과를 기록하는 방법에 관심을 가지고 이름과 숫자를 글자로 표현하는 경험을 함.

사회관계

- 게임으로 함께 놀이하는 상황이 많아 친구들의 서로 다른 감정과 행동을 존중하고 소통하면서 문제를 해결해 봄.

예술경험

- 지렛대 관련하여 그림으로 표상하는 유아도 일부 있었으나, 예술경험과 관련한 경험이 다소 부족하게 이루어짐. 다른 놀이에서 음률 및 조형 관련 경험을 충분히 할 수 있도록 지원해야겠음.

자연탐구

- 물체의 길이와 무게, 받침대와 받침점의 위치 및 방향, 거리에 대한 탐구과정에 즐겁게 참여하고 풍부하게 경험함.

영아의 놀이에서 배움 읽기

영아의 배움 읽기	• 영아가 놀이와 일상생활에서 만들어가는 배움을 이해하는 것이다. • 영아가 만들어가는 놀이 경험을 알고, 경험에서 영아의 배움을 읽는 것이다.	영아의 배움을 이해하고 지원하는 것은 교육적 실천이며 보육과정 실행이다.

〈5개 영역으로 배움 읽기와 풍부한 배움 읽기 : 사례〉

김윤주(38개월), 하서희(38개월)
김로운(35개월)

5개 영역으로 배움 읽기

서희와 로운이는 좋아하는 친구가 등원하는지에 계속 관심을 보인다. 오랜만에 친구가 등원했을 때 다가가 "왜 이제 왔어. 보고 싶었잖아."라며 자신의 감정을 말하는 것을 배우고 있다(자신의 요구와 느낌을 말한다–듣기와 말하기). "사진 찍어 줄게!"라고 말하며 자신의 반가운 감정을 표현하는 방법을 배워간다(나의 욕구와 감정을 표현한다–나를 알고 존중하기). 또한 평소 친구가 좋아하던 놀이감을 기억해 찾아주면서 함께 놀자고 제안하며 친구와 함께 즐겁게 놀이한다(또래와 함께 놀이한다–더불어 생활하기).

풍부한 배움 읽기

→ 서희와 로운이는 오랜만에 등원한 윤주를 말과 행동으로 반갑게 맞이하며 같은 반에서 함께 살아간다는 소속감을 형성해가고 있다. 서희와 로운이는 오랜만에 등원하여 어색할 수 있는 윤주의 감정과 마음을 공감한다. 서희는 윤주가 좋아하는 놀잇감을 기억하고 건네면서 교실에 빠르게 적응할 수 있도록 보살핀다.

출처: 개정 0~2세 표준보육과정 연수 자료집 (2024).

영아의 놀이에서 배움 읽기

<인간상을 향해 성장하는 영아의 배움 읽기 : 사례>

건강하고, 자주적인 사람으로 성장하는 고은이

겉옷과 바지를 입고 벗는 방법을 알고, 옷을 혼자 입을 수 있으며,
자주적인 태도를 갖고, 자신에 대해서 긍정적인 생각을 하는 건강한 사람으로 성장해간다.

5개 영역으로 배움 읽기

고은이는 양 팔을 들어올려 옷을 넘기고 팔의 움직임을 조절하여 옷 입는 방법을 알아가고 있다**(대소근육을 조절한다-신체활동 즐기기)**. 고은이는 스스로 옷 매무새를 가지런히 하고 다듬어보며 자신을 돌보는 생활습관을 만들어가고 있다**(자신의 몸과 주변을 깨끗이 해본다-건강하게 생활하기)**. 고은이는 교사에게 혼자서 옷을 입고 싶다는 요구를 말할 수 있다**(자신의 요구와 느낌을 말한다-듣기와 말하기)**. 고은이는 스스로 옷을 입으면서 내가 할 수 있는 일을 알아가고**(나의 고유함을 알아간다-나를 알고 존중하기)**. 고은이는 스스로 옷을 입으면서 성취감을 느끼고 나를 긍정적으로 생각한다**(자기가 좋아하는 것을 해본다-나를 알고 존중하기)**.

출처: 개정 0~2세 표준보육과정 연수 자료집 (2024).

CHAPTER 04

영유아 발달과 놀이

Chapter 04

영유아 발달과 놀이

영유아기는 연령에 따라 급격한 발달의 변화가 이루어지는 시기이며 놀이 유형에도 많은 변화가 일어난다. 이에 본 장에서는 출생에서 5세 영유아의 각 연령 및 발달 영역에 대한 놀이 특성에 대해 알아보고 놀이 발달 단계에 대해 살펴보고자 한다.

1. 연령별 발달과 놀이 특징

영아의 놀이 특성은 개인마다 차이가 크고 명확하게 구분 짓기 어려우나 시기마다 적절하게 놀이에 접근하기 위해서는 연령별로 발달과 놀이의 특징을 이해할 필요가 있다. 따라서, 0~1세 미만, 1~2세, 3세, 4세, 5세로 구분하여 연령별로 나타나는 발달과 놀이의 특징을 살펴보면 다음과 같다.

1) 0~1세 미만 영아 발달과 놀이 특징

0~1세 미만의 영아 발달은 신체적, 인지적, 사회적, 정서적 측면에서 매우 빠르게 진행되는 시기로 세상과의 첫 상호작용을 경험하고 기본적인 신체 기능과 감각을 발달시키며, 애착 형성 및 초기 언어 발달의 기초를 다지는 중요한 단계이다. 0~1세 미만 영아 발달과 그에 따른 놀이 특징을 구체적으로 살펴보면 다음과 같다.

(1) 0~1세 미만 영아 발달

① 신체발달

- 생후 첫 몇 달 동안 신생아는 원시 반사(예:빨기 반사, 잡기 반사, 놀람 반사 등)를 통해 주변 환경과 상호작용한다.
- 3개월 경에는 머리를 들 수 있고, 4~6개월 무렵에는 뒤집기와 목 가누기를 할 수 있다.
- 6~9개월 사이에는 기어 다니기를 시작하거나 앉은 상태에서 몸을 지탱할 수 있으며, 9-12개월 무렵에는 잡고 일어서기나 걸음마를 시도하는 아기들도 있다.
- 출생 직후부터 시각, 청각, 촉각 등의 감각이 발달하기 시작한다.
- 시각적으로는 생후 1개월 경에는 얼굴을 인식하고, 2~3개월이 되면 눈맞춤이 가능해지며, 생후 6개월경에는 얼굴 표정을 구분할 수 있다.
- 청각은 출생 직후부터 발달하여 부모의 목소리나 주변 소리에 반응하고, 6~9개월이 되면 소리의 출처를 찾는 등의 반응을 보인다.

② 인지발달

- 감각운동기에 해당하며, 이 시기에 아동은 감각을 통해 세상을 탐색하고 학습한다. 생후 몇 개월 동안 신생아는 반사적 행동을 보이지만, 시간이 지나면서 의도적 행동을 하기 시작한다.
- 6~8개월 무렵에는 눈앞에서 사라진 물체가 여전히 존재한다고 인식하기

시작하며, 이는 대상 영속성의 초기 발달로 이어진다. 예를 들어, 숨겨진 장난감을 찾아내려고 시도하는 행동을 보인다.

- 아기들은 손으로 물체를 만지거나 입으로 가져가는 등 세상을 탐구하는 활동을 통해 문제해결 능력을 기른다. 물체를 쥐고 흔들거나 던져보는 행동도 인지발달의 중요한 부분이다.

③ 사회성발달

- 생후 몇 개월 동안 아기는 주 양육자(보통 부모)와 강한 애착을 형성한다. 양육자의 따뜻한 보살핌과 일관성 있는 반응이 아기에게 안정감을 준다.
- 6개월 무렵에는 분리불안을 경험할 수 있으며, 낯선 사람을 경계하는 낯가림이 나타나기도 한다.
- 생후 2~3개월부터 아기는 주변 사람들에게 사회적 미소를 짓기 시작하며, 양육자의 목소리나 표정에 따라 웃거나 반응하는 모습을 보인다.
- 부모와의 눈 맞춤, 웃음, 소리내기 등은 초기 사회적 상호작용의 형태이다. 특히 6개월 이후에는 간단한 까꿍 놀이나 따라 하기를 통해 상호작용을 즐긴다.

④ 정서발달

- 신생아는 배고픔이나 피로와 같은 기본적인 욕구를 울음으로 표현한다. 시간이 지나면서 웃음, 기쁨, 불안, 짜증 등의 기본 정서가 명확하게 드러나기 시작한다.
- 생후 6개월 무렵부터는 양육자의 표정과 감정에 반응하며, 특정 상황에서 감정을 표현하는 능력이 발달한다.
- 아기의 기본적인 필요(먹기, 수면, 편안함)가 충족되면 정서적으로 안정되며, 안정적인 애착 관계는 이후의 정서적 발달에 긍정적인 영향을 미친다.

⑤ 언어발달

- 생후 1개월부터 아기는 다양한 울음소리와 소리를 내며 자신의 욕구를 표현한다. 시간이 지나면서 울음 외에도 옹알이를 시작하며, 이는 초보적인 형태의 언어발달이다.
- 4~6개월 무렵부터 아기는 "마마", "바바"와 같은 옹알이를 시작하며, 9~12개월 무렵에는 단어의 이해가 시작된다. 예를 들어 "엄마", "아빠" 같은 단순한 단어를 인식하고 이에 반응하기 시작한다.

(2) 0~1세 미만 영아 놀이 특징

① 감각놀이

0~1세 미만 영아는 감각 탐색을 통해 놀이를 시작한다. 감각적 자극을 통해 세상을 배우며, 촉각, 시각, 청각, 미각, 후각 등 다양한 감각을 이용하여 환경을 경험한다.

- **촉각 놀이:** 아기는 손으로 물체를 쥐고, 만지고, 흔드는 행동을 통해 물체의 질감, 무게, 모양을 탐색한다. 예를 들어, 부드러운 천이나 고무로 만든 장난감은 다양한 촉각을 제공하며, 아기가 이를 만지거나 입에 넣으면서 경험하게 된다.
- **청각 놀이:** 흔들면 소리가 나는 딸랑이나 음악을 틀어주는 장난감은 청각 발달에 도움을 주며, 아기는 이 소리에 반응해 즐거움을 느낀다.
- **시각 놀이:** 눈에 잘 띄는 밝은색의 물체나 얼굴 표정은 아기의 시각적 탐색을 자극한다. 특히, 얼굴 표정을 모방하거나, 주변의 움직이는 물체에 주의를 기울이는 등의 놀이가 시각 발달을 촉진한다.

② 신체운동놀이

0~1세 미만 영아는 신체발달에 맞춰 놀이를 통해 신체 조절 능력을 길러간다. 놀이를 통해 대근육과 소근육이 발달하며, 이를 통해 기본적인 운동 기능을 익힌다.

- **잡기와 흔들기:** 생후 몇 개월부터 아기들은 물체를 손에 쥐고 흔드는 행동을 즐긴다. 이는 손의 조정력과 근육 발달을 도와주며, 물건을 조작하는 능력을 키운다.
- **뒤집기와 기어 다니기:** 6개월 이후 아기들은 뒤집기나 기어 다니기를 시작하면서 운동 능력을 더욱 발달시킨다. 이 과정에서 놀이 매트나 물건을 잡고 움직이는 활동은 신체발달에 중요한 역할을 한다.
- **입에 넣기 놀이:** 많은 아기들이 물체를 입으로 가져가는 행동을 보인다. 이는 입을 통해 물체를 탐색하는 감각적 놀이의 일종으로, 다양한 물체를 경험하며 촉각과 미각을 동시에 발달시키는 특징을 보인다.

③ 사회성놀이

0~1세 미만 영아는 놀이를 통해 양육자와 사회적 상호작용을 배우기 시작한다. 이 시기의 영아는 사회적 미소와 같은 상호작용을 통해 주변 사람들과 관계를 맺고 놀이의 기초를 형성한다.

- **모방 놀이:** 6개월 이후에는 부모나 양육자의 표정, 소리 등을 따라 하는 놀이를 즐기기 시작한다. 양육자가 웃으면 따라 웃거나, 간단한 제스처를 모방하는 놀이를 통해 사회적 의사소통 능력을 키운다.
- **눈 맞춤과 웃음:** 아기는 부모와의 눈 맞춤과 웃음으로 반응하며, 이러한 상호작용을 통해 즐거움을 느낀다. 이는 사회적 유대감을 형성하는 기초적인 놀이로, 부모와의 관계를 강화하는 중요한 놀이 활동이다.
- **까꿍 놀이:** 6개월 이후에는 간단한 까꿍 놀이를 통해 사라졌다가 나타나는 개념을 배운다. 이는 아동이 사회적 상호작용을 학습하는 초기 놀이 형태로, 감정 표현과 애착 형성에 도움을 준다.

④ 탐색놀이

이 시기의 아기들은 독립적으로 놀이를 시작하는 시기이다. 혼자 놀이를 통해 자율적 탐색을 하며, 자기 주도적으로 세상을 이해한다. 특히 다양한 물체와의 상호작용을 통해 새로운 경험을 얻고, 인지적 발달을 촉진한다.

- **물체 탐색 놀이:** 아기들은 물건을 만지고, 흔들고, 떨어뜨리는 등의 행동을 통해 물체의 성질을 탐구하며 세상을 배운다. 이는 사물의 인과관계, 무게, 질감 등을 파악하는 데 도움을 준다.
- **의도적 행동:** 시간이 지남에 따라 아기들은 우연이 아닌 의도적으로 물체를 만지거나 행동을 시도한다. 예를 들어, 딸랑이를 흔들면 소리가 나는 것을 깨닫고 반복적으로 흔드는 등의 놀이가 발생한다.

⑤ 감정표현놀이

놀이를 통해 아기는 자신의 감정을 표현하고, 주변의 반응을 배우게 된다. 부모나 양육자의 반응에 따라 아기의 감정 표현이 강화되거나 조정되며, 이 과정에서 사회적 정서적 발달이 촉진된다.

- **웃음과 울음:** 아기가 웃거나 울 때 양육자의 반응을 관찰하며 감정 표현에 대해 배우게 된다. 예를 들어, 아기가 웃으면 부모도 웃어주는 행동을 통해 긍정적인 감정이 강화된다.
- **반응적 놀이:** 아기의 행동에 양육자가 반응할 때, 아기는 자신의 행동이 환경에 영향을 미칠 수 있다는 것을 배우고, 이를 통해 자기 효능감이 발달한다.

0~1세 미만 영아의 놀이는 주로 감각 탐색, 신체발달, 사회적 상호작용을 기반으로 하며, 아동의 전반적인 발달에 중요한 역할을 한다. 부모나 양육자는 영아의 발달에 맞춘 놀이환경을 제공하고, 감각적 경험을 통해 아동이 세상을 탐색할 수 있도록 돕는 것이 중요하다.

2) 1~2세 영아 발달과 놀이 특징

1~2세 영아 발달은 신체적, 인지적, 사회적, 정서적 측면에서 매우 빠르게 진행되는 시기로 걸음마와 같은 운동 발달이 크게 이루어지며 탐구심이 강해져 주변 환경에 대한 적극적인 탐색이 시작된다. 1~2세 영아 발달과 그에 따른 놀이 특징을 구체적으로 살펴보면 다음과 같다.

(1) 1~2세 영아 발달

① 신체발달

- 1세가 지나면서 대부분의 영아는 혼자 걷기 시작한다. 걸음이 안정되면서 달리기, 계단 오르기, 공 차기 등의 활동도 가능해진다. 2세 즈음에는 뛰기, 물건을 옮기기 등 보다 정교한 신체활동이 발달한다.
- 손가락을 더 잘 사용하게 되어, 작은 물건을 집거나 블록 쌓기, 그림 그리기와 같은 세밀한 활동이 가능해진다. 숟가락으로 음식을 먹거나 컵을 들고 마시는 등 자조 능력도 점차 발달한다.

② 인지발달

- 1세 이후 영아는 성인이나 다른 아이들의 행동을 관찰하고 이를 모방하는 능력이 발달한다. 예를 들어, 부모가 하는 행동이나 말투를 그대로 따라 하거나, 간단한 역할놀이를 시도한다.
- 영아는 다양한 방법을 시도해 문제를 해결하는 능력을 키운다. 예를 들어, 상자 안에 있는 장난감을 꺼내기 위해 상자를 열어보거나, 막힌 길을 돌아가는 방법을 찾는 등의 행동을 보인다.
- 이 시기에는 대상 영속성(보이지 않아도 물건이 존재한다는 것을 아는 능력)이 완전히 발달한다. 물체가 시야에서 사라져도 그 물체가 계속 존재한다고 인식하며, 숨겨진 물건을 찾으려는 시도가 자주 관찰된다.
- 영아는 사물이나 행동을 상징적으로 이해하기 시작한다. 예를 들어, 블

록을 전화기라고 생각하고 귀에 대거나 인형을 사람처럼 대하는 등 상상력이 발달한다.

③ 사회성발달

- 18개월 무렵부터 영아는 거울 속 자신의 모습을 인식하고, 자신을 하나의 독립된 존재로 인식하기 시작한다. 이를 통해 자아정체성이 형성되기 시작한다.
- 1~2세 영아는 점차 독립성을 추구하며 자율성을 발달시킨다. 예를 들어, 혼자 옷을 입으려고 하거나, 부모의 도움 없이 스스로 무언가를 해보려고 하는 경향이 강해진다. 그러나 좌절감을 느끼거나 쉽게 화를 내기도 한다.
- 이 시기의 영아는 부모나 양육자와의 평행 놀이(같은 공간에서 놀지만, 상호작용 없이 각자 노는 놀이)나 간단한 역할놀이를 즐긴다. 다른 아이들과 상호작용을 시도하나, 아직 공동 놀이보다는 자신의 놀이에 집중하는 모습이 보인다.

④ 정서발달

- 1~2세 영아는 주 양육자와 떨어질 때 분리불안을 경험할 수 있다. 이들은 양육자가 떠나거나 시야에서 벗어나면 불안감을 느끼며, 강한 애착을 보인다.
- 이 시기 영아들은 기쁨, 분노, 슬픔, 두려움 등 다양한 감정을 더욱 뚜렷하게 표현하며, 특히 좌절이나 불만을 느낄 때 분노와 떼쓰기를 통해 자신의 감정을 표출한다.
- 영아가 자율성을 추구하면서 동시에 부모의 한계를 배우게 된다. 규칙을 배우고 이를 지키려는 시도가 있지만, 여전히 감정 조절이 미숙해 감정 기복이 심할 수 있다.

⑤ 언어발달

- 생후 12개월 무렵부터 영아는 간단한 단어를 이해하고, 18개월 이후에는 단어의 수가 폭발적으로 증가하며, 간단한 문장을 말하기 시작한다. 예를 들어, "엄마", "아빠"와 같은 단어에서 시작해 "먹다", "싫어" 등의 기본적인 표현이 가능하다.
- 2세가 가까워지면서 두세 단어로 이루어진 간단한 문장을 말하는 것이 가능하다. 예를 들어, "엄마 줘", "나가 놀아" 등의 문장을 사용할 수 있다.
- 간단한 지시나 질문을 이해하고 이에 반응할 수 있다. "공 가져와", "손 씻자"와 같은 지시를 따르는 능력이 발달한다.

(2) 1~2세 영아 놀이 특성

① 감각 · 탐색놀이

- 1~2세 영아들은 여전히 감각을 통해 세상을 탐색하는 놀이를 즐긴다. 촉각, 청각, 시각 등을 활용하여 물건을 만지고, 흔들고, 입에 넣어보는 행동을 통해 물체의 특성을 탐구한다.
- **놀이 예시:** 블록을 만지거나 두드려 소리를 내는 놀이, 다양한 질감의 물체를 만져보는 놀이 등이 대표적이다.

② 대근육 발달을 돕는 놀이

- 1~2세 영아들은 걷기, 뛰기, 물건 옮기기와 같은 대근육 활동을 통해 신체적으로 성장하게 되면서 이동과 신체 조작이 포함된 놀이가 자연스럽게 많아진다.
- **놀이 예시:** 공을 굴리거나 차기, 트럭을 밀고 다니기, 간단한 장애물 오르기, 바닥에서 굴러다니는 놀이 등이 대근육 발달을 촉진한다.

③ 소근육 발달을 촉진하는 놀이

- 1~2세 영아들은 손과 손가락을 이용한 세밀한 활동에 흥미를 보인다. 블록 쌓기, 장난감 조작 등 소근육을 사용하는 놀이를 통해 손과 눈의 협응력을 기를 수 있다.
- **놀이 예시:** 블록 쌓기, 컵을 쌓아 올리기, 작은 공 집기, 퍼즐 맞추기, 그림 그리기 등 손을 사용한 활동이 중요하다.

④ 상징놀이

- 1~2세 영아들은 상징적 사고가 발달하면서 물체를 다른 것으로 상상하는 상징놀이가 본격적으로 시작된다. 이 놀이를 통해 아이들은 주변 세계를 이해하고, 상상력을 발달시킨다.
- **놀이 예시:** 블록을 자동차처럼 밀고 다니거나, 인형에게 먹이를 주는 놀이, 장난감 전화기로 통화하는 등 단순한 상징놀이가 나타난다.

⑤ 모방놀이

- 1~2세 영아들은 성인이나 다른 아이들의 행동을 모방하는 놀이를 통해 사회적 역할을 학습한다. 부모가 하는 행동이나 주변 사람들의 행동을 관찰하고 따라 하며, 상호작용 방식을 배운다.
- **놀이 예시:** 부모처럼 물건을 다루거나, 인형을 돌보는 놀이, 간단한 가사 활동을 모방하는 놀이 등이 포함된다.

⑥ 혼자놀이와 병행놀이

- 1~2세 영아들은 종종 다른 아이들과 함께 놀기보다는 혼자서 놀이하는 모습을 보인다. 다른 아이들과 같은 공간에 있으면서도 각자 노는 병행놀이가 주를 이루며, 이는 또래와의 사회적 놀이로 발전하는 기초가 된다.
- **놀이 예시:** 여러 영아들이 같은 공간에서 각자 장난감을 가지고 놀지만, 서로 상호작용하지 않는 상황이 자주 발생한다.

⑦ 탐구놀이

- 1~2세 영아들은 주도적으로 주변 환경을 탐색하고 물건을 조작하는 놀이가 빈번하게 나타난다. 새로운 물체를 발견하고 그 기능을 탐구하려는 본능이 강해지며, 이를 통해 문제해결 능력을 키운다.
- **놀이 예시:** 서랍을 열고 닫거나, 물건을 옮기고 쌓아보며 그 결과를 관찰하는 놀이, 새로운 물건을 만지거나 열어보는 활동 등이 포함된다.

⑧ 간단한 사회적 상호작용 놀이

- 1~2세 영아들은 또래나 부모와의 놀이에서 간단한 상호작용이 이루어진다. 공을 주고받거나 간단한 까꿍 놀이처럼 상호작용이 있는 놀이가 시작되지만, 여전히 혼자 노는 시간이 많다.
- **놀이 예시:** 까꿍 놀이, 공을 주고받기, 다른 사람의 행동을 따라 하는 간단한 놀이가 여기에 속한다.

1~2세 영아의 놀이 특징은 신체적 탐색과 모방, 상징놀이가 중심이 된다. 이 시기의 놀이를 통해 아이들은 자신의 신체를 더욱 능숙하게 조작하고, 세상에 대한 인지적 이해를 넓히며, 사회적 상호작용의 기초를 다져나간다. 부모와 교사는 이 시기 아이들에게 안전하고 다양한 놀이 환경을 제공하며, 아이가 스스로 탐색할 수 있도록 격려하는 역할을 해야 한다.

3) 3세 유아 발달과 놀이 특성

3세 유아 발달은 신체적, 인지적, 사회적, 정서적, 언어적 측면에서 중요한 변화와 성장이 이루어지는 시기로 유아가 독립적으로 많은 것을 시도하고, 상상력과 언어 능력이 크게 발달하는 시기이다. 3세 유아 발달과 그에 따른 놀이 특징을 구체적으로 살펴보면 다음과 같다.

(1) 3세 유아 발달

① 신체발달

- 3세 유아는 달리기, 점프, 공 던지기와 차기 등의 대근육 활동을 더욱 능숙하게 수행한다. 계단을 오르내리거나, 균형을 잡고 서는 등의 운동 조절 능력이 발달하며 이 시기의 유아는 놀이기구를 타거나 자전거를 타는 등의 활동을 시도할 수 있다.
- 손가락을 이용한 세밀한 움직임도 발달하여, 단추를 끼우거나 간단한 퍼즐을 맞추고, 색칠 놀이나 그림 그리기 같은 활동을 즐긴다. 또한 숟가락이나 포크를 이용해 음식을 먹는 것이 익숙해지고, 간단한 옷을 입고 벗는 것에도 도전한다.

② 인지발달

- 유아는 물건이나 행동을 상징적으로 이해하고, 놀이에서 이를 활용한다. 예를 들어, 블록을 집처럼 쌓거나, 인형을 실제 사람처럼 돌보는 상상놀이를 즐긴다. 이는 인지 발달과 상상력 발달에 중요한 역할을 한다.
- 더 복잡한 문제를 스스로 해결하려고 시도한다. 예를 들어, 퍼즐을 맞추거나, 새로운 장난감을 다루는 방법을 알아내는 등의 활동에서 문제해결 능력을 보여준다.
- 아직 시간이 완전히 명확하지 않지만, "어제", "오늘", "내일" 등의 기본적인 시간 개념을 이해하려고 시도한다. 또한, 공간적 관계에 대한 이해가 발달하면서 물체를 정렬하거나 쌓는 활동에 능숙해진다.

③ 사회성발달

- 3세 유아는 다른 아이들과 함께 놀기 시작한다. 평행 놀이(같은 공간에서 놀지만 상호작용이 거의 없는 놀이)보다 협력 놀이가 늘어나며, 간단한 규칙을 따르거나 순서를 지키는 놀이를 할 수 있다.
- 이 시기에는 자아가 더욱 확립되며, 자신을 독립적인 존재로 인식하며 "나", "내 것"이라는 개념이 강해져 자기주장이나 소유욕이 커지기도 한다.
- 다른 사람의 감정을 이해하고 공감하는 능력이 발달하면서 친구가 슬퍼하거나 다쳤을 때 위로하려는 행동을 보이기도 한다.

④ 정서발달

- 3세 유아는 기쁨, 슬픔, 화 등의 다양한 감정을 명확하게 표현한다. 좌절하거나 자신의 욕구가 충족되지 않을 때 쉽게 화를 내거나 울기도 하지만, 감정 표현이 점차 더 정교해진다.
- 이 시기는 에릭슨의 발달 단계 중 자율성 대 수치심 단계에 해당하는데 유아는 스스로 무언가를 해내려는 강한 욕구가 있지만, 때때로 실패나 제약을 경험하며 수치심이나 좌절감을 느낀다. 이러한 경험을 통해 점차 자율성과 자기통제 능력을 배워간다.
- 안정적인 애착 관계는 여전히 중요하다. 부모나 양육자의 지지와 일관된 반응은 유아의 정서적 안정에 큰 영향을 미친다.

⑤ 언어발달

- 단순한 대화뿐만 아니라 자신의 경험이나 감정을 이야기로 표현할 수 있다.
- "왜?", "어떻게?"와 같은 질문을 자주 하며, 부모나 주변 사람과의 대화를 통해 세상에 대해 더 많이 배우려고 한다. 이 과정에서 언어적 사고와 사회적 상호작용이 발달한다.
- 유아는 간단한 이야기나 설명을 이해하고, 지시를 따를 수 있다. 여러

가지 지시 사항을 연속으로 듣고 따르는 능력도 점차 발달한다.

(2) 3세 유아 놀이 특성

① 상상놀이

- **특징:** 3세 유아는 상상력이 급격히 발달하면서 상징놀이를 적극적으로 즐기고 일상적인 물건이나 행동을 다른 것으로 변환하여 놀이하는 능력이 발달한다.
- **예시:** 나무 블록을 자동차로 상상하거나, 숟가락을 마이크로 삼아 노래를 부르는 놀이, 가상의 음식을 만들고 먹는 흉내를 내거나, 인형을 돌보며 실제 사람처럼 행동한다.
- **발달적 의의:** 상상놀이를 통해 아이들은 추상적 사고와 문제해결 능력을 키우고, 현실에서 경험한 것을 놀이로 재현함으로써 감정을 조절하고 표현한다.

② 역할놀이

- **특징:** 3세 유아는 성인이나 주변 사람들의 행동을 모방하는 놀이를 통해 사회적 역할을 이해하고 배우기 시작한다. 이 과정에서 상상력을 바탕으로 다양한 역할을 시도해 보며, 사회적 관계를 모방한다.
- **예시:** 의사 놀이, 엄마 놀이, 가게 놀이 등이 대표적으로, 유아는 부모의 행동을 모방하여 음식을 준비하거나, 손님을 맞이하는 등의 상호작용을 놀이로 표현한다.
- **발달적 의의:** 역할놀이는 사회적 상호작용 능력을 기르고, 공감과 협동심을 배우는 데 중요한 역할을 한다. 또한 상호작용을 통해 자기 주도성과 자아 인식을 키운다.

③ 대근육 발달을 촉진하는 신체놀이

- **특징:** 3세 유아는 신체적으로 매우 활동적이며, 대근육 발달을 돕는 놀이를 선호한다. 이 시기 유아들은 달리기, 점프, 균형 잡기와 같은 활동

을 통해 자신의 신체 능력을 시험하고 확장한다.

- **예시:** 놀이기구에서 뛰거나 미끄럼틀을 타고, 공을 던지거나 차는 활동, 간단한 장애물 넘기, 계단 오르내리기 등이 대근육 발달에 도움을 준다.
- **발달적 의의:** 신체놀이는 유아의 운동 능력을 향상시키고, 자기 몸에 대한 통제력을 배울 수 있는 기회를 제공하며, 이를 통해 유아는 신체적으로 자신감을 키운다.

④ 소근육 발달을 돕는 정교한 조작 놀이

- **특징:** 3세 유아는 손과 손가락을 사용하는 소근육 발달을 촉진하는 놀이에 관심을 보이며, 세밀한 조작을 요구하는 놀이를 통해 손과 눈의 협응력과 소근육 조절 능력이 발달한다.
- **예시:** 블록을 쌓거나 조립하는 놀이, 작은 물건을 잡고 옮기는 활동, 퍼즐 맞추기, 색칠하기 등 간단한 도구 사용이나 장난감을 가지고 정교한 놀이를 시도하기도 한다.
- **발달적 의의:** 소근육 발달은 향후 글쓰기와 같은 세밀한 조작 능력의 기초를 다지며, 창의력과 문제해결 능력을 발달시키는 중요한 요소이다.

⑤ 사회성놀이와 협력놀이

- **특징:** 3세가 되면 다른 유아들과 함께 놀기 시작하면서 협력 놀이가 점차 발달한다. 유아는 다른 유아들과 간단한 규칙을 공유하거나, 차례를 기다리는 등 협력적인 상호작용을 시도한다.
- **예시:** 간단한 공 주고받기 놀이, 같은 목표를 가진 놀이(예: 모래성 쌓기) 등을 통해 다른 유아들과 협력하며 논다. 때로는 친구와 간단한 역할에 대해 이야기 나눈다.
- **발달적 의의:** 협력 놀이를 통해 유아는 사회적 규칙과 차례를 배우고, 타인과 상호작용하는 기술을 익힌다. 이는 사회성과 공감 능력을 키우는 중요한 단계이다.

⑥ 탐구놀이와 문제해결놀이

- **특징:** 이 시기의 유아는 새로운 것을 탐구하고, 문제를 해결하는 과정을 즐기며, 이를 통해 학습한다. 물건을 조작해보고 실험하면서 어떻게 작동하는지 배우려는 호기심이 강하다.
- **예시:** 블록을 쌓아보거나, 퍼즐을 맞추며 성취감을 느끼는 놀이, 물체를 탐구하고 새로운 기능을 찾아보는 활동 등이 포함된다.
- **발달적 의의:** 탐구 놀이를 통해 유아는 인지적 발달을 촉진하고, 논리적 사고와 문제해결 능력을 발전시킨다. 자기 주도적인 학습 능력도 길러진다.

⑦ 창의적 표현 놀이

- **특징:** 3세 유아는 창의성을 발휘하는 활동에 큰 흥미를 보인다. 이 시기의 유아들은 미술 활동, 음악적 표현, 신체 표현 등 다양한 방식으로 창의력을 발휘한다.
- **예시:** 손으로 그림 그리기, 클레이 놀이, 단순한 악기 연주, 춤추기 등이 창의적 표현 놀이에 해당한다. 자신의 감정이나 생각을 미술이나 음악으로 표현하려고 시도한다.
- **발달적 의의:** 창의적 놀이는 정서발달에 긍정적인 영향을 미치며, 아이가 감정을 표현하고 자기만의 세계를 만들어가는 데 중요한 역할을 한다.

⑧ 규칙이 있는 놀이

- **특징:** 3세 유아는 간단한 규칙을 이해하고, 그 규칙에 따라 놀이를 진행할 수 있다. 이 시기에는 승패보다는 규칙을 따르는 과정에서 재미를 느끼며, 사회적 규범을 익히는 과정이다.
- **예시:** 간단한 보드게임, 순서를 지켜야 하는 놀이, 간단한 스포츠 놀이 등이 포함된다.

- **발달적 의의:** 규칙을 따르는 놀이를 통해 유아는 자기 통제력과 인내심을 기르며, 사회적 규칙을 이해하는 능력을 발전시킨다.

3세 유아의 놀이 특성은 신체적, 인지적, 사회적, 정서적 발달과 긴밀히 연결되어 있다. 이 시기의 유아는 놀이를 통해 상상력과 창의성을 키우고, 다른 아이들과의 상호작용을 통해 사회성을 발달시키며, 신체적 기술을 향상시킨다. 놀이를 통해 유아는 독립성을 키우고, 세상을 탐구하는 능력을 기르며, 다양한 발달적 도전 과제를 성공적으로 해결해 나간다.

4) 4세 유아 발달과 놀이 특성

4세 유아는 신체적, 인지적, 사회적, 정서적, 언어적 측면에서 중요한 발달 단계에 있다. 이 시기 유아는 자기 주도적 활동을 증가시키고, 주변 세계를 더 잘 이해하려고 하며, 사회적 상호작용도 활발해진다. 4세 유아 발달과 그에 따른 놀이 특징을 구체적으로 살펴보면 다음과 같다.

(1) 4세 유아 발달

① 신체발달

- 달리기, 점프하기, 균형 잡기, 한 발로 서기 등의 활동이 가능해지며, 신체적 민첩성과 균형 감각이 발달한다. 유아는 놀이기구나 계단을 혼자

오르내릴 수 있고, 간단한 운동 놀이를 잘 수행할 수 있다.

- 손과 손가락의 조작 능력이 향상되어 가위로 간단한 모양을 자르거나, 그림을 그리거나, 퍼즐을 맞추는 등 정교한 작업을 수행할 수 있다. 글자를 따라 쓰는 것과 같은 세밀한 작업도 가능해진다.
- 이러한 신체발달은 유아의 자율성과 독립성을 촉진하며, 다양한 신체놀이를 통해 운동 능력을 더욱 강화한다.

② 인지발달

- 유아는 현실 세계를 상징적으로 이해하고, 상징놀이에서 더 복잡한 상상력을 발휘한다. 물건이나 사람을 다른 것으로 대체해 놀이할 수 있으며, 가상 세계에서의 역할놀이가 활발해진다.
- 퍼즐, 블록 쌓기, 물체 조작 놀이를 통해 문제를 해결하는 방법을 배우며, 단순한 추론 능력이 발달한다. 또한, '왜'라는 질문을 자주 하면서 세상에 대한 호기심을 드러낸다.
- 숫자에 대한 개념이 서서히 형성되며, 1부터 10까지 세거나 간단한 수 개념을 이해한다.
- 인지발달은 유아가 세상을 더 논리적으로 이해하게 하며, 유아의 학습 능력과 창의성을 촉진한다.

③ 사회성발달

- 유아는 놀이에서 다른 아이들과 협력하고, 차례를 지키는 등 사회적 규칙을 따르는 능력이 발달한다. 친구와 함께 역할놀이를 하거나, 협력놀이를 즐긴다.
- 또래와의 상호작용이 중요한 시기로, 친구 관계에서 상호작용을 통해 사회적 규칙과 타협, 문제해결 능력을 배운다. 친구와의 갈등 상황에서 해결 방법을 모색하는 것도 이 시기 발달의 중요한 부분이다.
- 유아는 자신이 독립된 존재라는 것을 인식하며, 자신의 감정과 욕구를 표현하는 능력이 발달한다.

- 사회적 발달은 유아가 협력, 타협, 그리고 사회적 역할을 이해하는 데 중요한 역할을 하며, 친구 관계를 통해 사회적 기술을 더욱 발전시킨다.

④ 정서발달

- 유아는 자신의 감정을 인식하고 조절하는 방법을 배우기 시작한다. 때때로 좌절이나 분노를 표현하기도 하지만, 점차 언어로 자신의 감정을 표현할 수 있게 된다.
- 다른 사람의 감정을 인식하고 공감하는 능력이 발달하며, 친구가 슬프거나 기뻐할 때 이를 이해하고 반응할 수 있다.
- 유아는 스스로 문제를 해결하려는 성향이 강해지며, 독립적인 활동에 대한 욕구가 커진다. 자신의 선택에 대한 자부심을 느끼며, 스스로 할 수 있다는 자신감을 가진다.
- 정서적 발달은 유아가 자신의 감정과 타인의 감정을 더 잘 이해하고, 이를 통해 사회적 관계를 원활하게 유지하는 능력을 키우는 중요한 단계이다.

⑤ 언어발달

- 유아는 긴 문장으로 자신의 생각을 표현할 수 있으며, 문법적 오류가 적어지고 문장의 구조가 복잡해진다. 유머를 이해하거나 농담을 하기도 하며, 언어로서 상호작용하는 능력이 크게 발달한다.
- 4세 유아는 끊임없이 "왜?", "어떻게?" 같은 질문을 던지며 세상에 대해 더 많이 배우고 싶어 한다.
- 유아는 일어난 일에 대해 간단한 이야기를 할 수 있으며, 자신의 경험이나 상상을 구체적으로 설명할 수 있다.
- 언어발달은 유아의 의사소통 능력을 강화하고, 유아가 사회적 관계를 더 원활하게 형성할 수 있도록 돕는다.

(2) 4세 유아 놀이 특성

① 역할놀이

- **상징적 사고:** 유아는 물건을 실제가 아닌 다른 것으로 상징화하여 사용하며, 이를 통해 상상력을 발휘한다. 예를 들어, 블록을 핸드폰으로 상상하거나, 종이컵을 전화기로 사용하는 식이다.
- **역할놀이:** 부모, 교사, 의사, 요리사 등의 역할을 맡아 놀이를 하는 것이 특징이다. 이러한 놀이를 통해 유아는 사회적 역할과 관계를 배우고, 다른 사람의 입장에서 사고하는 능력을 기르며 친구와 함께하는 역할놀이는 협력과 의사소통 능력을 발달시키는 데 큰 도움이 된다.
- **놀이 주제 확장:** 이전보다 더 복잡한 시나리오와 긴 이야기로 놀이 주제가 확장된다. 상황을 설정하고 역할을 나누어 놀이하는 모습이 보이며, 이는 유아의 상상력과 사고 능력을 촉진한다.

② 규칙 있는 놀이

- **규칙 이해:** 간단한 보드게임이나 단순한 카드 게임을 통해 유아는 규칙을 배우고 따르는 법을 익히게 된다. 이는 사회적 규칙을 이해하고 타인과의 상호작용에서 규칙을 지키는 법을 배우는 데 도움을 준다.
- **차례 지키기:** 놀이에서 차례를 기다리거나, 게임에서 승리와 패배를 경험하는 것은 자기조절 능력을 발달시키고 좌절감을 극복하는 데 중요한 역할을 한다.
- **협동 놀이:** 친구나 가족과 함께하는 협동 놀이에서 유아는 팀워크와 상호 간의 조정 능력을 배운다. 이러한 놀이에서는 차례 지키기, 협력, 타협 등을 경험하며 사회적 기술을 발달시킨다.

③ 창의성놀이

- **그리기와 만들기:** 4세 유아는 손 조작 능력이 발달함에 따라 그림을 그리거나 클레이, 블록 등을 이용해 창의적으로 무언가를 만들어낸다. 이

러한 활동을 통해 소근육 발달이 이루어지며, 자기표현과 성취감을 느낀다.

- **자유 표현:** 색칠, 붙이기, 자르기와 같은 활동에서 유아는 자유롭게 자신의 감정이나 생각을 표현하며, 이를 통해 자신의 독창적인 아이디어를 구체화한다. 미술적 표현은 유아의 상상력과 정서적 발달을 촉진하는 중요한 수단이다.

④ 신체놀이

- **활동적인 놀이:** 유아는 달리기, 점프하기, 자전거 타기, 공 던지기 등 신체적인 놀이를 통해 대근육을 발달시키며 이는 신체적 건강뿐만 아니라, 유아의 자신감과 독립성에도 긍정적인 영향을 미친다.
- **균형과 조정 능력:** 이 시기 유아는 균형을 잡고 움직이는 능력이 향상되며, 놀이기구를 타거나, 장애물을 넘거나, 공놀이를 하면서 신체 조정 능력을 키운다. 이러한 활동은 신체적 기술뿐만 아니라 집중력과 문제해결 능력을 향상시킨다.
- **협력적 신체 놀이:** 단체로 하는 달리기 게임이나 공놀이에서 협력과 경쟁의 개념을 배우고, 사회적 상호작용에서 차례와 규칙을 지키는 법을 익힌다.

⑤ 언어놀이

- **언어적 상호작용:** 유아는 노래 부르기, 동시 암송, 이야기 나누기 등을 통해 언어적 상호작용을 즐기며, 놀이 속에서 새로운 단어와 문장 구조를 배운다. 이는 언어발달뿐만 아니라 의사소통 능력과 사고력 향상에도 큰 도움을 준다.
- **이야기 구성:** 유아는 자신이 상상한 이야기를 말하거나, 그림책을 보고 자신의 방식으로 이야기를 재구성하는 활동을 즐긴다. 이는 언어발달뿐만 아니라 논리적 사고와 창의력을 키우는 데 중요한 역할을 한다.

⑥ **사회성놀이**

- **또래와의 상호작용:** 또래 아이들과 놀이를 하면서 협력, 타협, 문제해결 능력을 키우며, 사회적 기술이 급격히 발달한다. 유아는 놀이에서 갈등을 해결하거나 역할을 나누는 법을 배우며, 상호작용을 통해 사회적 관계를 형성한다.
- **감정 조절:** 놀이에서 자신의 차례를 기다리거나, 놀이 도중에 갈등 상황을 경험하면서 감정을 조절하는 방법을 배운다. 이는 유아의 정서적 성숙에 중요한 영향을 미친다.

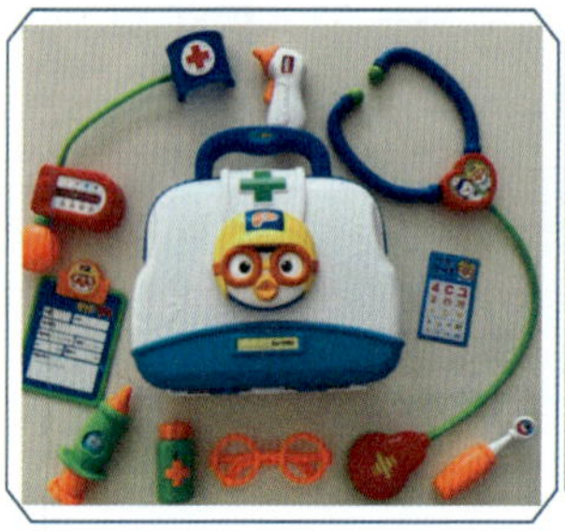

4세 유아는 상징적 사고, 신체발달, 언어 능력, 사회적 상호작용 등 다양한 발달 영역에서 급격한 성장을 경험하며, 이러한 발달을 반영한 놀이가 주를 이룬다. 역할놀이, 규칙 있는 놀이, 신체 놀이, 창의적 놀이를 통해 유아는 자신을 표현하고, 세상에 대한 이해를 확장하며, 또래와의 상호작용을 통해 사회적 기술을 발달시키므로 이 시기의 놀이 활동은 유아의 전반적인 발달에 중요한 영향을 미치며, 놀이 자체가 학습과 성장의 도구로 작용한다.

5) 5세 유아 발달과 놀이 특성

5세 유아는 신체적, 인지적, 사회적, 정서적 발달에서 두드러진 성장과 성숙을 보이는 시기이다. 이 단계에서 유아는 더욱 독립적으로 성장하고, 또래와의 관계가 중요해지며, 학습 능력 또한 크게 향상된다. 5세 유아 발달과 그에 따른 놀이 특징을 구체적으로 살펴보면 다음과 같다.

(1) 5세 유아 발달

① 신체발달

- 달리기, 점프, 균형 잡기, 자전거 타기 등 대근육을 활용한 활동에서 뛰어난 능력을 보인다. 특히 균형감각과 협응력이 크게 발달하여 놀이터의 놀이기구를 잘 활용하거나, 공놀이를 할 때 정확도가 높아진다.
- 손과 손가락을 더 정교하게 사용할 수 있어, 연필 잡기, 가위질, 끈 묶기 등의 세밀한 동작을 잘 수행한다. 그림을 그리거나 블록을 조립하는 등의 활동에서 손 조작 능력이 발달하며, 글씨를 쓰기 시작하는 경우도 많다.
- 유아는 자신의 신체를 더욱 잘 통제할 수 있으며, 이는 신체놀이뿐만 아니라 일상생활에서도 독립성을 증가시키는 데 기여한다.

② 인지발달

- 유아는 상징적 사고를 사용하여 사물이나 개념을 더 추상적으로 이해한다. 숫자와 글자에 대한 이해가 깊어지며, 사물을 비교하거나 분류하는 활동도 가능해진다.
- 유아는 어휘력이 급격히 확장되며, 문장을 구성하는 능력도 크게 발달한다. 단어와 문장을 사용해 감정과 생각을 더 구체적이고 논리적으로 표현할 수 있다. 또한, 이야기를 창작하거나 이야기를 듣고 재구성하는 능력도 발달한다.
- 논리적으로 문제를 해결하려는 경향이 강해지며, 원인과 결과에 대해 생각하는 능력이 발달한다. 간단한 수학 개념(덧셈과 뺄셈, 크기 비교, 패턴 찾기 등)을 이해하고, 사물의 분류와 순서 정하기 같은 활동을 할 수 있다.
- 유아는 자신의 행동을 계획하고 조절하는 능력이 향상되며, 목표를 설

정하고 이를 달성하기 위한 방법을 생각할 수 있다. 이는 놀이에서 더 긴 시간 동안 집중하거나, 새로운 과제를 도전할 때 좌절감을 잘 극복하는 모습을 보인다.

③ 사회성발달

- 또래 친구들과의 관계가 매우 중요해지며, 협력과 경쟁을 통한 상호작용이 증가한다. 친구와 함께 놀이를 하며, 규칙을 정하고 역할을 나누는 과정을 통해 사회적 기술을 발달시킨다.
- 5세 유아는 놀이에서 협력하고 타협하는 방법을 배우며, 갈등 상황을 해결하는 능력이 발달하며 이를 통해 문제해결 능력과 의사소통 능력이 향상된다.
- 다른 사람의 감정과 입장을 이해하려는 경향이 생기며, 공감 능력이 발달한다. 유아는 친구가 슬프거나 화난 상황에서 위로하려고 하거나, 도움을 주는 등의 행동을 보인다.
- 규칙을 준수하고 차례를 기다리는 등의 행동을 잘 따르게 되며, 게임이나 놀이에서 공정성을 지키려는 태도를 보인다.

④ 정서발달

- 유아는 자신의 감정과 욕구를 더 잘 이해하고, 이를 표현하는 능력이 발달한다. 이로 인해 좌절이나 실망감을 스스로 조절하려는 모습을 보일 수 있다.
- 감정 조절 능력이 증가하며, 분노나 슬픔을 더 잘 다스릴 수 있다. 또한, 감정을 표현할 때 이전보다 더 적절하고 성숙한 방식으로 반응하는 경우가 많아진다.
- 유아는 자신의 능력에 대해 인식하기 시작하며, 성취를 통해 자존감을 키운다. 새로운 과제나 도전을 시도하며 성공할 경우 성취감을 느끼고, 실패할 경우에도 극복하려는 노력을 보인다.

⑤ 언어발달

- 어휘력이 크게 증가하며, 일상생활에서 더욱 다양한 단어를 사용한다. 유아는 1,500개 이상의 단어를 알고 있으며, 문장을 더 길고 복잡하게 구성하는 능력을 보인다.
- 문법적인 오류가 줄어들며, 복잡한 문장을 구성하는 데 능숙해진다. 이야기나 경험을 논리적으로 구성해 말하는 것이 가능해진다.
- 유아는 자신의 경험이나 상상을 이야기로 표현하며, 문학적 상상력이 크게 발달한다. 그림책을 읽으면서 이야기 구조를 이해하고, 자신의 방식으로 재구성하는 능력이 발달한다.

(2) 5세 유아 놀이 특성

① 역할놀이의 발전

- **상징적 사고와 상상력의 확장:** 5세 유아는 상징적 사고 능력이 크게 발달하여, 역할놀이에서 상상력과 창의력을 발휘한다. 간단한 소품이나 장난감을 실제 사물처럼 여기며, 자신이 다양한 역할을 수행하는 이야기를 구성한다. 예를 들어, 의사, 선생님, 부모, 슈퍼히어로 등의 역할을 맡아 놀이하며, 이 과정에서 상상력을 동원하여 새로운 상황을 창조한다.
- **사회적 규칙과 역할 분담:** 역할놀이에서는 유아들이 서로 다른 역할을 맡고 그에 맞는 규칙을 따르며 놀이한다. 이 과정에서 또래와의 협력, 타협, 의사소통이 자연스럽게 이루어지며 이를 통해 유아는 사회적 상호작용과 규칙 준수를 배우게 된다.

② 규칙이 있는 놀이

- **놀이의 구조화:** 5세 유아는 간단한 규칙이 있는 놀이에 흥미를 느끼고 이를 따르는 능력이 발달한다. 보드게임, 카드놀이, 단체 게임 등에서 규칙을 이해하고 지키려는 모습을 보이며, 이러한 놀이를 통해 승패의 개념을 배우고 공정성을 이해한다. 예를 들어, "숨바꼭질", "술래잡기"와

같은 놀이에서 순서를 기다리고 규칙을 준수하며 놀이에 참여한다.

- **문제해결 능력 향상:** 규칙이 있는 놀이에서는 전략적 사고와 문제해결 능력이 요구된다. 유아는 자신의 차례에 맞춰 어떻게 움직일지, 어떤 결정을 내려야 할지 고민하며 사고력을 발달시킨다.

③ 협력과 경쟁의 놀이

- **협력 놀이:** 5세 유아는 놀이에서 친구와 협력하는 경험을 통해 사회성을 발달시킨다. 단순한 경쟁이 아니라 협동을 필요로 하는 놀이(예: 블록 쌓기, 팀 스포츠)를 즐기며, 협력적인 상호작용이 이루어진다. 이를 통해 다른 사람의 의견을 존중하고, 목표를 함께 달성하는 방법을 배운다.
- **경쟁 놀이:** 유아는 간단한 경쟁을 수반하는 놀이도 즐기며, 이 과정에서 승리와 패배를 경험한다. 이러한 경험은 유아의 감정 조절 능력을 키우고, 다른 사람과의 경쟁에서 공정하게 행동하는 방법을 배운다. 예를 들어, 공 던지기 경기에서 이기거나 지는 상황을 자연스럽게 받아들이고, 승리에 대한 기쁨이나 패배에 대한 좌절을 조절할 수 있게 된다.

④ 신체놀이의 다양화

- **대근육 발달과 신체놀이:** 5세 유아는 뛰고, 점프하고, 균형을 잡는 신체 활동을 더욱 정교하게 수행할 수 있다. 놀이터에서 뛰어놀거나, 자전거를 타는 등의 활동을 통해 대근육을 발달시키고, 신체적 협응 능력을 향상시킨다. 특히, 공 던지기, 줄넘기, 미끄럼틀 타기 등 다양한 신체놀이를 즐기며 운동 능력을 발달시킨다.
- **소근육 발달과 정교한 놀이:** 5세 유아는 소근육 조절이 발달하여 더 복잡한 조작이 필요한 놀이(예: 블록 쌓기, 조립 장난감)를 즐긴다. 이를 통해 손과 손가락의 협응력이 발달하며, 이 시기에 미술이나 글씨 쓰기와 같은 활동을 자연스럽게 접하게 된다.

⑤ 창의성놀이

- **미술 활동:** 유아는 그림 그리기, 찰흙 놀이, 종이접기 등 다양한 창의적 놀이 활동을 통해 자신을 표현한다. 이 과정에서 미적 감각과 창의성을 발휘하며, 자신만의 작품을 만드는 것을 즐긴다. 유아는 자신의 감정이나 경험을 색, 모양, 텍스처 등을 사용해 표현하며, 이는 정서적 발달에도 기여한다.
- **음악과 춤:** 노래를 부르거나, 음악에 맞춰 춤을 추는 활동은 유아의 리듬감과 표현력을 발달시키며, 이러한 놀이를 통해 유아는 신체와 감정을 조화롭게 사용할 수 있게 된다.

⑥ 사회적 상호작용을 촉진하는 놀이

- **또래 놀이의 중요성:** 5세 유아는 또래 친구들과의 놀이를 통해 사회적 관계를 형성한다. 친구와 함께 놀이를 하면서 사회적 규칙을 이해하고, 타인의 감정을 배려하는 능력이 발달한다. 놀이 중 갈등이 발생할 때 이를 해결하기 위해 의사소통을 하거나 타협을 하며, 이러한 과정에서 사회적 기술이 자연스럽게 발달한다.
- **역할 분담:** 놀이에서 친구들과 역할을 나누는 활동은 협동 능력을 기르고, 서로 다른 역할에 대한 이해를 높인다. 예를 들어, "가게 놀이"에서 누군가는 점원이 되고, 누군가는 손님이 되는 방식으로 역할을 분담하며, 놀이를 통해 규칙적인 상호작용을 배운다.

⑦ 자기주도적 놀이

- **독립성의 발달:** 5세 유아는 놀이를 통해 스스로 놀이를 계획하고 이끌어가는 능력을 기른다. 자신의 흥미에 맞는 놀이를 선택하고, 놀이의 규칙이나 목표를 스스로 설정하는 등 자발적으로 놀이를 주도하려는 경향이 강해진다.
- **목표 지향적 놀이:** 유아는 목표를 설정하고 이를 이루기 위해 노력하는

과정을 놀이에서 경험한다. 예를 들어, 블록을 쌓아 성을 만드는 놀이에서 성을 완성하는 목표를 세우고, 이를 이루기 위해 다양한 시도를 한다.

5세 유아는 신체적, 인지적, 사회적, 정서적 발달을 놀이에서 경험하며, 이를 통해 다양한 능력을 키워간다. 놀이를 통해 유아는 상상력과 창의력을 발휘하고, 협동과 경쟁을 배우며, 감정 조절 능력과 사회적 규칙 준수 능력을 향상시킨다. 또한, 신체 활동을 통해 대근육과 소근육을 발달시키고, 다양한 사회적 상호작용을 통해 사회성을 증진시킨다.

2. 영역별 놀이 발달

발달과 놀이의 관계는 상호보완적 관계이다. 놀이를 통해 영유아는 신체, 인지, 사회적, 정서적, 언어적 발달을 자연스럽게 촉진한다. 놀이에서의 신체활동은 근육과 운동 능력이 발달하고, 상징적 놀이나 문제해결 놀이를 통해 사고력과 창의력을 키운다. 또한, 역할놀이와 규칙이 있는 놀이를 통해 사회적 규범과 의사소통 기술을 배우며, 감정을 표현하고 조절하는 능력을 발달한다. 놀이 자체가 발달의 도구이자 결과이므로, 발달 단계에 맞는 놀이가 영유아의 전반적인 성장에 중요한 역할을 한다. 따라서, 놀이와 신체, 인지, 사회성, 정서, 언어 및 뇌 발달의 관계를 살펴보고자 한다.

1) 놀이와 신체발달

놀이를 통해 영유아는 대근육과 소근육이 발달한다. 달리기, 점프, 공 던지기, 균형 잡기와 같은 활동적 놀이를 통해 대근육이 발달하고 이러한 신체활동 놀이는 영유아들의 신체 균형을 유지하도록 하며 운동 조절 능력을 키우는 데 도움을 준다. 블록쌓기, 퍼즐 맞추기, 미술 활동 등은 소근육을 발달시킨다. 이러한 놀이를 통해 영유아는 손의 섬세한 조작 능력을 키우고 눈과 손의 협응력이 발달한다. 이는 나중에 글씨 쓰기, 도구 사용하기와 같은 활동에 필요한 소근육 조절을 돕는다.

2) 놀이와 인지발달

놀이를 통해 영유아는 문제해결 능력, 논리적 사고, 상징적 사고, 창의력 등 인지발달의 핵심요소가 발달한다. 블록쌓기나 퍼즐 맞추기와 같은 놀이에서 영유아는 문제를 해결하는 능력을 기른다. 이러한 놀이에서는 목표를 달성하기 위해 여러 가지 방법을 시도하게 되면서 실패와 성공을 경험하는 과정 속에서 사고의 유연성이 길러진다. 또한 영유아는 상징놀이를 통해 상상력과 창의력을 발달하며 현실 세계를 상징적으로 재현할 수 있다. 이 과정에서 추상적 사고와 인과관계를 이해하는 능력이 증진된다.

영유아는 물체를 만지고 조작하는 놀이를 통해 물리적 세계의 속성을 탐구하게 된다. 예를 들어, 블록을 쌓고 무너뜨리거나 여러 가지 물건을 조합하는 놀이는 영유아의 인지적 탐구력을 자극한다.

3) 놀이와 사회성발달

놀이를 통해 영유아는 다른 사람과 상호작용하는 방법을 배우고 협동과 규칙 준수, 타인과의 관계 형성을 배운다. 영유아는 역할놀이 속에서 다양한 사회적 역할을 경험하고 사회적 관계를 이해하고 다른 사람의 입장에서 생각하게 된다. 또한 공동 목표를 가진 놀이, 역할 분담이 있는 놀이와 같은 협동이 필요한 놀이에서 영유아는 다른 친구들과 상호작용하며 협력하고 의사소통하는 방법을 배운다. 이러한 놀이를 통해 영유아는 차례를 기다리는 법, 갈등을 해결하는 법을 익힌다.

보드게임, 술래잡기와 같은 규칙이 있는 놀이는 영유아가 사회적 규칙을 배우고 공정성과 책임감을 인식하는 데 기여한다. 이런 놀이를 통해 영유아는 규칙을 따르며 타인과의 상호작용을 이해하고 자신의 역할을 인식하게 된다.

4) 놀이와 정서발달

놀이를 통해 영유아는 자신의 감정을 인식하고 표현하며 타인의 감정을 이해하고 공감하는 능력을 기른다. 또한 다양한 감정을 경험하면서 이를 조절하는 방법도 배운다.

역할놀이나 인형놀이에서 영유아는 다양한 감정을 표현하며, 감정의 원인을 탐색하고 이를 적절하게 다루는 방법을 배운다. 예를 들어, 인형에게 자신의 감정을 이야기하거나 상상 속 상황에서 갈등을 해결하는 놀이를 통해 영유아는 감정 표현 능력을 키운다. 놀이 중 발생하는 실패나 갈등을 해결하는 과정에서 영유아는 정서적 조절을 배운다. 놀이에서 좌절감을 경험할 때 감정을 다스리는 법을 배우고 사회적 상호작용에서 감정을 제어하는 능력을 기르게 된다.

5) 놀이와 언어발달

놀이를 통해 영유아는 언어를 사용하고 새로운 어휘를 배우며 의사소통기술을 연마한다. 역할놀이에서 영유아는 다양한 상황에서 대화를 나누며 말의 의미를 이해하고 적절한 상황에서 사용할 수 있는 언어를 익힌다. 특히, 놀이 중에는 새로운 단어와 문장 구조를 배우게 되어 언어발달에 긍정적인 영향을 미친다.

인형이나 장난감을 사용하여 이야기를 만들어 나가는 놀이에서 영유아는 상상력을 발휘하면서 언어 능력을 확장 시킨다. 이러한 놀이를 통해 새로운 어휘를 습득하고 문장 구성 능력을 향상시킨다.

6) 놀이와 뇌발달

놀이를 통해 영유아의 뇌는 다양한 방식으로 자극을 받아 발달하게 된다. 뇌는 외부 자극에 민감하게 반응하며 놀이과정에서 다양한 신경회로가 활성화되고 강화된다.

놀이가 영유아 뇌 발달에 중요한 이유 중 하나는 신경가소성(neuroplasticity) 이다. 신경가소성은 뇌가 경험을 통해 변화하고 발달하는 능력을 의미하는데, 놀이가 이러한 신경가소성을 극대화한다. 영유아는 놀이 중에 새로운 환경을 탐색하고, 다양한 경험을 하면서 뇌의 신경 회로가 강화되고 새로운 연결이 만들어진다(Panksepp, 2007).

놀이, 특히 상징적 놀이와 사회적 놀이는 전두엽의 발달을 촉진한다. 전두엽은 계획, 문제해결, 의사결정, 충동 조절과 같은 고차원적 인지 기능을 담당한다. 놀이과정에서 영유아는 가상 상황을 설정하고, 놀이 규칙을 지키며, 타인과 상호작용하는 등 다양한 활동을 통해 전두엽의 기능을 강화하는데 이는 추후 학습능력과 사회적 기술 발달에 중요한 영향을 미친다(Diamond, 2013).

감각 놀이(예: 모래놀이, 물놀이)는 감각 정보 처리와 대뇌 피질 발달에 큰 기여를 한다(Kuhl, 2010). 감각적 경험은 뇌의 여러 부위를 동시에 자극하며, 이러한 자극이 축적되면 대뇌 피질의 신경망이 강화된다. 감각 놀이를 통해 영유아는 시각, 촉각, 청각을 동시에 활용하고, 이를 통해 뇌의 다양한 감각 처리 영역이 활성화되어 뇌가 복잡한 감각 정보를 통합하고 처리하는 능력이 발달한다.

영유아는 사회적 놀이를 통해 사회적 뇌(social brain)가 발달한다. 이는 타인의 감정, 의도, 행동을 이해하고 대응하는 능력과 관련된 뇌 영역을 의미한다. 역할놀이나 집단놀이에서 영유아는 타인의 행동을 관찰하고 모방하며, 상호작용을 통해 사회적 규칙과 감정을 배우게 된다. 이는 뇌의 거울 뉴런 시스템과 관련이 있으며, 이러한 뉴런은 타인의 행동을 이해하고 공감하는 데 중요한 역할을 한다(Gopnik, Meltzoff & Kuhl, 2001).

이처럼 영역별로 놀이가 영유아의 성장과 발달에 미치는 영향은 매우 크다. 놀이가 각 발달 영역에 중요한 촉매 역할을 하며, 놀이를 통해 영유아는 다각적으로 발달하게 된다.

3. 놀이의 발달 단계

놀이의 유형은 영유아의 연령, 발달 수준, 놀이 자료 등에 따라 다양한 기준과 범주로 이루어진다(강숙현 외, 2014). 학자에 따라 다양한 견해 차이가 있으나 놀이 유형의 기준을 사회성발달과 인지발달의 요인으로 놀이의 발달 단계를 구분하여 살펴보고자 한다.

1) 사회적 놀이 단계

사회적 놀이 단계는 영유아들이 또래들과 어느 정도로 어떻게 상호작용을 하는지에 따라 놀이를 분류하여 발달 단계를 나타낸 것이다. 대표적인 학자로 파튼(Parten)을 들 수 있다. 그는 자유놀이 시간 영유아들을 관찰하여 사회적 참여도에 따라서 놀이 행동 특성을 연구하고 놀이 유형을 범주화하였다. 연령이 증가할수록 놀이가 더 사회적인 형태로 발달해 간다고 하였다(이숙재, 2015). 파튼(Parten, 1932)이 제시한 사회적 놀이 단계를 여섯 가지 형태로 구분하였다.

(1) 비참여 행동(Unoccupied Behavior)

0~1.5세로 일반적인 놀이와는 거리가 먼 단계로 영아가 목적을 가지고 움직인다는 것보다는 목적 없이 어슬렁거리는 움직임으로 보인다. 자신의 신체를 가지고 놀거나 놀이에 참여하지 않으며 의자에 앉았다 일어났다 하는 움직임을 보이는 단계이다. 놀이에 대한 관심이 없거나 스스로 무엇을 해야 할지 모르는 상태일 수 있다. 이때 눈 맞춤을 잘해주며 언어적 소통을 시도하는 것이 도움이 된다. 관심 유도와 놀이를 제안하는 것이다. 예를 들어 "지금 무엇을 보고 있어?", "그것은 무엇일까?"와 같은 질문으로 아이의 호기심을 유도하고 "여기 함께 놀 수 있는 블록이 있네. 같이 쌓아볼래?"라고 놀이를 제안할 수 있다.

(2) 방관자적 행동(Onlooker Behavior)

1.5~2세로 또래 주변에 앉아서 방관자적인 태도를 보이고 다른 영아가 노는 것에 관심을 보이지만 놀이에 직접 참여하지 않는다. 하지만 놀고 있는 다른 영아에게 말을 걸기도 한다. 이 단계는 놀이를 언제 참여할지 지켜보고 관찰하는 단계라고 할 수 있다. 이때 놀이 시 관찰을 통해 놀이를 모방할 수 있어 간단한 놀이를 보여주는 것도 좋으며 놀이에 참여를 독려하거나 놀이에 직접 참여하지는 않지만 말 걸기, 질문, 제안 등을 했다면 긍정적인 반응을 보여주는 것이 필요하다. 예를 들어 "다른 친구들이 노는 것을 보고 있구나. 함께 놀아볼까?"라고 놀이에 참여를 유도하거나 "친구들이 무엇을 하고 있는지 물어볼까?"라는 질문을 통해 상황에 관심을 갖게 할 수 있다.

(3) 혼자놀이(Solitary Play)

2~2.5세로 장난감이 있는 공간에 함께 있어도 친구들이 노는 모습을 보며 따로 혼자 노는 단계이다. 자신의 장난감을 가지고 놀이를 하며 자신의 욕구나 극놀이를 구성하기 위해 시도한다. 혼자 블록 쌓기, 그림 그리기 등 자신만의 활동에 몰두하며, 주변에 다른 아이들이 있어도 관심을 두지 않는다. 이 단계는 자기 탐색의 중요한 부분이다. 이 단계에 긍정적 강화를 주거나 사회적 기회를 제공하는 것이 필요하다. 예를 들어, 아이가 혼자 놀 때 "우와 블록으로 멋진 집을 만들었네! 정말 잘했어!"와 같은 격려의 말은 자신감을 높이는 데 도움을 줄 것이고, "이제 다른 친구들과 함께 블록으로 놀아볼까? 함께 무엇을 만들 수 있을까?"라고 놀이를 제안하여 사회적 기회를 넓힐 수 있다.

(4) 병행놀이(Parallel Play)

2.5~3.5세로 친구들과 같은 공간에서 놀지만, 서로 상호작용하지 않고 독립적으로 비슷한 장난감을 사용하더라도 서로의 놀이에 관심을 두지 않는다. 물리적 거리가 가깝고 비슷한 장난감을 사용해서 함께 노는 것처럼 보이지만 실제로는 서로의 놀이에 관심을 두지 않고, 독립적인 활동을 계속한다. 이 단계에서는 상

호작용을 유도하거나 공유의 중요성에 대해 이야기 나눌 필요가 있다. 예를 들어, "친구도 같은 블록으로 놀고 있네! 그 친구에게 같이 놀자고 해보면 어떨까?"라고 제안하여 자연스럽게 상호작용하도록 유도한다. 또한 "서로의 장난감을 나눠 보며 놀면 더 재미있겠지? 친구의 블록을 잠깐 빌려줄 수 있니?"라고 말해 놀이의 협력성을 강조한다.

(5) 연합놀이(Associative Play)

3.5~4.5세로 서로 상호작용하며 놀이를 진행하지만, 놀이의 목표나 규칙은 명확하지 않다. 서로 대화하고 장난감을 교환하는 등의 상호작용을 한다. 친구들과 서로 대화하고 장난감을 교환하지만, 특정한 구조나 규칙 없이 자유롭게 논다. 이 단계에서는 협력적 놀이를 강조하거나 소통의 중요성에 대해 이야기 나눈다. 예를 들어, "서로의 장난감을 나누는 게 정말 좋네! 이제는 함께 무언가를 만들어볼래?"라고 말해 협력적인 놀이를 장려하거나 "너희가 서로 이야기하며 노는 걸 보니 좋다. 이야기하면서 어떤 놀이를 하면 좋을지 함께 고민해보자!"라고 말해 소통의 중요성을 강조한다.

(6) 협동놀이(Cooperative Play)

4.5~5.5세로 놀이에 대해 명확한 목표와 규칙을 설정하고, 서로 협력하여 논다. 각자의 역할을 정하고 목표를 향해 나아간다. 친구들과 각자의 역할을 정하고, 목표를 위해 함께 협력하여 놀이를 진행한다. 예를 들어, '병원놀이'에서 의사와 환자 역할을 정해 놀이한다. 이 단계에서는 역할 분담 촉진과 놀이 목표 설정하도록 의사소통을 하여야 한다. 예를 들어, "각자 어떤 역할을 맡고 싶은지 이야기해볼까? 너는 의사, 나는 환자 역할을 해보자!"라고 하여 역할 분담을 유도하거나 "우리 모두 함께 이 집을 짓는 목표를 세워보자! 어떤 방법으로 시작할까?"라고 하여 놀이의 목표를 설정하도록 한다.

파튼의 사회적 놀이 단계는 어린이의 사회적 상호작용을 이해하는 데 중요한 틀을 제공한다. 각 단계에서 교사나 부모는 아이의 놀이 행동을 관찰하고, 긍정적인 피드백과 격려를 통해 아이가 다음 단계로 발전할 수 있도록 지원할 수 있다. 이를 통해 아이들은 사회적 기술을 발전시키고, 친구들과의 관계를 더욱 깊게 형성해 나가게 된다.

파튼의 사회적 놀이 단계를 이해하면서 한계점 몇 가지를 정리하면 다음과 같다.

첫째, 발달의 일방향성에 대한 부분이다. 파튼의 이론은 놀이발달이 단계적으로 진행된다고 가정하지만, 실제로 아이들은 여러 유형의 놀이를 상황에 따라 선택적으로 사용한다. 즉, 아이가 한 번에 여러 단계를 혼합해 놀이할 수 있고, 꼭 순차적으로 발전하지 않을 수 있다는 점이다.

둘째, 이 이론은 아이들의 놀이를 사회적 상호작용에만 초점을 맞추지만, 놀이의 창의성, 감정 표현, 인지발달과 같은 다른 중요한 측면을 간과했다. 놀이가 단지 사회적 상호작용만을 목적으로 하는 것이 아님을 고려하지 않았다.

셋째, 파튼의 이론은 서구적 관점에서 주로 연구되었기 때문에, 다양한 문화권에서의 놀이 방식과 환경적 요인을 충분히 반영하지 못할 수 있다. 다른 문화에서는 놀이의 규칙이나 사회적 상호작용이 다를 수 있기 때문이다.

넷째, 파튼의 분류는 고정된 단계로 나누어졌지만, 놀이의 복잡성과 변화를 충분히 설명하지 못한다는 비판이 있다. 아이들은 한 놀이 안에서도 다양한 상호작용을 혼합하며 놀이를 발전시킬 수 있다.

이러한 한계점에도 불구하고 파튼의 이론은 초기 사회적 놀이발달을 이해하는 데 기여한 중요한 이론이다.

2) 인지적 놀이 단계

놀이를 통해 영유아가 경험하고 발달시키는 인지적 발달의 과정을 단계적으로 설명한 개념이다. 이 개념은 영유아가 성장하면서 놀이 방식이 단순한 신체적 활동에서 점점 더 복잡한 사고와 문제해결 능력을 요구하는 형태로 발전해 나가는 과정을 설명한다. 놀이가 단순한 오락이나 신체활동 이상의 학습 도구임을 강조하며 특히 영유아가 놀이를 통해 인지적, 언어적, 사회적 기술을 습득한다는 점에서 중요하다.

피아제(Piaget, 1962)는 놀이가 아동의 사고 발달과 밀접하게 연관되어 있다고 보았다. 피아제가 제시한 놀이 단계는 감각운동기에 해당하며 반복적인 행동을 통해 신체적 기술을 연습하는 놀이를 한다는 연습놀이(Practice Play) 단계, 전조작기에서 나타나며 물건이나 상황을 상징적으로 사용하는 상상놀이를 즐겨 하는 상징놀이(Symbolic Play) 단계, 구체적 조작기 이후 규칙을 이해하고 규칙을 따라 협력적으로 하는 놀이를 하는 규칙이 있는 놀이(Games with Rules) 단계로 모두 3단계로 분류하였다.

스밀란스키(Smilansky, 1968)는 피아제의 놀이 이론을 확장하여 인지적 놀이 유형을 더 구체적으로 제시하였다. 반복적이고 단순한 신체적 활동으로 이루어진 놀이로 기능놀이(Functional Play) 단계, 물건을 이용해 새로운 구조물이나 작품을 만드는 놀이로 구성놀이(Constructive Play) 단계, 상징적 놀이와 유사하며 영유아들의 상상력과 역할극을 활용해 다른 사람이나 상황을 모방하는 놀이로 극놀이(Dramatic Play) 단계, 규칙을 따르는 집단놀이로 협력이나 경쟁이 중요한 놀이 규칙이 있는 게임(Games with Rules) 단계로 모두 4단계 놀이로 구분하였다.

위 두 학자 모두 놀이가 영유아의 인지발달과 밀접하게 관련되어 있으며 놀이가 단순한 활동이 아닌 학습의 중요한 도구임을 강조하고 있다. 프로스트와 클레인(Frost & Klein, 1979)은 스밀란스키의 극놀이 형태를 더 세분화하여 상징놀이와 사회극놀이로 구분하여 인지적 놀이 단계를 다섯 가지로 구분하였다. 이를 살펴보면 다음과 같다.

(1) 기능놀이

기능놀이는 영아가 신체적 조작과 반복적인 행동을 통해 기본적인 운동 능력과 신체 인식을 발전시키는 초기 놀이 유형이다. 이 단계는 일반적으로 0~2세에 나타나며 영아의 첫 번째 놀이 형태로 간주한다. 기능놀이는 손의 조작 능력과 대근육 운동 능력 발달에 도움을 주며 반복적인 행동을 통해 문제해결 능력과 인과관계를 배우며 물체의 특성을 이해한다. 다양한 감각을 통해 세상과 상호작용하며 호기심을 자극한다. 기능놀이로는 공 굴리기, 물건 흔들기, 스윙 타기, 물건을 반복적으로 떨어뜨리고 줍는 놀이, 집어놓고 빼기 등이 있다.

(2) 구성놀이

구성놀이는 영유아가 다양한 물체를 사용하여 무엇인가를 만들거나 구성하는 놀이이다. 이 단계는 영유아 창의력, 문제해결 능력 그리고 공간 인지능력을 발달시키는 데 중요한 역할을 한다. 일반적으로 2세부터 시작하여 유아기까지 지속된다. 구성놀이는 영유아 스스로 생각하고 새로운 아이디어를 표현하는 기회를 제공하고 물체를 구성하는 과정에서 겪는 어려움을 해결하며 비판적 사고를 기를 수 있다. 또한 다양한 도구를 사용하면서 손의 조작 능력을 향상시키고 신체 조절력을 기른다. 구성놀이로는 블록쌓기, 모래성 만들기, 목공놀이, 종이 공작, 상자놀이, 조형놀이 등이 있다.

(3) 상징놀이

상징놀이는 영유아가 물체 또는 상징적으로 사용하여 상상력을 발휘하는 놀이이다. 이 단계는 일반적으로 2세부터 시작되며 영유아 자신의 경험과 상상을 통해 현실을 재구성하는 데 중요한 역할을 한다. 상징놀이는 언어발달, 사회적 상호작용, 정서적 표현 등 여러 발달 측면과 밀접한 관련이 있다. 영유아는 놀이를 통해 다양한 언어표현과 문장을 사용하여 언어능력을 발전시키며 역할놀이를 통해 영유아는 사회적 규범, 역할, 관계를 이해하고 협력하는 방법을 배운다. 상징놀이를 통해 영유아는 감정을 표현하고 다른 사람의 감정을 이해하는 능력을 기르며 영유아가 상상력을 발휘하여 새로운 상황을 만들고 다양한 시나리오를 실험하며 창의적 문제해결 능력을 키운다. 상징놀이로는 소꿉놀이, 병원놀이, 주방놀이, 자동차 놀이, 상상의 친구 놀이 등이 있다.

(4) 사회극놀이

사회극놀이는 영유아가 다른 친구들과 함께 특정 역할을 맡고, 상호작용하며 이야기를 만드는 놀이이다. 이 단계는 일반적으로 3세부터 시작되며 영유아의 사회적, 정서적, 언어적 발달에 중요한 영향을 미친다. 영유아는 역할을 수행하며 다른 사람들과의 상호작용을 통해 사회적 규범을 배우고 협력하는 방법을 익힌다. 사회극놀이에서 다양한 역할과 대화를 통해 언어 사용 능력을 발전시키고 의사소통 기술을 향상시키며 상상력을 통해 이야기를 구성하고 다양한 시나리오를 실험함으로써 창의적 문제해결 능력을 기른다. 또한 사회극놀이에서 감정을 표현하고 다른 사람의 감정을 이해하는 능력을 키우며 공감 능력을 발전시킨다. 사회극놀이로는 극장놀이, 가게놀이, 학교놀이 등이 있다.

(5) 규칙이 있는 게임

규칙이 있는 게임 단계는 특정 규칙에 따라 놀이를 수행하는 단계이다. 이 단계는 일반적으로 6세 이후에 나타나며 아동이 규칙을 이해하고 이를 준수하며 협동과 경쟁을 통해 사회적 상호작용을 경험한다. 아동은 규칙을 이해하고 따르는 과정에서 협력, 경쟁 그리고 갈등 해결 능력을 기른다. 또한 규칙에 맞춰 전략을 세우고 상황에 따라 문제를 해결하는 경험을 통해 비판적 사고 능력을 기른다. 게임의 승패를 경험하면서 감정을 조절하고 상대방에 대한 존중과 배려를 배우며 많은 규칙이 있는 게임은 신체적 활동을 포함하여 아동의 운동 능력을 기르는 데 도움을 준다. 규칙이 있는 게임으로는 역할극 게임, 카드 게임, 보드 게임, 팀 스포츠 등이 있다.

CHAPTER 05

놀이 발달에 미치는 요인

Chapter 05

놀이 발달에 미치는 요인

놀이 발달에 영향을 미치는 요인은 여러 가지가 있다. 다양한 요인들이 복합적으로 작용하여 놀이 발달에 기여한다. 선행연구들을 살펴보면 크게 두 가지로 나누어 볼 수 있는데 하나는 영유아의 성별, 연령, 기질, 인지능력 등 영유아의 내적 변인과 관련된 것이고 다른 하나는 부모, 교사, 또래, 물리적 환경 등 영유아를 둘러싸고 있는 외적 변인이다. 이에 본 장에서는 크게 네 가지인 개인적 요인, 가정환경 요인, 사회문화적 요인, 물리적 요인으로 살펴보고자 한다.

1. 개인적 요인

1) 성별

영유아의 놀이 선호, 놀이양상 및 놀이 행동에 대한 연구에서 매우 빈번히 드러나는 특성 중 하나가 성별이다(진명희, 서현순, 2004). 유아의 성별 간의 행동 특성은 놀이 특성과 연결되며 이는 유아의 성별에 따라 선호하는 놀이에도 연관이 있다.

학급 내에서 남아와 여아가 선호하는 놀이에 대해 살펴본 결과 남아는 여아보다 활동적인 놀이에 적극적이며 여아는 표현하는 놀이에 적극적임을 보고하였다. 이러한 맥락으로 남아는 쌓기놀이영역, 여아는 역할놀이영역과 언어영역을 선호하였다(문희연, 2002). 영유아의 성별에 따른 놀이 선호도를 살펴본 연구에서 남아가 여아보다 개방된 영역을 선호하는 것으로 나타나 오르기, 달리기, 숨기 등 보다 활동적이고 운동성이 높은 축구장, 미로 그리고 동굴을 선호한다는 것이다.

영유아의 성별에 따라 선호하는 놀이는 다르지만 남아와 여아 모두 성별과 상관없이 선호하는 놀이가 있다. 바로 물·모래 놀이로 나타났는데 물·모래 놀이 속에서 성별에 따라 놀이 형태에 차이를 보였다(장한빛, 2015) 도전적이고 활동적인 것에 적극적인 성향을 가진 남아는 물·모래 놀이에서 주로 파기, 건설하기 등과 같은 놀이 형태가 나타나는 반면 여아는 장식하기, 요리하기 등과 같은 놀이 형태가 나타났다.

여아가 남아보다 친구들을 잘 도와주고 함께 협동하며, 놀잇감을 나누어 사용하고 차례를 지키며, 다른 사람들의 문제에 대해 함께 생각하고 관심을 보이는 행동이 더 관찰되었다(조영지, 2011). 또한 남아는 주로 때리기, 밀기, 치기 등과 같이 힘의 과시 형태로 놀이가 나타나지만 여아는 말로 하는 언어적 공격이나 친구의 관계 형성과 관련된 공격적 행동이 더 나타났다(길효정, 엄세진, 2021).

2) 연령

유아교육 현장에서 영유아를 위한 놀이 환경을 마련하기 위해 교사들이 가장 먼저 고려하는 것이 유아의 연령인데 그 이유는 영유아의 연령에 따라 발달특성과 선호하는 놀이 내용 및 대상, 놀이 유형의 차이가 두드러지게 나타나기 때문이다(이경미, 2009). 어린 연령일수록 자기 중심성이 강하고, 자신의 욕구를 조절하는 능력이 부족하므로 타인의 관계에서 어려움을 가지게 되어 놀이에서도 영향을 미치는데, 유아들의 놀이 형태에 관한 연구에서 3~4세가 되면 혼자놀이에서 직접적으로 집단놀이로 이동하고 병행놀이와 집단놀이 사이의 전환이 2~3세 유아 사이에서 우세하게 이루어지는 것을 발견하였다(Smith, 1978).

3~5세 유아를 대상으로 한 연구에서 유아는 연령에 따라 사회적 놀이 참여 정도가 다르다고 제시하였다. 3세 유아의 경우 비놀이, 혼자놀이, 병행놀이가 70% 이상으로 또래 간의 상호작용 놀이인 집단놀이는 20%에 불과하지만 4~5세 유아는 또래 간의 상호작용 놀이인 집단놀이가 70% 이상으로 나타나 3세 유아에 비해 사회적 참여수준이 높은 놀이 행동을 보이는 것으로 나타났다(장정백, 2002).

5세 유아가 3세 유아보다 규칙이 있는 게임을 선호하고, 놀이에 할애하는 시간이 높게 나타났다(이경미, 2009). 연령이 증가할수록 상호작용이 하면서 놀이하는 시간이 늘어나고 가상놀이를 즐기며 규칙이 있는 게임을 선호하는 특징도 있었다(심혜진, 2003).

영유아의 연령에 따른 실외놀이 선호도에서는 영유아의 연령이 낮을수록 고정된 시설물을 선호하여 주로 단독놀이나 달리기, 뛰기 등 목표성이 낮은 신체적 동작을 선호하였다. 연령이 높을수록 개방된 영역을 선호하는 것으로 나타나(윤동은, 오경숙, 2009) 5세 유아는 그네나 운동놀이 영역을 즐기는 것으로 나타났다.

유아는 연령이 증가할수록 신체적으로 적극적으로 놀이하며, 또래와 협동하고 친밀한 접촉을 하며, 모호한 것들을 분명하게 만들고, 신기함을 친숙함으로 바꾸고, 창의적으로 놀이한다. 또한 다양한 활동에 참여하고 열중하며 즐거워하고 재미있는 사건들에 대한 식별력, 즐거운 상황에 대한 인식이 증가한다(조영지, 2011).

3) 기질

기질은 생물학적인 특성을 기초로 이후 인성이 형성과정에까지 지대한 영향을 미치는 개인적 스타일(stylistic)로 유아가 '무슨' 행동을 '왜' 하는가 하는 행동의 내용 및 능력이나 목적이 아니라 '어떻게' 행동하는가 하는 행동의 방식을 말한다(최영희, 1991). 특히 영유아들은 자연스러운 놀이 상황에서 배워나간다는 점과 맞물려 영유아의 기질과 놀이와의 관계 규명은 매우 중요한 의미를 가진다. 유아마다 갖고 있는 기질 특성이 다르기 때문에 같은 놀이를 하더라도 어떤 영유아에게는 보다 흥미로우나 다른 영유아에게는 그렇지 않을 수 있다.

영유아의 기질은 이들의 놀이 행동에 많은 영향을 미친다. 순한 기질의 영유아가 까다로운 기질의 영유아보다 집단 극화놀이를 선호하고, 까다로운 기질의 영유아는 방관자적 행동을 많이 보이고 순한 기질의 영유아가 놀이 유형 중 쫓기 게임을 즐긴다고 하였다(김형미, 1998). 기질에 따른 놀이 행동 연구에서 까다로운 기질의 영유아는 미술, 역할, 조작, 쌓기 놀이를 선호하였고, 순한 기질의 영유아는 역할놀이를 선호하였으며 더불어 순한 기질의 유아가 연합놀이나 협동놀이를 많이 한다고 보고하였다(이지현, 1998).

4세 유아를 대상으로 유아의 기질에 따라 놀이 형태의 차이를 연구한 김용희(1991)는 순한 기질의 유아는 상호 관심 있는 병행놀이를 많이 하고 방관적 행동을 거의 하지 않지만 까다로운 기질의 유아는 단순한 사회적 놀이 형태를 선호한다고 하였다. 유아의 기질에 따른 놀이실 행동을 또래 또는 교사와의 상호작용을 중심을 연구한 김수지(1996)는 더딘 기질의 아이는 또래 및 교사 상호작용 행동이 적었고, 순한 기질의 유아는 긍정적인 상호작용을 많이 하였으며, 까다로운 기질의 유아는 부정적인 상호작용 행동이 많았다고 하였다. 또한 순한 기질의 유아는 놀이 중 '대화하기'를 많이 시도하였으며, 더딘 기질의 유아는 놀이에서 '제안 따르기'를 많이 하는 것으로 나타났다.

비슷한 맥락에서 유아의 개인적 변인으로써의 성격과 놀이 스타일을 연구한 권지연(2002)에 따르면 독립적인 유아들은 주도적인 놀이 스타일을 의존적인 유아들은 추종적인 놀이 스타일을 보이고 의존적인 유아들은 놀이 과정에서 '수용하기'나 '쳐다보기' 행동을 많이 보이는 것으로 나타났다. 또한 외향적인 성격의 아이들이 독립적이고 주도적 놀이 스타일을 유지하며 놀이과정에서 '놀이 정의와 제안' 그리고 '거절' 행동을 많이 보인다고 보고하였다.

4) 인지능력

놀이와 인지발달과의 관계를 밝히는 다양한 연구들이 이루어져 왔다. 지능이 평균 이상인 유아가 지능 평균 이하인 유아보다 사회극놀이에 참여하는 비율이 높아 유아의 지능이 놀이 친구와의 관계 형성에 영향을 미쳤다. 제프리와 맥케이(Jeffree & McConkey, 1976)는 유아의 정신적 발달 연령에 따라 상상놀이 참여도가 증가하는 경향이 있다고 제시하였고, 밀러(Millar, 1968)는 영재아는 자기보다 나이가 많은 친구를 더 좋아하며 상상놀이를 많이 하는 특징이 있는 반면 지진아는 놀이 활동에서 창의성을 거의 보이지 않았고 단순한 놀이를 좋아한다고 보고하였다.

놀이와 인지양식과의 관계를 연구한 사라초(Saracho, 1996)는 유아의 인지양식에 따른 놀이의 특징을 제시하였다. 인지양식이 장 독립적인 경우는 인식의 내상이 있는 환경, 즉 장(場)의 영향을 받지 않거나 적게 받는 사람의 인지양식으로 일반적으로 분석적, 구조화, 체계화, 사실과 원리에 집중 등의 특징을 보이며, 인지양식이 장 의존적인 경우는 사물의 지각에 있어서 그 사물의 배경, 즉 장(場)의 영향을 많이 받는 사람의 인지양식으로 직관적, 비구조적, 사회적 개념을 자신의 경험과 연결 등의 특징을 보인다. 따라서, 인지능력이 장 독립적인 영유아는 게임, 조작놀이, 구성놀이를 더 많이 즐기고 분석적이며 혼자놀이를 즐기는 반면 장 의존적인 영유아는 타인에게 민감하게 반응함으로써 사회적 기술을 습득할 기회가 많아 소꿉놀이, 병행놀이, 연합놀이, 협동놀이를 즐긴다(송승민 외, 2020).

동영상 시청

놀이의 반란(아빠 놀이 엄마 놀이)

EBS 놀이의 반란 2부 '아빠 놀이 엄마 놀이' 동영상을 시청하고 이야기를 나누어 보세요.

아빠놀이 엄마놀이

Q1. 아빠 놀이가 중요한 이유는 무엇일까?

Q2. 엄마 놀이가 중요한 이유는 무엇일까?

Q3. 아빠 놀이와 엄마 놀이는 어떠한 차이가 있었을까?

2. 가정환경 요인

1) 부모

놀이 발달에 있어 부모의 역할은 매우 중요하며, 부모의 양육 방식, 놀이 참여도, 놀이에 대한 태도는 영유아의 전반적인 놀이 경험에 큰 영향을 미친다. 부모는 놀이의 첫 번째 동반자로서 영유아가 놀이를 통해 발달할 수 있는 환경을 제공하고, 놀이 경험을 지원하는 역할을 한다.

부모의 양육 방식은 영유아의 놀이 발달에 직접적인 영향을 미친다. 권위적이고 통제적인 부모는 자녀의 자율적 놀이를 제한할 수 있으며, 이는 창의성과 문제해결 능력 발달에 부정적인 영향을 줄 수 있다. 반면, 민주적인 양육 방식을 통해 자녀의 의견을 존중하고, 자율성을 보장하는 부모는 자녀가 스스로 놀이를 주도할 수 있도록 도와준다. 자율적 놀이가 장려될 때, 영유아는 놀이를 통해 상상력과 자기 주도 학습 능력을 발전시킬 수 있다(Baumrind, 1971).

부모가 얼마나 자주 놀이에 참여하고, 어떤 방식으로 참여하는지도 자녀의 놀이 발달에 중요한 영향을 미치는데 부모가 자녀와 함께 놀이에 적극적으로 참여할 때, 자녀는 새로운 놀이 방식과 규칙을 배우고, 사회적 기술을 익힌다(Roggman, Boyce, Cook, Christiansen & Jones, 2004).

부모가 놀이를 어떻게 인식하고 어떤 태도를 갖느냐에 따라 자녀의 놀이 발달에 영향을 미치는데, 부모가 놀이를 단순한 시간 때우기로 인식하는 경우, 자녀의 자율 놀이를 충분히 지지하지 않을 가능성이 크다. 반면, 놀이가 학습과 발달의 중요한 과정임을 이해하고 지지하는 부모는 놀이를 위한 시간과 자원을 더 많이 제공할 것이다. 부모의 놀이에 대한 긍정적인 인식은 자녀가 놀이를 즐기고 몰입할 수 있는 환경을 조성한다(Ginsburg, 2007).

부모가 놀이에 참여하는 방식이 놀이 발달에 미치는 영향은 상호작용의 질에 따라 진다. 질 높은 상호작용은 자녀의 놀이 경험을 풍부하게 만들어 준다. 예를 들어, 부모가 자녀의 놀이에 적절한 언어 자극을 제공하고, 놀이과정에서 자녀의 질문에 반응하는 등 대화를 나누는 것은 자녀의 언어발달을 촉진한다. 또한, 부모가 놀이 중에 적절한 피드백을 제공하면 자녀는 자신감과 문제해결 능력을 기를 수 있다(Tamis-LeMonda, Shannon, Cabrera, & Lamb, 2004).

부모는 놀이를 위한 환경 제공자로서 중요한 역할을 한다. 놀이를 위한 적절한 도구와 자원을 제공하고, 안전하고 자극적인 놀이 환경을 만들어 주는 부모는 자녀의 놀이 발달에 긍정적인 영향을 미친다. 이는 다양한 장난감, 책, 예술 도구 등의 물리적 자원뿐만 아니라, 시간적 여유와 놀이에 대한 지지적인 분위기를 포함한다(Bronfenbrenner, 1979).

부모는 자녀에게 놀이의 모델이 될 수 있다. 부모가 놀이를 통해 문제해결 능력, 창의성, 협력 등을 보여주면, 자녀는 이를 모방하고 자신만의 놀이 방법을 발전시킨다(Vygotsky, 1978). 예를 들어, 부모가 협력적 놀이를 통해 타인과의 의사소통과 협업의 중요성을 보여주면, 자녀도 놀이과정에서 이러한 기술을 습득할 수 있다.

결론적으로 부모가 자녀와의 놀이에서 보여주는 상호작용의 질은 자녀의 사회적, 인지적, 정서적 발달을 촉진하는 핵심 요인으로 작용한다는 것이다.

2) 형제, 자매

형제간의 놀이 경험은 또래보다 더 지속적이고 일관성 있는 상호작용을 제공하며, 다양한 발달 영역에서 중요한 학습 경험을 제공한다. 형제나 자매간의 놀이를 통해 영유아는 사회적 기술을 배울 수 있다. 놀이과정에서 갈등 해결, 타협, 차례를 기다리는 법 등 사회적 규칙을 자연스럽게 경험하게 된다. 특히 협동놀이를 통해 서로의 감정과 의도를 이해하고 공동 문제해결 능력을 기를 수 있다. 형제나 자매와의 놀이에서는 부모나 또래보다 더 자주 협동이 일어나며, 이를 통해 유아는 자신의 의사를 표현하고 조정하는 능력이 발달한다(Dunn & Kendrick, 1982).

형제간 놀이에서는 종종 경쟁이 발생하는데, 이 과정에서 영유아는 감정 조절과 인내심을 배우게 된다. 놀이과정에서 발생하는 갈등 상황은 영유아가 자신을 표현하고 감정을 조절하는 능력을 배울 수 있는 중요한 기회가 된다. 경쟁과 갈등을 통해 영유아는 자신의 욕구와 타인의 욕구를 조화롭게 맞추는 경험을 하며, 이러한 경험은 이후 대인 관계에서도 중요한 사회적 기술로 이어진다(Kramer & Conger, 2009).

형제나 자매, 특히 연장자 형제는 영유아에게 중요한 역할 모델이 될 수 있다. 어린 영유아는 형제의 행동을 관찰하고 이를 모방하면서 놀이 기술을 배우게 된다(Whiteman, McHale & Crouter, 2007). 예를 들어, 형이 블록을 쌓거나 역할놀이를 하는 모습을 보면서 동생은 이를 모방하고, 그 과정을 통해 새로운 기술을 습득한다. 형제는 더 복잡한 놀이를 유도할 수 있으며, 이러한 놀이 경험은 유아의 인지적, 사회적 발달에 긍정적인 영향을 미친다.

형제간의 놀이 상호작용은 영유아의 언어발달에도 중요한 역할을 한다. 놀이 과정에서 형제는 다양한 상황과 문맥 속에서 언어적 상호작용을 나누며, 영유아는 새로운 어휘와 문장 구조를 배울 수 있다. 특히 형제는 서로 간에 일상적인 대화와 놀이를 통해 비형식적인 언어학습을 제공한다(Howe & Recchia, 2009). 이는 부모와의 대화보다 더 자연스럽고 빈번한 언어 상호작용을 통해 언어발달을 촉진하는 요소가 된다.

형제간에는 정서적 지지와 안정감을 제공하는 중요한 관계가 형성될 수 있다. 특히 부모가 바쁠 때나 긴장된 상황에서 형제는 서로에게 정서적 안정을 제공할 수 있으며, 이는 놀이 상황에서도 나타난다. 놀이 중 형제는 서로의 감정을 이해하고 지지하는 역할을 하며, 이러한 경험은 유아의 정서적 안정과 사회적 신뢰감을 형성하는 데 기여한다. 정서적 지지가 있는 놀이 경험은 영유아가 새로운 놀이 상황에서 더 용감하게 탐색할 수 있는 기반이 된다(Volling, 2003).

형제와의 놀이가 항상 긍정적인 영향만을 미치는 것은 아니다. 형제간 경쟁이 지나치게 심해지거나 형제의 개입이 너무 잦을 경우, 영유아는 독립적인 놀이 시간을 충분히 가지지 못할 수 있다(McHale, Updegraff & Whiteman, 2012). 혼자 놀이도 중요한 발달 경험을 제공하므로, 형제 놀이와 혼자 놀이 간의 균형이 필요하다. 부모는 이러한 균형을 유지하면서 형제간 긍정적인 상호작용을 장려하는 역할을 해야 한다.

결론적으로, 형제나 자매는 놀이 발달에 있어 중요한 역할을 하며, 영유아는 형제간 상호작용을 통해 사회적 기술, 언어 능력, 감정 조절 능력 등을 발달시킬 수 있다. 형제간의 놀이 경험은 영유아가 다양한 사회적 상황을 경험하고 학습하는 기회를 제공하며, 이를 통해 유아는 놀이를 통한 전반적인 발달을 촉진할 수 있다.

3. 사회문화적 요인

1) 교사

교사는 놀이 발달에 중요한 영향을 미치는 요인 중 하나로 교사의 상호작용 방식, 놀이에 대한 태도, 그리고 놀이 환경을 조성하는 역할은 영유아의 놀이 발달에 매우 중요하다. 교사는 놀이과정에서 영유아와 상호작용하는 방식에 따라 놀이의 질을 크게 좌우한다. 교사가 놀이에 적절히 개입하여 질문을 던지거나 새로운 아이디어를 제시할 때, 영유아는 더욱 창의적이고 복잡한 놀이를 할 수 있게 된다. 비고츠키(Vygotsky, 1978)는 놀이가 사회적 상호작용을 통해 발달한다고 주장했으며, 교사의 지지와 조언이 영유아의 상상력과 사고 능력을 확장하는 데 중요함을 강조했다.

교사의 놀이에 대한 긍정적인 태도는 영유아의 놀이 동기를 자극한다. 교사가 놀이를 중요하게 생각하고, 유아들이 자유롭게 놀이에 몰두할 수 있도록 허용할 때, 영유아들은 더 자발적이고 능동적으로 놀이에 참여한다. 반면에, 놀이를 학습의 연장선으로만 보거나 규칙을 지나치게 강조하는 경우 영유아의 자율성과 창의성에 부정적인 영향을 줄 수 있다.

교사는 적절한 놀이 환경을 제공하여 영유아가 다양한 경험을 할 수 있도록 도울 수 있다. 풍부한 놀이 자료와 다양한 놀이 기회를 제공하는 교사는 영유아들의 탐구력과 창의적 표현을 증진시킬 수 있다(Wood, 2014). 또한, 정서적으로 안전하고 지원적인 환경을 조성하는 것이 영유아들이 놀이에서 실패를 두려워하지 않고 시도와 실험을 반복하는 데 중요한 역할을 한다.

현 교육과정에서는 교사가 직접적으로 가르치기보다는 놀이를 촉진하는 촉진자의 역할과 교사가 유아의 자발적인 놀이를 존중하면서도 필요할 때 적절한 자원을 제공하거나 관찰을 통해 간접적으로 지원하는 지원자의 역할을 강조한다. 이는 영유아가 스스로 문제를 해결하고 창의적인 사고를 발전시키는 데 도움을 준다.

2) 또래

또래는 놀이 발달에 중요한 영향을 미치는 요인으로, 영유아가 사회적 기술을 발달시키고, 상호작용을 통해 다양한 놀이 경험을 쌓는 데 중요한 역할을 한다. 또래와의 놀이 관계는 유아가 새로운 사고방식을 습득하고, 타인의 관점을 이해하며, 협동과 갈등 해결 능력을 키우는 중요한 장이 된다.

또래와의 상호작용은 영유아가 사회적 규범과 기술을 배우는 중요한 기회로 파튼(Parten, 1932)의 사회놀이 단계 이론에 따르면, 영유아는 혼자 놀이하는 단계에서 시작해 협동 놀이로 발전하게 된다. 이 과정에서 또래와의 놀이를 통해 협력, 양보, 타협 등 중요한 사회적 기술을 학습하게 되고, 또래는 역할놀이와 같은 사회적 놀이를 통해 영유아의 사회적 이해와 의사소통 능력을 증진한다.

비고츠키(Vygotsky, 1978)는 영유아의 발달이 사회적 상호작용을 통해 이루어진다고 주장했으며, 또래와의 놀이가 영유아의 인지적 발달에 큰 영향을 미친다고 설명했다. 특히, 또래와의 상호작용은 상호학습과 협동을 통해 문제해결 능력을 향상시키고, 상상력과 창의력을 촉진하는 데 중요한 역할을 하며 또래와의 논쟁이나 협의 과정을 통해 영유아는 자신의 사고를 재구성하고, 더 높은 수준의 사고로 발전한다.

또래와의 놀이 경험은 영유아가 감정을 조절하고 자기통제 능력을 발달시키는 중요한 기회가 된다. 놀이 중에 발생하는 갈등 상황이나 좌절감을 경험하고 이를 해결하는 과정에서 영유아들은 감정적 조절과 자아 통제 능력을 배우며 또래 간의 놀이에서 규칙을 정하고 지키는 과정은 영유아가 자기조절 능력을 발전시키는 데 기여한다.

또래와의 놀이 관계는 영유아가 자신을 타인과 비교하며 자신의 능력과 한계를 인식하는 기회를 제공한다. 이러한 사회적 비교는 영유아의 자아존중감 발달에 영향을 미치며, 경쟁적인 놀이 환경에서는 성취 동기를 촉진할 수 있다. 다만, 지나친 경쟁은 부정적인 감정을 초래할 수 있기 때문에 적절한 교사의 지도가 필요하다.

4. 물리적 요인

1) 공간

물리적 환경, 특히 놀이 공간은 영유아의 놀이 발달에 매우 중요한 영향을 미친다. 적절하게 설계된 공간은 유아들이 자유롭게 움직이며 창의적이고 상호작용적인 놀이를 할 수 있는 기회를 제공한다. 공간이 어떻게 구성되고 제공되는지에 따라 놀이의 질과 범위가 달라질 수 있다.

공간의 크기는 놀이의 성격에 큰 영향을 미친다. 넓은 공간은 영유아들이 더 자유롭고 확장된 신체활동 놀이를 할 수 있게 도와준다. 검프와 켈러(Gump, Keller, 1991)는 넓고 개방된 공간이 영유아들의 신체놀이를 촉진하고, 이를 통해 신체발달과 사회적 상호작용이 증가한다고 하였다. 반대로 협소하거나 지나치게 제약된 공간은 놀이를 제한하고, 영유아들이 활동적이고 창의적인 놀이에 몰입하는 데 방해가 될 수 있다. 놀이 환경 내에서 다양한 놀이 영역(예: 역할놀이, 탐구활동, 신체놀이 공간 등)을 제공하는 것이 중요하며 각각의 공간이 영유아의 다양한 발달적 요구를 충족시킬 수 있도록 설계되었을 때, 영유아들은 놀이를 통해 폭넓은 경험을 얻을 수 있다. 이 같은 다양성은 놀이의 질을 향상시키고, 창의적 사고와 문제해결 능력을 촉진하는 데 기여한다. 무어(Moore, 1986)는 환경의 다양성이 영유아의 인지적, 사회적 발달을 지원한다고 하였다.

자연 요소가 포함된 놀이 환경은 영유아의 놀이 발달에 긍정적인 영향을 미친다. 자연은 다양한 감각적 자극과 창의적 놀이의 기회를 제공하여 영유아들이 자연스럽게 문제를 해결하고 탐구할 수 있는 기회를 준다. 또한 자연에서의 놀이가 영유아들의 신체적, 정서적 발달뿐만 아니라 인지 발달에도 중요한 역할을 한다(Louv, 2008). 자연물은 정해진 사용법이 없기 때문에 유아들이 자유롭게 상상력을 발휘하고 새로운 놀이를 창출할 수 있다.

놀이 공간은 신체적 안전뿐만 아니라 정서적 안정감도 제공해야 한다. 안전한 놀이 환경이 제공될 때, 영유아들은 더 자신감 있게 놀이에 참여하고 도전적인 놀이도 시도하게 된다. 영유아들이 안전하다고 느끼는 공간에서 더 깊이 있는 상호작용과 창의적 놀이를 경험할 수 있다고 설명한다(Trawick-Smith, 2010). 또한, 안전한 공간은 놀이에 대한 교사의 적절한 개입과 지도가 병행될 때 놀이 발달에 긍정적인 영향을 미친다.

2) 놀잇감

물리적 환경에서 놀잇감은 영유아의 놀이 발달에 중요한 요소 중 하나로, 영유아들이 놀이를 통해 창의력, 인지력, 문제해결 능력 등을 발달시키는 데 기여한다. 놀잇감의 종류, 성질, 그리고 제공 방식에 따라 놀이의 질과 발달적 이점이 크게 달라진다.

열린 놀잇감(Open-ended materials)은 특정한 사용 방법이 정해져 있지 않아, 영유아들이 상상력과 창의력을 발휘할 수 있는 재료를 의미한다. 이런 놀잇감은 영유아가 다양한 방식으로 활용할 수 있으며, 탐구하고 실험하는 과정에서 놀이의 복잡성이 증가한다. 긴스버그(Ginsburg, 2007)는 열린 놀잇감이 영유아에게 창의적 사고와 문제해결 능력을 발달시키는 데 효과적이라고 설명했으며 이러한 놀잇감은 블록, 자연물, 미술 재료 등이 포함될 수 있다.

상징적 놀이는 영유아들이 놀잇감을 실제 물건으로 상상하면서 놀이하는 것을 의미한다. 역할놀이를 위한 놀잇감(예: 인형, 모형 음식, 의상)은 영유아들이 상상력을 발휘하고 사회적 역할을 모방하는 데 도움을 준다. 스밀란스키(Smilansky, 1990)는 역할놀이에서 사용되는 놀잇감이 영유아의 사회적 상호작용 능력을 향상시키고, 타인의 입장을 이해하는 능력을 키우는 데 중요한 역할을 한다고 설명했다.

퍼즐, 블록, 레고와 같은 구조적 놀잇감은 영유아의 인지발달에 중요한 영향을 미친다. 이러한 놀잇감은 영유아가 공간적 인식을 발달시키고, 문제해결 과정을 통해 논리적 사고와 계획 능력을 향상시키는 데 도움을 준다. 피아제(Piaget, 1962)는 이런 유형의 놀잇감이 영유아가 자신의 주변 환경을 탐색하고 인지적으로 도전할 수 있는 기회를 제공한다고 주장했다.

감각적 놀잇감은 촉각, 청각, 시각 등의 감각을 자극하여 영유아의 감각 발달을 지원한다. 모래, 물, 점토 같은 촉각적 재료들은 영유아가 손으로 직접 만지고 경험하는 과정을 통해 감각적 탐구를 돕고, 신체와 환경 간의 관계를 이해하는 데 기여한다. 몬테소리(Montessori, 1967)는 이러한 감각적 놀이 재료들이 영유아의 신체적 조작 능력과 감각적 인식을 발달시키는 데 중요한 역할을 한다고 하였다.

놀이의 지속성은 영유아의 몰입과 탐구를 통해 심화된 놀이 경험을 가능하게 한다. 버크(Berk, 2006)는 다양한 재료와 자극적인 놀잇감이 제공될 때 아이들이 더 오래 놀이에 몰입할 수 있으며, 이는 놀이를 통해 더 깊이 있는 학습과 경험을 쌓는 기회를 제공한다고 설명한다. 놀잇감은 영유아의 다양한 발달 영역에 맞춘 도전적이고 창의적인 놀이를 가능하게 하며, 이는 놀이발달에 매우 중요한 역할을 한다.

3) 미디어

미디어가 놀이 발달에 미치는 영향은 다양한 방식으로 나타난다. 디지털 기기, TV, 인터넷 콘텐츠 등 미디어는 영유아의 놀이 형태, 사회적 상호작용 그리고 인지발달에 영향을 줄 수 있다.

미디어 콘텐츠는 영유아의 놀이 주제와 방식을 변화시킨다. 예를 들어, TV 프로그램이나 비디오 게임에서 본 캐릭터와 상황을 모방하는 놀이가 늘어나며 상상놀이의 주제와 구조가 미디어 영향을 받는다. 이는 영유아가 직접 경험한 것보다 간접 경험에 기반한 놀이를 더 많이 하게 만들 수 있다. 또한 상업적 미디어는 특정 장난감이나 놀이 활동을 홍보하여 영유아가 그에 맞춰 놀이를 진행하게 한다(Marsh, 2014).

디지털 미디어 사용이 증가하면서 전통적인 놀이 시간이 줄어들 수 있다. 영유아들이 미디어에 몰입하게 되면 신체적 놀이나 사회적 상호작용이 필요한 놀이 활동이 줄어들 수 있다. 이로 인해 특히 신체발달이나 협력, 갈등 해결 능력 같은 사회적 기술 발달에 장애가 생길 수 있다(Vandewater, Bickham, & Lee, 2006).

미디어에 과도하게 의존할 경우, 친구나 가족과의 놀이 시간을 줄이게 되고, 디지털 기기와 혼자 상호작용하는 시간이 늘어날 수 있다(Pagani, Fitzpatrick, Barnett, & Dubow, 2010). 이는 놀이에서의 사회적 상호작용과 협동 활동이 줄어드는 결과를 초래하며, 정서적 발달이나 사회적 기술 학습에 부정적 영향을 줄 수 있다.

일부 디지털 미디어는 영유아의 인지발달과 놀이 발달에 긍정적인 영향을 미친다(Gee, 2003). 교육적인 비디오 게임이나 앱은 문제해결 능력, 논리적 사고, 협동심을 길러줄 수 있으며 영유아 기술을 사용하여 놀이를 확장하는 기회를 제공할 수 있다. 또한 이러한 게임은 놀이에 대한 새로운 형태의 창의적 접근을 가능하게 한다고 하였다. 이러한 긍정적인 효과는 있기는 하지만 미디어가 영유아에게 부정적인 영향을 미친다는 연구들이 많다. 미디어는 특정한 감각이나 기능만을 자극하므로 어떤 일이 왜 벌어지며 어떤 다른 방법이 있는지, 어떻게 시도해 볼 수 있는지 스스로 궁리할 여지를 제공하지 않는다(한국보육진흥원, 2014).

미디어는 영유아의 놀이 발달에 큰 영향을 미칠 수 있으므로, 교사와 부모는 아동이 미디어를 건강하게 사용할 수 있도록 시간 관리, 콘텐츠 선택, 사회적 놀이의 균형, 비판적 사고 교육 등의 역할을 해야 한다.

들여다보기

Q1. 나의 어릴 적 놀이에 있어 가장 영향을 주었던 요인은 무엇이었나요? 어릴 적 놀이 경험을 회상하며 이야기 나누어요.

Q2. 영유아 놀이 발달에 미치는 다양한 요인이 과거에 현재 다름이 있나요? 미래는 또 어떤 변인이 영향을 미칠까요?

CHAPTER 06

놀이환경

Chapter 06
놀이환경

영유아 놀이환경은 영유아들이 건강하게 성장하는 데 중요한 역할을 한다. 안전한 탐색을 지원하는 환경은 영유아들이 자유롭게 움직이며 주변을 탐색하고 스스로 다양한 놀이를 시도하게 한다. 적절한 놀이환경이 지원되었을 때 영유아들은 놀이 속에서 새로운 도전을 하기도 하고 다양한 놀이 재료가 제공되는 열린 공간 속에서 상상력과 창의력을 발휘하며 자유롭게 주도적으로 놀이를 한다. 잘 조성된 놀이환경은 아이들의 전반적인 발달을 돕는 중요한 역할을 하며 건강하고 균형 잡힌 성장을 지원한다. 따라서 본 장에서는 실내 놀이환경, 실외 놀이환경, 디지털 기반 놀이환경으로 살펴보고자 한다.

1. 안전한 놀이 공간과 환경구성

1) 안전한 놀이 공간

영유아가 놀이하는 공간이 환경적으로 안심한 공간을 만들기 위해 영유아교육기관에서 많은 노력을 하고 있다. 어린이활동공간에 대한 환경조건이 어느 한계까지만 안전할 때 그 한계가 되는 값으로 중금속 안전기준, 실내공기질 안전기준, 토양 안전기준, 목재 방부재 안전기준 등이 있다. 그리고 「환경보건법」 제23조 제4항에 따라 어린이활동공간의 관리자는 〈표 5-1〉과 같이 환경안전관리기준을 지켜야 한다(환경부 환경보건정책과, 2023). 이는 영유아들이 더욱 건강하고 안전한 환경에서 놀이할 수 있도록 돕는 것이 목표이다.

〈표 6-1〉 어린이활동공간 환경안전관리기준

구분		항목별 상세 환경안전관리기준
시설물		① 녹이 슬거나 ② 금이 가거나 ③ 페인트 등 도료가 벗겨지지 않아야 함
도료, 마감재	실내·외	① 납, 카드뮴, 수은 및 6가크로뮴의 합: 총함량으로 1,000mg/kg 이하 ② 납: 함량으로 90mg/kg 이하
	실내	① 합성수지 재질 바닥재(표면재료) 프탈레이트류(DNP, DnOP 등 7종): 총함량이 0.1% 이하 ② 신축 등 확인검사 대상인 경우 건축자재의 오염물질 방출 기준 준수 – 폼알데하이드 0.002mg/m³·h 이하, 톨루엔 0.08mg/m³·h 이하, 총휘발성유기화합물 2.5mg/m³·h(페인트) 또는 40mg/m³·h(벽지·바닥재) 이하 등 ※ 방출량 시험을 위한 시험편(Test piece) 제작이 불가능한 경우, 시설이 설치된 어린이 활동공간 내 실내공기를 포집하여 휘발성유기화합물과 폼알데하이드의 농도를 측정함.
목재		① 크레오소트유 목재방부제 1호, 2호를 사용한 목재 사용 금지 ② 크로뮴·구리·비소 화합물계 목재 방부제 1호, 2호, 3호를 사용한 목재 사용 금지(단, 위 기준을 충족하는 도료로 목재표면을 정기적으로 도장하는 경우는 제외)
모래 등 토양		① 납: 200mg/kg 이하, ② 카드뮴: 4mg/kg 이하, ③ 6가크로뮴: 5mg/kg 이하, ④ 수은: 4mg/kg 이하, ⑤ 비소: 25mg/kg 이하, ⑥ 기생충란 미검출
합성고무 재질 바닥재 표면재료		① 표면재료에 들어 있는 납, 카드뮴, 수은 및 6가크로뮴의 합: 총함량으로 1,000mg/kg 이하 ② 폼알데하이드의 농도: 75μg/m³ 이하 ③ 프탈레이트류(DNP, DnOP 등 7종)의 총함량: 0.1% 이하
실내공기질		① 폼알데하이드의 농도: 80μg/m³ 이하 ② 총휘발성유기화합물의 농도: 400μg/m³ 이하

2) 실내환경구성의 기본 원리

영유아교육기관에서는 영유아의 효율적인 활동을 위해 흥미 영역별로 실내환경을 구성하기도 한다. 영유아는 넓은 단일 공간보다 다양한 영역으로 나누어진 공간에서 놀이할 때 놀이의 질이 높아진다(Field, 1980). 흥미영역으로 구분하여 배치하면 물리적으로 경계가 분명해져 다른 놀이를 하는 영유아와 겹치지 않기 때문에 놀이에 몰입할 수 있다(남효순, 신지혜, 전선영, 2022). 흥미영역은 고정된 것이 아니라 수시로 변경할 수 있다. 영유아교육기관의 실내공간은 영유아가 편안하고 편리하게 사용할 수 있도록 연령과 발달에 적합하도록 구성되어야 한다. 발달에 적합한 흥미영역 구성을 위한 고려사항은 다음과 같다(이기숙 외, 2013).

첫째, 영유아의 적극적인 참여와 선택의 기회를 넓힐 수 있도록 배치한다.

둘째, 영유아 간의 놀이가 방해되지 않도록 이동통로를 확보한다.

셋째, 영유아가 쉽게 이동하도록 체계적으로 교재·교구를 구성한다.

넷째, 영유아의 과거와 새로운 경험이 연계되도록 친숙한 자료와 새로운 자료를 함께 이용할 수 있도록 한다.

다섯째, 모든 영역을 교사가 한 눈에 볼 수 있도록 배치한다.

여섯째, 영유아의 인원수에 따라 활동영역을 다양하게 조성·배치한다.

일곱째, 연령과 발달에 적합한 교재·교구 및 설비를 선택하여 제공한다.

여덟째, 벽면의 모든 부착물은 영유아의 눈높이에 맞춰서 게시한다.

프로스트와 키싱어(Frost & Kissinger)는 실내 흥미영역을 다음과 같이 4개의 공간으로 구분하여 구성할 것을 제안하였다.

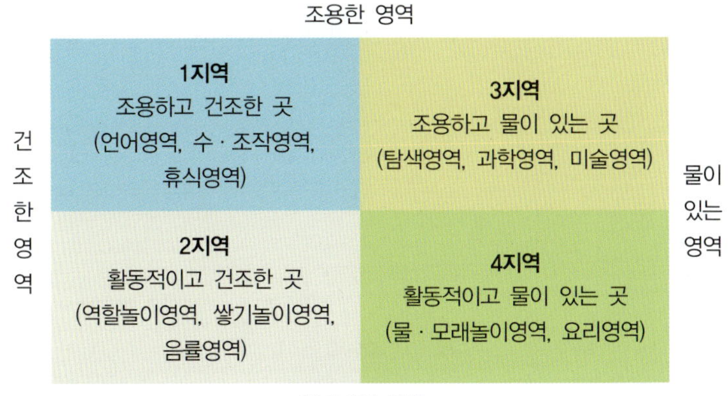

3) 놀이 공간

영역 구성에 대한 교사들의 고민

"교실은 좁은데 흥미영역을 모두 배치하고 영역마다 교구장에 책상까지 넣다 보니 교실이 답답하게 느껴진다. 놀이를 할 수 있는 공간이 절대적으로 좁아서 조금만 놀다 보면 유아끼리 부딪치거나 구성물을 부수게 되는 등 갈등 상황이 자주 발생한다. 좁은 교실에서 아이들을 분산해야 해서 영역별로 놀이할 수 있는 유아의 수와 시간을 제한할 때도 있다. 놀이가 재미있을수록 아쉬움이 크다."

교사는 영유아가 공간에 부여하는 의미를 이해하기 위해 놀이의 전개를 지켜보면서 영유아의 놀이를 방해하는 요소가 무엇인지를 관찰하고 영유아의 의견을 반영하여 놀이공간을 구성하고 운영해 나가는 자율성을 가진다. 영유아교육기관 환경에서의 공간은 실내, 실외 및 영유아가 이용하는 기관 밖의 지역사회 공간까지 포함한다. 유아들이 살아가는 영유아교육기관은 물리적인 건축물 이상의 의미를 가지며 내부에서 살아가는 구성원과의 상호작용을 통해 의미를 부여받는 장소이다. 영유아는 놀이를 통해 하나의 공간을 자신들의 놀이에 적합한 공간으로 새로운 목적을 부여하여 사용하기도 하고 놀이할 공간을 스스로 찾아내거나 만들기도 하며, 공간과 공간을 연결하여 새로운 놀이로 확장하기도 한다. 이에 2019 개정 누리과정에서 제시한 놀이공간에 대한 변화된 내용을 소개하고자 한다.

1. 놀이공간을 융통성 있게 배치해본다.

교사는 기관의 교육 철학이나 교실의 물리적 구조, 영유아의 연령, 흥미 등에 따라 자율성을 가지고 교실 공간을 구성할 수 있다. 교실 내에 반드시 배치되어야 하는 흥미영역이 정해져 있는 것이 아니므로 영유아의 놀이를 지원할 수 있도록 공간을 융통성 있게 구성한다.

영유아의 놀이에 따라 넓은 공간이 필요하기도 하고 분리된 작은 공간이 필요하기도 하므로 영역의 크기는 무조건 넓게 하는 것이 아니라 영유아의 흥미와 놀이 흐름에 따라 조정하도록 한다. 즉, 확장되거나 축소하기도 하고, 구석진 곳이나 조용한 곳에 옮겨주기도 하고, 놀이가 서로 연결될 수 있도록 가까이에 배치해주기도 하는 등 자율성을 발휘해본다.

교실에 놀이할 수 있는 영역을 고정해 두지 않고 유아의 놀이에 따라 공간을 자유롭게 활용했어요.

2. 놀이하는 공간을 넓혀본다.

지나치게 많은 놀잇감, 교구장, 책상과 의자가 가득 찬 교실은 정작 영유아가 놀이할 수 있는 공간이 충분하지 않은 경우가 많다. 모든 흥미영역을 배치하고 놀이 인원수를 제한하거나 공간이 좁아 놀이 결과물을 즉시 치워야한다면 놀이의 흐름이 중단될 수 있다.

영유아의 놀이를 관찰한 결과 좁은 공간이 놀이를 방해하는 요소라고 판단되거나 영유아가 놀이공간을 넓히고 싶다고 스스로 요구하였을 때 교사는 놀이를 방해하는 가구와 설비를 치우거나 영유아에게 관심이 적은 놀잇감을 제거함으로써 놀이할 수 있는 충분한 공간을 만들어 줄 수 있다. 이때 교실에서 꺼낸 자료를 보관할 수 있는 기관 내 여유 공간을 확보하고 동료 교원들과 의논하여 안전이 보장되는 범위에서 놀이공간을 확장한다.

우리반이 가장 좋아하는 영역을 가장 넓게 공간을 만들어요.

3. 영유아에게 공간 배치의 주도권을 주어본다.

놀이공간은 모든 구성원의 삶이 반영되는 곳이다. 대부분의 영유아들은 교실의 소유권이 교사에게 있다고 생각한다. 그러나 교사가 영유아의 놀이를 따라가면서 자연스럽게 영유아 스스로 놀이공간을 배치하거나 변경하도록 지원하다 보면 영유아도 교실이 자신의 공간이라고 생각하게 된다. 다만 어떤 영유아는 조용한 혼자만의 놀이공간이 필요하거나 공간구성이 지나치게 자주 바뀌는 것을 싫어할 수도 있으므로 다수와 개인의 놀이가 고루 존중되는 교실의 문화를 만드는 것이 좋다.

유아들과 의논하여 유아들이 스스로 책상과 교구장 위치를 이동하며 우리들이 공간 배치를 해보아요.

4. 다른 놀이공간을 찾아본다.

영유아는 스스로 찾아낸 공간, 놀이를 하다가 우연히 발견한 공간을 더 좋아하고 애착을 갖는다. 교사는 교실이나 실외 놀이터 외에 복도 현관 입구, 교실과 교실 사이의 공유 공간, 계단 밑 등도 안전하다면 영유아의 놀이 공간으로 허용할 수 있다. 단, 교사는 각 공간의 위험요소를 사전에 점검하고 위험요소를 치우거나 안전하게 처리한 후 영유아와 함께 안전에 유의할 수 있는 방법 및 공간을 활용할 수 있는 방법에 대해 함께 의논한다. 비상구나 비상계단 등 비상시 대피경로에 놀잇감이나 자료장을 배치하지 않도록 주의한다.

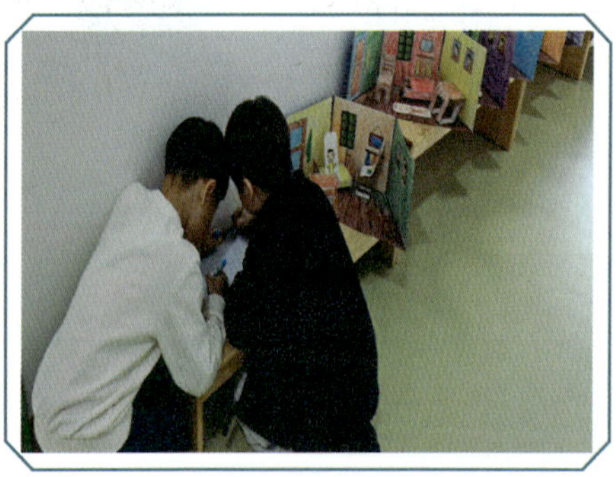

계단이나 복도 등 새로운 놀이경험 공간이 되었어요.

2. 실내 놀이환경

1) 영아반 실내 놀이환경

보육실을 포함한 어린이집의 실내 공간은 영아에게 가장 친숙한 놀이환경이다. 교사는 놀이 공간을 구성하고 변형해 나가며 영아의 자유로운 놀이를 지원할 수 있다. 보육실의 흥미 영역은 영아들이 가장 좋아하는 놀이를 중심으로 구성하는 것이 좋으며, 영아들이 흥미를 보이지 않는 영역은 다른 영역과 통합하여 재구성하거나 다른 영역으로 대체하는 것도 가능하다. 또한 영아의 관심과 흥미, 요구에 따라 새로운 영역을 구성할 수 있으며 이때 영아가 주도적으로 놀이 영역을 창조할 수 있도록 지원해야 한다. 영아의 경우, 신체를 움직이며 탐색할 수 있는 충분한 공간을 구성해 주는 것이 필요하다. 보육실 밖의 복도나 계단, 구석진 공간 등 영아가 놀이할 수 있는 실내공간은 먼저 안전에 문제가 없는지 파악한 후에 놀이 공간으로 구성할 수 있다(보건복지부, 2020). 영아반 흥미 영역을 배치할 때 영아가 스스로 탐색하고 쉽게 활용할 수 있도록 하는 것이 우선으로 일반적으로 일상생활 영역, 신체놀이 영역, 언어영역, 감각 · 탐색 영역, 역할놀이 · 쌓기놀이 영역, 음률 영역, 미술 영역으로 나누어 배치한다.

(1) 일상생활 영역

일상생활 영역은 영아에게 꼭 필요한 영역으로 먹고, 자고, 기저귀를 가는 기본적인 욕구를 충족해 줄 수 있어야 한다. 영아의 욕구가 빠르게 충족될 수 있도록 보육실 내 기저귀 갈기, 잠자기, 수유 등을 돕는 적절한 설비를 갖추어야 한다. 기저귀 갈기 영역은 세면대와 사물함 가까이 배치하고 수유 영역은 기저귀 갈기 영역과 떨어진 곳에 배치해야 한다. 또한 이 영역은 아이들이 편안하고 안전하게 기본 생활 습관을 배우고, 신체적 · 정서적 안정감을 느낄 수 있도록 설계되어야 한다.

기저귀 갈이 공간은 영아의 위생과 편안함을 위해 필요한 공간으로 영아가 불편함 없이 청결을 유지하도록 하여야 한다. 높이가 적당한 기저귀 갈이대와 부드러운 매트를 사용해 영아가 안정감을 가질 수 있도록 하며 물티슈, 기저귀, 피부 보호 크림 등을 쉽게 사용할 수 있도록 해야 하며 기저귀 갈이 후 손 씻기가 용이하도록 근처에 세면대나 소독제를 배치하여 위생을 철저히 관리한다.

잠자기 공간은 부드럽고 따뜻한 침구를 사용하며 조명을 낮춰 편안한 분위기를 조성하고 소음을 줄이고 조용한 배경 음악을 틀어 안정적인 수면 환경을 제공한다. 수유공간은 영아가 편안하게 먹고 성장에 필요한 영양을 섭취하는 곳으로 영아들이 안전하고 편안하게 먹는 습관을 기르도록 도와야 한다.

기저귀 갈이, 잠자기, 수유는 일상생활 영역에서 아이의 신체적 욕구와 정서적 안정감을 충족시키는 중요한 부분으로, 아이들이 신체적으로 건강하고 정서적으로 안정된 상태에서 일상생활을 배우고 성장할 수 있도록 지원하는 역할을 한다.

(2) 신체놀이 영역

신체놀이 영역은 영아가 실내에서 안전하게 몸을 움직이며 대근육과 소근육을 발달시킬 수 있는 공간이다. 이 영역은 활동적인 놀이를 통해 아이들이 에너지를 발산하고 신체 조절 능력을 기를 수 있는 장소로 작은 터널, 낮은 매트, 트램펄린, 균형 잡기 기구 등으로 구성하여 영아들이 기어가고, 점프하고, 균형을 잡을 수 있도록 돕는다. 또한 공 던지기, 작은 공구 사용 등 손과 손가락 근육을 사용할 수 있는 활동도 포함되어 손의 협응력과 소근육 발달을 촉진한다. 신체놀이가 활발하게 이루어질 수 있도록 바닥에 부드러운 매트를 깔아 넘어져도 다치지 않게 하고, 활동할 때 안전하게 움직일 수 있도록 여유 있는 공간을 확보하여야 한다. 이러한 신체 활동을 통해 균형 감각, 협응력, 근력 등이 발달하며, 자신감과 성취감을 느낄 수 있다.

(3) 언어 영역

영아를 위한 언어활동을 표준보육과정에 제시된 내용을 중심으로 살펴보면, 듣기, 말하기, 읽기, 쓰기활동을 들 수 있다. 0~1세는 옹알이나 다른 사람의 목소리에 귀를 기울이는 능력이 향상되고, 2세가 되면 발음을 하는 조음능력, 어휘력 등이 향상되는 시기이므로, 소리를 구분하고 말소리와 몸짓으로 의사표현을 촉진하는 자료를 제공해야 한다(한국보육진흥원, 2018). 따라서 언어영역은 영아들의 듣기, 말하기, 읽기, 쓰기를 할 자료를 제공해야 하며 영아가 편안한 분위기에서 책을 보기도 하고 휴식을 취할 수 있는 공간으로 배치할 수 있다.

(4) 감각 · 탐색 영역

감각 및 탐색 영역은 영아가 다양한 감각을 자극하며 탐구하는 경험을 제공하는 공간으로, 주로 촉각, 청각, 시각, 후각 등을 활용하는 활동이 이루어진다. 이 영역은 영아들이 주변 세계를 감각적으로 탐색하고 창의성을 기를 수 있도록 부드러운 천, 거친 표면, 차갑고 따뜻한 물체 등 촉감과 관련된 다양한 재료를 제공해야 한다. 또한, 아이들이 소리 나는 물체, 색이 변하는 물질 등도 탐색할 수 있어 돌, 조약돌, 나뭇잎, 꽃, 모래 등 자연의 재료를 사용하여 아이들이 자연과 교감하고 관찰력을 키울 수 있도록 도와야 한다. 이 영역에서 사용되는 재료는 다양하고 작아 분실되거나 오염되기 쉬우므로, 정기적인 정리와 위생 관리가 필요하다.

(5) 역할놀이 · 쌓기놀이 영역

역할놀이 · 쌓기놀이 영역은 영아들이 특정 인물이나 상황을 연기하면서 상상력을 발휘하고 사회적 상호작용을 연습하는 공간이자 블록, 레고, 나무 조각 등 다양한 재료를 사용하여 구조물을 만들고 창의적으로 조합하는 공간으로 아이들이 현실 세계의 역할을 모방하거나 상상 속 인물이 되어 다양한 활동을 경험하도록 돕는다. 보통 영아의 역할놀이를 촉진할 수 있도록 쌓기놀이 영역과 함께 배치한다. 다양한 역할 소품, 블록 및 재료를 제공하여 영아들은 이 공간에서 상상력을 발휘하여 자신만의 구조물을 만들고 새로운 이야기를 만들어내며 놀이를 전개한다. 놀이의 내용과 방향은 영아들의 상상에 따라 자유롭게 변화될 수 있는 가장 자유로운 공간이다.

(6) 음률 영역

음률 영역은 영아가 음악과 소리를 통해 리듬 감각과 음악적 표현력을 기를 수 있는 공간이다. 영아들이 악기나 목소리, 리듬감을 활용해 음악과 가까워지고 감정을 표현하는 경험을 제공하는 곳으로 탬버린, 실로폰, 작은 북, 종 등 간단하고 안전한 악기를 배치하여 아이들이 직접 악기를 다루며 소리를 낼 수 있도록 해야 한다. 또한 리듬감을 느끼며 음악을 따라 움직일 수 있는 노래와 율동 활동을 포함하여, 음악적 흥미와 리듬 감각을 키울 수 있도록 환경을 제공해야 한다. 다양한 소리의 악기나 물건을 통해 소리의 크기, 높낮이, 음색 등을 탐색하는 공간이 되어야 할 것이다.

(7) 미술 영역

미술 영역은 영아가 자신의 생각과 감정을 시각적으로 표현할 수 있는 창의적 공간으로 다양한 미술 재료와 도구를 통해 아이들이 감각을 자극받으며 자유롭게 창작 활동을 할 수 있도록 해야 한다. 색연필, 크레용, 물감, 찰흙, 가위, 풀 등 다양한 미술 도구와 재료가 준비되어 있어, 아이들이 재료의 특성을 탐색하며 창의적으로 작품을 만들어 볼 수 있으며, 주제를 정하지 않거나 넓게 설정하여 아이들이 자유롭게 표현할 수 있는 기회를 제공한다. 예를 들어, 자유롭게 그림 그리기, 모양 자르기, 붙이기, 혼합하기 등을 통해 자신만의 독창적인 작품을 만들어낼 수 있다. 개별 작업을 할 수 있는 공간과 친구들과 협력해 공동 작품을 만들 수 있는 공간을 모두 제공하여 다양한 형태의 창작을 지원해야 한다.

〈놀이와 배움을 지원하는 환경〉

① 0~2세 영아의 공통적 특성과 개별적 다양성을 고려한 공간
② 놀이를 할 수 있는 다양한 영역과 자료가 있으나 구획되지 않은 공간
③ 배움이 풍부하게 일어나는 교육적으로 가치 있는 공간
④ 영아의 미적 감수성을 길러줄 수 있는 공간
⑤ 편안함과 안정감을 느낄 수 있는 공간
⑥ 일상생활을 독립적으로 할 수 있도록 지원하는 공간
⑦ 자연을 느낄 수 있는 공간
⑧ 마음껏 놀이할 수 있는 안전하고 위생적인 공간

출처: 개정 0~2세 표준보육과정 연수 자료집 (2024).

〈영아 놀이를 위한 공간 구성〉

2024 개정 어린이집 평가 매뉴얼을 살펴보면, 영아 실내 놀이 공간을 구성할 때 영역이라는 단어 대신에 공간이라는 용어를 사용하였으며 영아의 관심과 흥미, 요구에 따라 새로운 놀이 공간을 창조할 수 있다.

- **이야기 공간**
  소리책, 다양한 그림책 등
- **표현하기 공간**
  나무 색연필, 사인펜, 크레파스, 습자지, 종이, 거울지, 라이트테이블
- **알아가기 공간**
  뚜껑, 투명통
- **구성하기 공간**
  와플블록, 벽돌블록, 해양동물 인형
- **되어보기 공간**
  크고 작은 자동차, 블록

2) 유아반 실내 놀이환경

교사는 실내 놀이공간을 어떻게 구성하고 활용할지에 대한 고민을 하게된다. 교실에 기존의 영역이 구성되어 있다고 하더라고 학급의 원아 수, 성별의 비율, 유아들의 전반적인 놀이 성향을 고려하여 적합성을 판단해보아야 한다. 학기 초에는 기본적인 영역을 구분하고 각 영역이 지나치게 협소해지지 않도록 가구를 배치해보는 것이 좋다. 또한 한번 정한 영역을 한 학기 내내 고정하지 않고 놀이에 따라 즉각적으로 재배치해주려는 융통성을 발휘하고 실내 전체공간을 놀이를 위해 다양하게 활용하려는 노력이 필요하다(교육부, 2019).

(1) 언어 영역

언어 영역은 다양한 책과 이야기 카드, 인형 등을 통해 유아들이 언어 능력과 독서 습관을 기르는 공간이다. 유아반 언어 영역의 경우는 듣기와 말하기, 읽기와 쓰기를 세분화하여 환경을 마련하기도 한다. 편안한 의자와 매트가 있어 아이들이 앉아서 책을 보거나 교사와 함께 이야기를 나눌 수 있도록 하여 언어발달, 사고력, 집중력을 기를 수 있도록 돕는 공간이다.

(2) 수 · 조작 영역

유아반의 수 · 조작 영역은 유아가 수 개념과 논리적 사고를 자연스럽게 익히고 문제해결 능력을 기를 수 있는 공간이다. 이 영역은 수, 형태, 패턴, 비교, 분류 등 기초적인 수학적 개념을 놀이를 통해 배우도록 구성되어 있으며, 다양한 교구와 활동을 통해 유아는 수와 관련된 경험을 쌓고 사고력을 확장할 수 있다. 수·조작 영역은 유아가 수학적 기초를 놀이를 통해 자연스럽게 익히고, 논리적 사고와 문제해결 능력을 키울 수 있는 중요한 공간이다.

(3) 음률 영역

유아반의 음률 영역은 유아들이 음악과 리듬을 경험하고 다양한 소리와 악기를 담색할 수 있는 공간이다. 이 영역은 아이들이 소리를 즐기며 음악에 대한 흥미를 키우고, 리듬과 멜로디를 통해 감각적, 정서적 발달을 돕는 데 목적이 있다. 또한, 신체 활동과 소근육 발달에도 긍정적인 영향을 미친다. 주요 활동으로 노래 부르기, 악기 연주하기, 음악 감상하기, 음악에 맞추어 몸으로 움직이기가 있다. 다양한 악기와 소리를 경험하면서 리듬 감각과 청각 발달을 촉진하고, 음의 높낮이와 길이를 구분하는 능력을 키우고 음악과 소리를 통해 감정을 표현하며, 자신의 느낌을 자유롭게 표현하는 법을 배우게 된다. 또한 노래를 부르며 언어의 리듬과 패턴을 익히고, 기억력과 집중력도 함께 발달되고, 친구들과 함께 노래 부르기나 악기 연주 활동을 하면서 타인과 협력하고 소통하는 방법을 배우고, 사회성을 기를 수 있다. 음률 영역은 유아가 음악을 통해 다양한 감각을 자극받고, 자신의 생각과 감정을 소리로 표현하는 즐거움을 느끼게 해주는 중요한 공간이다.

(4) 역할놀이 영역

역할놀이 영역은 특정 역할을 맡아 상상력을 발휘하는 공간으로, 유아들이 다양한 사회적 역할을 경험할 수 있다. 주방 세트, 병원 놀이 도구, 인형, 직업 의상 등 다양한 소품이 준비되어 있어, 유아들이 현실 세계에서의 역할을 놀이로 경험할 수 있다. 주요활동으로 의사, 요리사, 가정 놀이 등 사회적 역할놀이이며 역할놀이 영역을 통해 사회성 발달, 공감 능력, 의사소통 능력, 타인의 입장 이해하게 된다.

(5) 쌓기놀이 영역

쌓기놀이 영역은 유아가 다양한 블록과 재료를 사용하여 창의적으로 구조물을 쌓고 조립하는 공간이다. 이 영역에서는 나무 블록, 레고, 나무 조각 등이 제공되며, 유아들이 균형과 안정성을 고려하면서 다양한 형태의 구조물을 만드는 과정에서 공간 인식 능력, 문제해결 능력, 협동심, 성취감을 배우게 된다.

(6) 미술 영역

미술 영역은 유아가 다양한 재료와 도구를 통해 창의적 표현을 할 수 있는 공간이다. 색연필, 크레용, 물감, 종이, 점토, 붓 등 다양한 재료가 준비되어 있어, 아이들이 자유롭게 그림을 그리거나 소작을 만드는 활동을 할 수 있다. 주요활동으로 그림 그리기, 색칠하기, 찰흙과 점토 놀이, 종이접기 등으로 이를 통해 감각 발달, 창의력, 소근육 발달, 표현력 향상이 된다.

(7) 과학 영역

과학 영역은 유아가 다양한 과학적 재료와 도구를 통해 호기심을 가지고 탐구 활동을 할 수 있는 공간이다. 돋보기, 자석, 자연물(돌, 나뭇잎 등), 간단한 실험 도구 등이 준비되어 있으며, 아이들이 주변 세계에 대한 호기심을 키울 수 있다. 주요활동으로 탐색 놀이, 실험 활동, 자연물 관찰 등이 있으며 이를 통해 호기심, 탐구력, 논리적 사고, 문제해결 능력 등을 배운다.

3. 실외 놀이환경

실외 공간은 영유아가 마음껏 뛰어놀며 자연과 계절의 변화를 만나고 탐색할 수 있는 놀이 환경이다. 교사가 영유아가 몸을 충분히 움직여 즐겁게 놀이하고 위험으로부터 자신을 안전하게 보호하는 능력을 기를 수 있도록 지원해야 한다. 이처럼 실외 놀이 환경은 영유아가 안전하게 놀이할 수 있는 공간과 자료로 구성해야 한다. 또한 영유아들이 활발한 신체 움직임을 바탕으로 모험과 도전을 하면서 궁금한 것을 찾아 자유롭게 탐색하는 놀이를 다양하게 경험할 수 있는 놀이 환경으로 구성한다. 실외 자투리 공간, 텃밭, 통로, 작은 마당 등은 공간의 특성과 안전을 고려하여 놀이 환경으로 구성하며, 영유아교육기관 상황에 따라 인근 공원과 놀이터 등도 놀이 공간으로 활용할 수 있다(보건복지부, 2020).

1) 대근육 활동 놀이기구 영역

실외 놀이 환경에서 대근육 활동 놀이기구 영역은 영유아들이 신체를 활발하게 움직이며 대근육을 발달시킬 수 있는 공간이다. 이 영역은 주로 등반, 점프, 미끄럼, 균형 잡기와 같은 움직임을 통해 신체의 주요 근육을 사용하고 강화할 수 있도록 다양한 기구들이 배치되는 공간이다. 대근육 활동 놀이기구 영역의 특징은 다음과 같다.

(1) 대근육 활동 놀이기구 영역의 특징

① 신체 발달 촉진

대근육 활동 기구들은 영유아들이 몸을 움직이며 달리기, 등반, 미끄럼 등의 활동을 통해 팔, 다리, 허리 등의 큰 근육을 단련할 수 있게 한다. 이러한 신체활동은 영유아들의 신체 조절 능력과 균형 감각을 키워주고, 근력과 지구력 발달에도 도움을 준다.

② 모험과 자신감 형성

대근육 활동 기구는 아이들이 용기와 모험심을 기를 수 있는 기회를 제공한다. 예를 들어, 높은 곳에 오르거나 미끄럼틀을 타는 경험을 통해 두려움을 극복하고 성취감을 느끼며 자신감을 키울 수 있다.

③ 사회적 상호작용

이 영역은 친구들과 함께 놀이를 통해 협력, 순서 지키기, 양보하기 등 사회적 기술을 자연스럽게 익히는 장소가 된다. 놀이기구를 함께 사용하며 의사소통 능력과 팀워크가 발달하게 된다.

대근육 활동 놀이기구 영역의 설계 시 고려사항은 다음과 같다.

(2) 대근육 활동 놀이기구 영역의 설계 시 고려사항

① 안전성

대근육 활동 놀이기구 영역은 높은 활동성이 필요한 만큼, 바닥 재질을 부드러운 소재로 하여 충격을 흡수할 수 있도록 해야 한다. 예를 들어, 모래, 고무 바닥재, 우드칩 등이 충격을 줄이는 데 도움이 된다. 또한, 놀이기구의 높이와 구조가 안전 규정을 준수해야 하며, 추락 방지를 위한 적절한 난간과 보호대가 필요하다.

② 다양한 기구 제공

등반을 위한 클라이밍 기구, 균형 감각을 키울 수 있는 평균대, 미끄럼틀, 그네 등 다양한 유형의 기구를 배치하여 아이들이 여러 가지 움직임을 경험할 수 있게 한다. 이로 인해 전신을 사용한 대근육 발달이 균형 있게 이루어진다.

③ **연령별 구분**

영유아들의 연령과 발달 수준에 맞춘 놀이기구를 제공하여 사고를 예방하고 놀이의 적합성을 높이는 것이 중요하다. 예를 들어, 낮은 높이의 미끄럼틀은 연령이 어린 영유아들에게 적합하고, 높은 클라이밍 기구는 나이가 더 많은 유아들에게 적합하다.

④ **유지 관리**

놀이기구가 오랜 시간 안전하게 사용될 수 있도록 정기적인 점검과 관리가 필요하다. 기구의 상태를 점검하고, 파손된 부분이 없는지 확인하여 영유아들의 안전을 보호해야 한다.

대근육 활동 놀이기구 영역은 아이들이 신체활동을 통해 건강한 신체발달과 함께 다양한 사회적 기술도 함께 배울 수 있는 중요한 공간으로 철저한 안전 관리가 요구된다.

2) 물·모래놀이 영역

실외 놀이 환경에서 물·모래놀이 영역은 영유아들이 자연의 요소와 상호작용하며 감각을 탐색하고 다양한 놀이 경험을 쌓을 수 있도록 돕는 공간이다. 이 영역은 물과 모래를 활용하여 창의적인 놀이와 실험을 가능하게 하며, 아이들의 신체적, 인지적, 사회적 발달에 중요한 역할을 한다. 물 · 모래놀이 영역의 특징은 다음과 같다.

(1) 물 · 모래놀이 영역의 특징

① 감각 자극

물과 모래는 아이들에게 시각, 촉각, 청각 등 다양한 감각 자극을 제공한다. 영유아들은 물과 모래의 무게, 질감, 온도 등을 느끼며 감각을 통해 세상을 경험한다.

② 창의성 및 문제해결 능력 발달

영유들은 물과 모래를 사용하여 다양한 형태를 만들거나, 채우고 비우며 창의성을 발휘한다. 또한, 물과 모래가 섞였을 때의 변화 등을 관찰하고 실험하며 문제해결 능력도 길러 준다.

③ 사회적 기술 발달

물과 모래 놀이는 함께 노는 경우가 많기 때문에, 친구와의 협동, 차례 기다리기, 역할 나누기 등의 사회적 기술을 배우는 데 유익하다.

물 · 모래놀이 영역 설계 시 고려사항은 다음과 같다.

(2) 물 · 모래놀이 영역 설계 시 고려사항

① 안전한 재료와 배수 시설

물 · 모래놀이 영역에는 위생적이고 안전한 물과 모래가 필요하며, 물이 잘 배수될 수 있도록 설계해야 한다. 물을 담는 용기나 모래가 담긴 장소가 안전해야 하며, 미끄러짐을 방지하기 위해 주의가 필요하다.

② 놀이기구

물을 담을 수 있는 작은 수조나 다양한 형태의 모래 놀이터를 설치하고, 영유아들이 쉽게 다룰 수 있는 작은 삽, 바구니, 물통 등을 제공하면 놀이 경험이 더욱 풍부해진다.

③ 청결 유지

물과 모래는 오염되기 쉬운 재료이므로 정기적인 청소와 교체가 필요하며, 손 씻기를 권장하는 등의 위생 지도가 필요하다.

④ 자연 요소 통합

이 영역에 돌, 나무 막대기, 작은 조약돌 등을 추가하여 자연스럽게 다양한 놀이가 이루어질 수 있도록 하면, 아이들의 창의적 탐구가 더욱 촉진된다.

물 · 모래놀이 영역은 아이들이 자연을 탐구하며 자유롭게 놀이하고 협동심과 창의성을 키울 수 있는 중요한 공간으로, 놀이환경을 조성할 때 각종 안전과 청결 관리가 반드시 필요하다.

3) 동식물 기르기 영역

실외놀이 중 동식물 기르기 영역은 영유아가 자연과 생명에 대해 배울 수 있는 학습 환경을 제공한다. 이 영역은 영유아가 직접 식물을 심고 물을 주거나 작은 동물을 돌보는 활동을 통해 생명에 대한 관심과 책임감을 기르고, 자연에 대한 호기심을 자극할 수 있도록 한다. 동식물 기르기 영역의 주요활동과 특징은 다음과 같다.

(1) 식물 가꾸기

아이들이 쉽게 접근할 수 있는 작은 화분이나 텃밭을 통해 직접 식물을 심고 기르는 경험을 한다. 예를 들어, 씨앗을 심고, 물을 주고, 잎이 자라나는 과정을 관찰하면서 생명이 자라는 과정을 자연스럽게 이해하게 된다. 이러한 활동은 영유아에게 기다림의 중요성과 작은 생명에 대한 소중함을 알게 한다.

(2) 동물 돌보기

실외에서 쉽게 키울 수 있는 작은 곤충이나 물고기, 작은 동물을 관찰하고 돌보는 활동을 한다. 예를 들어, 나비 애벌레를 키우며 나비가 되는 과정을 관찰하거나, 작은 물고기에게 먹이를 주는 활동을 통해 생명에 대한 관심과 돌봄의 중요성을 배울 수 있다. 이러한 경험은 생명을 소중히 여기고 돌보는 마음을 키우는 데 도움을 준다.

(3) 자연 탐색과 관찰

동식물 기르기 활동과 함께 자연환경 속에서 다양한 동식물을 관찰할 수 있는 기회를 제공한다. 예를 들어, 벌레가 잎에 앉아 있는 모습을 관찰하거나, 바람에 흔들리는 나무와 꽃을 보는 활동을 통해 아이들은 주변 자연환경에 대해 호기심을 갖고, 지속적으로 관심을 가지게 한다.

(4) 책임감과 협동심 발달

식물에 물을 주거나 동물에게 먹이를 주는 활동은 영유아가 지속적인 돌봄의 중요성을 배우는 기회를 준다. 이를 통해 책임감을 기르고, 다른 친구들과 함께 돌보는 경험을 통해 협동심도 발달시킬 수 있다.

동식물 기르기 영역은 영유아가 자연 속에서 다양한 생명체와 교감하며 생태적 감수성을 키우고, 생명에 대한 기본적인 이해와 존중의 마음을 가질 수 있게 돕는 실외놀이의 중요한 부분이다.

4) 휴식 영역

실외놀이공간 중 휴식 영역은 영유아가 바깥에서 편안하게 쉴 수 있는 공간을 제공하여 신체와 마음의 휴식을 돕는 곳이다. 휴식 영역은 실외에서 활발하게 활동한 후 영유아가 안정감을 찾고 에너지를 회복할 수 있도록 설계되며, 자연을 느끼면서 차분히 쉴 수 있는 환경을 조성하는 것이 중요하다. 주요 구성 요소와 특징은 다음과 같다.

(1) 편안한 좌석과 그늘 제공

휴식 영역에는 아이들이 편안하게 앉거나 눕도록 작은 의자나 벤치, 매트가 제공한다. 또한 그늘막, 나무 그늘, 파라솔 등으로 햇빛을 피할 수 있는 공간을 마련하여 영유아들이 뜨거운 햇빛을 피하면서도 신선한 공기를 즐길 수 있도록 한다.

(2) 자연과의 접촉을 통한 안정감

나무, 풀, 꽃 등 자연 속에서 편안함을 느낄 수 있도록 자연 요소를 배치한다. 예를 들어, 바람에 흔들리는 나뭇잎 소리, 새소리, 자연의 향기를 느낄 수 있는 공간은 영유아에게 심리적 안정감을 제공하고, 감각적인 경험을 통해 자연과의 연결감을 높여준다.

(3) 안전하고 아늑한 분위기

휴식 영역은 활동적인 놀이영역과 조금 떨어져 있어 안전하고 조용하게 휴식을 취할 수 있는 공간이어야 한다. 주변을 식물이나 낮은 울타리로 둘러싸서 아늑한 분위기를 만들고, 영유아가 쉬는 동안에도 보호받고 있다는 느낌을 가질 수 있도록 한다.

(4) 책과 간단한 장난감 제공

휴식하면서도 간단히 즐길 수 있는 책이나 작은 장난감을 배치해 영유아가 앉아서 조용히 즐길 수 있도록 한다. 예를 들어, 자연을 주제로 한 그림책이나 조용히 탐색할 수 있는 작은 장난감은 영유아들이 편안하게 즐기면서 마음의 안정을 찾는 데 도움을 준다.

휴식 영역은 실외에서의 활발한 놀이 후 영유아가 자신의 에너지를 재충전하고 편안하게 쉴 수 있는 공간으로, 건강한 신체와 감정을 유지할 수 있도록 돕는 중요한 역할을 하는 공간이다.

4. 놀이환경에 관련 평가지표와 평가기준

1) 실내 놀이환경 구성 및 운영

영유아보육기관 실내 놀이환경은 영유아가 자신의 움직임을 스스로 조절할 수 있고 놀이에 집중할 수 있는 편안하고 쾌적한 공간이어야 한다. 또한 영유아가 놀고자 하는 요구와 쉬고자 하는 요구를 모두 지원할 수 있는 공간이어야 한다.

영유아의 놀이 요구를 충족시키기 위해서는 영유아의 연령 및 발달 수준 등을 고려하여 교실의 놀이영역을 구성하여야 한다. 교실은 다수의 영유아가 함께 생활하며 같은 시간대에 여러 가지 놀이가 이루어지는 장소이므로 영유아 놀이가 자율적으로 선택하고 능동적으로 참여할 수 있도록 놀이영역을 구성하고 다양한 놀이 및 활동자료를 마련해주어야 한다.

2024 어린이집 평가 매뉴얼을 살펴보면, 「실내 공간 구성 및 운영」의 평가항목에서는 교실 내 놀이영역이 영유아의 놀이와 연계되어 구성되어 있는지, 실내 시설 및 설비가 영유아의 발달수준에 적합한지, 영유아의 요구를 충족하는 다양한 공간이 마련되어 있는지, 비품과 활동자료를 체계적으로 정리, 보관하고 있는지에 대해 평가한다.

평가항목
(1) 보육실 내 놀이영역은 영유아의 연령, 발달특성 및 놀이를 반영하여 구성한다.
(2) 실내 시설 및 설비가 영유아의 발달수준에 적합하다.
(3) 영유아의 요구를 충족하는 보육실 이외의 별도의 공간을 마련하고 있다.
(4) 비품과 활동자료를 보관하는 별도의 공간이 있고 체계적으로 정리하고 있다.

(1) 보육실 내 놀이영역은 영유아 연령, 발달특성 및 놀이를 반영하여 구성한다.

① 「보육실은 영유아의 연령, 발달특성, 어린이집의 보육프로그램을 반영한 놀이영역으로 구성되어 있음」이라는 평가내용에 대한 기준을 살펴보면 다음과 같다.

- 보육실 공간은 영유아의 연령 및 발달특성, 놀이에 따라 놀이영역으로 구성되어 있는가?
- 놀이영역은 어린이집의 보육프로그램 특성, 영유아의 흥미와 요구에 맞게 구성된 놀이공간인가? 놀이영역 구성의 예는 물감놀이, 점토놀이, 팽이놀이, 가게놀이, 공룡테마파크놀이 등으로 흥미영역으로도 구성 가능하나 영유아의 놀이가 반영되어 있는 놀이영역 구성이 우선되어야 한다.
- 놀이영역의 수는 어린이집의 보육프로그램 특성, 영유아의 흥미와 요구에 따라 결정되었는가?
- 보육실의 공간이나 여건이 충분하지 않은 경우, 유사한 성격의 놀이 및 활동이 이루어지는 영역을 통합하여 구성할 수 있는가? 소규모 어린이집(정원 20인 이하)의 경우, 어린이집 전체 공간에 놀이영역을 배치할 수 있으며, 배치된 놀이영역은 영유아들이 일과 중 자유롭게 이용할 수 있다.

② 「놀이영역은 영유아의 놀이가 방해받지 않을 정도의 크기로 구성되어 있음」이라는 평가내용에 대한 기준을 살펴보면 다음과 같다.

- 놀이영역은 해당 공간에서 놀이하는 영유아들 간에 다툼이 일어나지 않고 놀이가 안정적으로 이루어질 수 있을 정도의 크기로 구성되어 있는가?
- 보육실 내 활동자료장과 책상, 의자 등은 영유아의 수나 보육실 크기 등을 고려하여 필요한 만큼 구비되어 있는가? 보육실에 활동 자료장과 책상, 의자 등을 지나치게 많이 비치하여 놀이에 방해가 되지 않도록 해야 한다.

- 활동자료장이나 책상 배치 시 영유아의 이동 통로를 충분히 확보하고 있는가?
- 특정한 영역에 영유아의 관심이 집중되는 경우 영유아가 편안하게 놀이하도록 교구장이나 책상, 의자 등을 재배치하여 융통성 있게 운영하는가?

(2) 실내 시설 및 설비가 영유아의 발달수준에 적합하다.

① 「실내 시설 및 설비가 영유아의 연령 및 신체에 적합한 크기와 높이로 되어 있어 영유아 스스로 사용하기에 용이함」이라는 평가내용에 대한 기준을 살펴보면 다음과 같다.

- 영유아용 책상, 의자, 활동 자료장 등은 영유아의 신체 크기에 적합하고, 영유아 스스로 사용 가능한가?
- 실내외 공간에 마련되어 있는 설비 및 가구 등은 영유아의 신체 크기에 적합한가?
- 세면대, 변기 등 일상생활을 위한 설비가 마련되어 있고, 영유아가 사용하기에 적절한 크기인가? 어린이집 화장실에는 수세식 유아용 변기를 설치하여야 하며, 소규모 어린이집(정원 20인 이하)의 경우, 영유아가 성인용 변기 및 세면대 사용 시 반드시 안전발판, 보조변기 등을 활용해야 한다. 또한 안전발판은 성인용 변기 및 세면대에 각각 마련하여야 함.

② 「영아 기저귀 갈이대, 수유공간 등 영아를 위한 공간이 마련되어 있으며, 해당 공간에 수유와 기저귀 갈이 시 필요한 물품을 비치하여 사용하고 있음」이라는 평가내용에 대한 기준을 살펴보면 다음과 같다.

- 기저귀 갈이대, 수유 공간 등 영아의 일상생활을 위한 공간이 마련되어 있는가?

③ 「장애아전문 실내 시설 및 설비는 장애 영유아의 특성에 적절하게 설치되어 있으며, 장애 영유아를 위한 보조기구가 마련되어 있음」이라는 평가내

용에 대한 기준을 살펴보면 다음과 같다.

- 장애 영유아의 특성에 적절한 실내외 시설 및 설비, 보조기구 등이 마련되어 있는가?

(3) 영유아의 요구를 충족하는 보육실 이외의 별도의 공간을 마련하고 있다.

① 「영유아의 요구를 충족하는 보육실 이외의 별도의 공간(유희실, 도서 공간, 양호 공간, 식당 등)이 어린이집 내에 두 군데 이상 마련되어 있음」이라는 평가내용에 대한 기준을 살펴보면 다음과 같다.

- 보육실 외 영유아의 요구를 충족하는 별도의 공간이 어린이집 내에 두 군데 이상 마련되어 있으며, 다음의 설비 및 비품들이 비치되어 있는가?
  - 대근육 활동을 할 수 있는 유희실이 마련되어 있고, 대근육 활동을 위한 놀이기구, 놀잇감 등이 비치되어 있음.
  - 영유아가 그림책을 편안하게 볼 수 있도록 책꽂이와 의자(소파) 등이 비치된 도서 공간이 별도로 마련되어 있음.
  - 아픈 영유아가 누워서 쉴 수 있는 양호 공간이 어린이집 내(원장실 등)에 마련되어 있고, 공간 내 비상약품, 간이침대(매트) 등이 비치되어 있음.
  - 시청각실 등 기타 공간이 별도로 마련되어 있음. (예: 원장실을 양호)

공간으로 사용하거나, 소규모 어린이집(정원 20인 이하)에서 거실을 유희실로 사용하는 경우 등

② 「보육실 내 영유아의 휴식공간이 있음」이라는 평가내용에 대한 기준을 살펴보면 다음과 같다.

- 영유아들이 혼자 있고 싶어 하거나 놀이하지 않고 쉬고 싶을 때 언제든지 이용할 수 있는 휴식공간이 보육실마다 마련되어 있는가?
- 휴식공간은 놀이공간과 구별되는 별도의 공간으로 마련되어 있는가? 휴식공간을 별도로 마련하기 어려운 경우, 조용한 영역(언어영역 등)과 통합

하여 구성할 수 있다.

- 휴식공간은 보육실의 조용한 곳에 배치되어 있는가?
- 소규모 어린이집(정원 20인 이하)의 경우, 어린이집 전체 공간 중 한 곳에 휴식공간을 배치할 수 있으며, 휴식공간은 영유아들이 일과 중 자유롭게 이용할 수 있는가? 영유아의 접근이 어렵거나 필요할 때만 일시적으로 공간을 마련해주는 것은 휴식공간으로 인정되지 않는다.

③ 「영유아의 개별 물품을 보관할 수 있는 공간이 마련되어 있음」이라는 평가 내용에 대한 기준을 살펴보면 다음과 같다.

- 영유아의 개인 소지품이나 영유아가 만든 작품 등을 보관할 수 있는 개별 공간(사물함)이 영유아의 수에 맞게 마련되어 있는가? 개별 사물함에는 영유아가 자신의 것임을 인식할 수 있도록 이름이나 사진을 부착해야 한다.
- 개별 사물함은 영유아가 자신의 물건을 스스로 꺼내거나 보관해 둘 수 있도록 영유아의 키 높이에 맞아야 하며, 보육실 내 또는 보육실 인근에 마련되어 있는가? 개별 사물함은 잠금장치 등이 없어 영유아 스스로 사용할 수 있다.

(4) 비품과 활동자료를 보관하는 별도의 공간이 있고 체계적으로 정리하고 있다.

① 「비품과 활동자료를 보관하는 별도의 공간이 있고, 체계적인 분류기준에 따라 명칭, 내용, 관련 영역 등을 표시하여 보관하고 있음」이라는 평가내용에 대한 기준을 살펴보면 다음과 같다.

- 각 보육실에서 현재 사용하지 않는 비품과 활동자료는 영유아의 활동공간과 구분된 별도의 장소(창고나 자료실, 베란다 등)에 보관하고 있는가? 어린이집에 창고나 자료실이 없거나 부족한 경우, 영유아가 활동하는 공간이 아닌 곳(교사실이나 원장실, 상담실 등)에 따로 장소를 마련하여 보관해야 한다.

- 별도의 장소가 없어서 복도나 유희실 등을 불가피하게 이용할 경우에는 상단에 자료장을 만들어 보관하여 영유아의 이동이나 활동이 원활히 이루어지도록 하고 있는가? 소규모 어린이집(정원 20인 이하)은 별도의 장소가 없어도 실내에 자료장을 마련하여 비품과 활동자료를 보관하고 있으면 인정해야 한다.
- 비품과 활동자료를 연령, 주제 또는 영역 등 체계적인 분류기준에 따라 내용을 표시하여 보관하고 있는가?

2) 실외 놀이환경 구성 및 운영

영유아들에게 바깥놀이는 새로운 신체적 도전, 힘과 체력 발달, 대근육과 소근육 사용법, 다양한 실외 놀이환경 탐색 및 실험, 또래와 상호작용하기, 자연을 감상하고 탐색하기 등의 기초를 제공한다. 질적으로 우수한 실외 놀이환경은 영유아의 흥미를 불러일으키고, 다양한 놀이에 대한 요구를 충족시켜 준다. 실외환경에 어떤 놀이기구가 있는지도 중요하지만, 영유아에게 더 의미 있는 실외 놀이환경은 영유아의 자발적인 요구와 흥미에 따른 다양한 놀이를 가능하게 하는 공간이다. 즉 놀이기구가 많이 있더라도 영유아의 다양한 움직임과 놀이를 지원해주지 못하면 무의미한 공간이 될 수 있다. 흙으로 만들어진 언덕에서 썰매를 타고 오르내리는 활동과 같이 화려한 놀이기구나 활동자료를 사용하지 않더라도 영유아가 자발적으로 즐겁게 참여하는 놀이를 지원하는 실외 놀이환경이라면 영유아에게 더 의미 있는 환경이 될 수 있다.

2024 어린이집 평가 매뉴얼을 살펴보면, 「실외 공간 구성 및 운영」의 평가항목에서는 어린이집에 옥외놀이터 등을 구비하고 있는지, 바깥놀이에 영유아의 발달을 지원하는 다양한 놀이 및 활동자료가 준비되어 있는지, 다양한 바깥놀이 및 활동이 실제로 이루어지고 있는지를 평가한다.

평가항목
(1) 옥외놀이터 등을 구비하고 있다.
(2) 영유아의 발달을 지원하는 다양한 놀이 및 활동자료가 준비되어 있다.
(3) 영유아의 발달에 적합한 다양한 바깥놀이 및 활동이 이루어진다.

(1) 옥외놀이터 등을 구비하고 있다.

① 「옥외놀이터가 구비되어 있음」이라는 평가내용에 대한 기준을 살펴보면 다음과 같다.

- 옥외놀이터가 설치되어 있는가? 옥외놀이터에는 반드시 고정식 대근육 활동놀이기구 1종 이상을 포함하여 최소 3종 이상의 놀이기구가 설치되어 있어야 한다. 정원 50인 이상 어린이집은 옥외놀이터 설치가 원칙이나, 옥외놀이터 설치가 불가하여 대체 놀이터로 인가받은 경우 대체놀이터 이용이 가능하다.
- 옥외놀이터가 구비되어 있지 않은 경우, 대체놀이터를 이용하고 있는가? 옥외 놀이터가 구비되어 있지 않은 경우, 대체놀이터를 이용하고 있어야 한다. 인근 놀이터의 경우 사용승낙서 구비 여부는 확인하지 않지만, 정원 50인 미만 어린이집으로 인근에 놀이터가 전혀 없거나 실제 이용이 불가능한 위치에 설치되어 있는 경우 어린이집 인근공간 내 유희실(대근육 활동공간)이 마련되어 있으면 실내놀이터의 기능을 충족하는 것으로 평정한다. 만약 정원 50인 이상 어린이집에서 타 시설(유치원, 어린이집)의 놀이터를 이용하는 경우 충족하는 것으로 인정하지 않는다.

(2) 영유아의 발달을 지원하는 다양한 놀이 및 활동자료가 준비되어 있다.

① 「영유아의 발달을 지원하는 다양한 놀이기구 또는 놀이 및 활동자료가 구비되어 있음」이라는 평가내용에 대한 기준을 살펴보면 다음과 같다.

- 옥외놀이터 또는 대체놀이터에는 영유아의 발달수준 및 연령에 적합한 놀이기구 또는 놀이 및 활동자료가 구비되어 있는가?

- 놀이기구 또는 놀이 및 활동자료는 영유아들이 바깥놀이에 몰입하여 즐길 만큼 충분히 마련되어 있는가? 즉, 바깥놀이에서 놀이를 찾지 못해 배회하는 영유아가 없고, 하나의 놀잇감을 가지고 영유아 간 다툼이 일어나지 않도록 해야 한다.

② 「놀이기구 또는 놀이 및 활동자료는 영유아의 발달에 적합한 크기와 기능을 가지고 있음」이라는 평가내용에 대한 기준을 살펴보면 다음과 같다.

- 옥외놀이터 또는 대체놀이터에 있는 놀이기구 또는 놀이 및 활동자료는 영유아가 사용하기에 적절한 크기와 기능을 가지고 있는가?

③ 「자연을 경험할 수 있는 바깥놀이 환경이 마련되어 있음」이라는 평가내용에 대한 기준을 살펴보면 다음과 같다.

- 영유아가 햇빛, 바람, 나무, 꽃, 흙, 모래, 물 등과 같은 자연을 경험할 수 있는 실외환경이 작은 면적이라도 마련되어 있는가? 모래놀이터, 물놀이 공간, 동물 관찰 영역, 텃밭, 화단 등이 마련되어야 한다.

(교사면담) Q1. 영유아가 자연을 경험할 수 있는 실외환경으로 무엇을 마련하였는가?

Q2. 영유아가 자연을 경험할 수 있도록 어떻게 지원하였는가?

(3) 영유아의 발달에 적합한 다양한 바깥놀이 및 활동이 이루어진다.

① 「바깥놀이 시 영유아의 발달에 적합한 다양한 놀이와 활동이 이루어짐」이라는 평가내용에 대한 기준을 살펴보면 다음과 같다.

- 영유아는 자신의 요구와 흥미에 따라 바깥놀이를 주도하고 지속하는가? 땅에 나뭇가지로 그림 그리기, 흙 위에 물로 그림 그리기 등과 같은 특별한 자료가 필요하지 않은 활동부터 미끄럼틀 타고 오르내리기, 그네 타기 등 놀이기구를 활용한 놀이까지 영유아 스스로 즐겁게 하는 놀이와 활동이 모두 포함된다.
- 교사는 바깥놀이에서 할 수 있는 놀이나 활동을 제한하지 않았는가?

- 교사가 놀이나 활동을 제안할 수 있지만, 특정 놀이나 활동을 강요하지 않았는가?

(교사면담) Q1. 바깥놀이에서는 주로 어떤 놀이나 활동이 이루어지는가? 어떻게 진행되는가?

② 「바깥놀이 시 자연과 친숙해지는 경험이 이루어짐」이라는 평가내용에 대한 기준을 살펴보면 다음과 같다.

- 영유아가 햇빛, 바람, 나무, 꽃, 흙, 모래, 물 등과 같은 자연을 직접 경험하는 활동을 하는가? 바깥에서 바람 느껴보기, 꽃잎 관찰하기, 흙 밟아보기, 구름 관찰하기 등과 같은 일상적인 활동도 포함된다.
- 교사는 영유아가 자연물을 만지고, 냄새 맡고 보고 듣는 경험을 마음껏 할 수 있도록 하였는가?

(교사면담) Q1. 바깥놀이에서 자연을 직접 경험하는 활동으로 어떤 것이 이루어지는가? 어떻게 진행되는가?

동영상 시청

「KBS 유아교육특집 다큐 '놀이의 발견'」 동영상을 시청한 후 이야기 나누어요.

놀이의 발견

Q1. 영싱에서 나온 놀이환경은 어떠했나요?

Q2. 놀이환경에 따라 무엇이 달라질까요?

CHAPTER 07

자유놀이

Chapter 07
자유놀이

자유놀이는 영유아가 스스로 선택하고 주도하는 놀이 활동으로, 그 자체로 중요한 학습의 기회를 제공한다. 이 과정에서 영유아는 자율성을 키우고, 창의성, 사회성, 문제해결 능력을 발달시키며, 놀이를 통해 자신의 경험과 감정을 표현하고 새로운 개념을 탐구한다. 자유놀이가 제공하는 이러한 발달적 이점은 단순한 놀이를 넘어 영유아의 전인적 성장을 위한 핵심적인 활동으로 평가된다. 이에 본 장에서는 자유놀이의 개념과 중요성을 살펴보고, 효과적인 운영 방법과 교사의 역할에 대해 살펴보고자 한다.

1. 자유놀이 개념

자유놀이는 영유아가 자발적으로 활동을 선택하고 주도하면서 자신의 흥미와 요구에 맞게 놀이를 이끌어 나가는 것을 말한다. 이는 교사나 부모의 지시나 규제 없이 영유아가 스스로 놀이의 내용을 결정하고, 자신의 방식대로 놀이를 전개할 수 있도록 허용하는 놀이유형이다. 자유놀이의 중요한 특징은 영유아가 놀이의 과정과 결과에 대한 통제권을 가지며, 이를 통해 자율성, 창의성, 문제해결 능력을 자연스럽게 발달시킬 수 있다는 점이다.

프로스트, 워담과 레이펠(Frost, Wortham, Reifel, 2012)은 자유놀이를 "영유아가 자신의 흥미에 따라 스스로 선택하고 참여하는 자발적이고 창의적인 놀이"로 정의하며, 이 과정에서 영유아는 자신이 원하는 방식으로 놀이를 구성하고 탐색하는 능력을 기르게 된다고 설명한다. 이러한 자발적 선택과 탐구는 영유아의 발달에 있어 중요한 요소로 작용하여 놀이를 통한 학습 경험을 극대화한다. 또한, 자유놀이가 영유아의 상상력과 사회적 기술을 강화하는 데 기여한다.

비고츠키(Vygotsky, 1978)의 사회문화적 이론에 따르면, 자유놀이 중 영유아는 일상생활에서의 역할을 모방하고 상징적으로 재현하면서 사회적 상호작용을 통해 높은 수준의 인지적, 사회적 기술을 습득하게 된다. 특히 자유놀이를 통해 영유아는 스스로 문제를 정의하고 해결하며, 이를 통해 상상력과 창의성을 자연스럽게 발달시키는 과정을 경험한다. 비고츠키는 놀이를 "영유아의 발달에 있어 가장 중요한 활동"으로 간주하며, 놀이가 영유아의 사고를 확장하고 새로운 개념을 탐구하는 통로가 된다고 강조했다.

가비(Garvey, 1990)는 또한 영유아의 자율적 놀이가 학습의 중요한 기회라고 언급하며, 자유놀이가 영유아의 인지적 · 정서적 발달에 긍정적인 영향을 미친다고 설명한다. 가비(Garvey)에 따르면, 자유놀이는 영유아에게 다양한 역할을 탐색하게 하고 사회적 규범을 이해하며, 놀이의 맥락에서 의사소통과 협동 능력을 연습할 기회를 제공한다.

교육부, 보건복지부(2019)에 의하면 "놀이에서의 자유는 목적으로부터의 자유,

규칙으로부터의 자유, 사실로부터의 자유, 시간과 공간의 경계로부터의 자유"라고 하였다.

이처럼 자유놀이는 영유아가 자신의 의사에 따라 놀이의 방향을 설정하고, 이를 통해 자신의 경험과 감정을 표현하며 학습할 수 있는 기회를 제공한다. 이러한 특성은 자유놀이가 영유아의 전인적 성장을 위한 중요한 기반임을 시사하며, 이를 통해 유아는 다양한 발달 영역에서 균형 있게 성장할 수 있다.

〈연령별 놀이시간 편성〉

교사는 영유아가 주도하는 자유 놀이가 충분히 이루어질 수 있도록 바깥놀이를 포함하여 영유아의 놀이시간을 하루 일과 중 가장 길게, 우선적으로 편성 및 운영하도록 한다. 교사는 놀이시간을 짧게 여러 번 제공하기보다는 긴 시간으로 편성하여 놀이의 흐름이 끊이지 않고 영유아가 충분히 놀이하고 몰입할 수 있도록 한다.

연령별 놀이시간 편성

- **0세:** 바깥놀이 주 3회, 30분 이상 포함하여 실내·외에서 매일 2시간~2시간 30분 이상
- **1, 2세:** 매일 바깥놀이 30분 이상 포함하여 실내·외에서 2시간 30분 이상
- **유아(3~5세):** 매일 바깥놀이 1시간 이상 포함하여 실내·외에서 3시간 이상
  ※ 장애아전문: 바깥놀이 주 1회 이상 장애유형, 장애정도, 발달수준에 따라 융통성 있게 운영

출처: 2024 개정 어린이집 평가 매뉴얼.

〈바깥 놀이를 포함한 충분한 놀이 시간 운영〉

흥미와 관심에 따라 놀이를 충분히 즐길 수 있도록 탄력적으로 편성 및 운영	바깥 놀이를 포함하여 하루 일과 중 가장 길게, 우선적으로 편성 및 운영	놀이의 흐름이 끊이지 않고 충분히 놀이하고 몰입할 수 있도록 긴 시간으로 편성 및 운영	날씨, 계절, 기관의 상황, 영유아의 관심사와 놀이 특성 등을 고려하여 융통성 있게 편성 및 운영

출처 : 개정 0~2세 표준보육과정 연수 자료집(2024).

2. 자유놀이 중요성

자유놀이는 영유아의 전인적 발달을 지원하는 핵심 활동으로, 특히 창의성, 사회성, 문제해결 능력 등의 다양한 발달 영역에 긍정적인 영향을 미친다. 자유놀이의 중요성은 놀이가 단순히 즐거움을 위한 활동을 넘어 영유아가 자신의 사고와 감정을 표현하고 세상을 탐구하는 중요한 학습 과정이라는 점에서 비롯된다.

1) 창의성과 상상력의 발달

자유놀이는 영유아가 제한 없이 자신의 상상력을 발휘하도록 허용하며, 창의적 사고를 촉진하는 환경을 제공한다. 연구에 따르면, 영유아는 자유놀이를 통해 자신만의 이야기를 만들고 다양한 역할을 탐구하면서 창의성과 상상력을 발달시킨다. 이를 통해 문제를 다각적으로 해결하는 능력도 향상된다. 김경희(2011)는 영유아의 자발적 놀이가 창의적 발달을 촉진하며, 놀이과정에서 새로운 아이디어를 탐구하고 창의적 사고를 발달시킨다고 보고하였다.

2) 사회성 및 협력 능력의 향상

자유놀이에서는 영유아들이 서로 소통하고 협력하면서 자연스럽게 사회적 기술을 배운다. 예를 들어, 역할놀이에서 영유아들은 역할을 나누고 서로의 입장에서 생각하며 의사소통과 협동의 경험을 가진다. 파튼(Parten, 1932)은 놀이가 영유아의 사회적 상호작용 능력을 높이는 중요한 도구라고 보며, 자유놀이 중 영유아가 서로의 의견을 존중하고 협력하는 경험이 사회성 발달에 기여한다고 설명한다. 이러한 과정은 이후 학교나 사회생활에서도 중요한 역할을 하게 된다.

3) 문제해결 능력의 발달

자유놀이 중 영유아는 놀이의 목표와 방법을 스스로 설정하고, 예상치 못한 상황에서 문제를 해결하는 경험을 가진다. 이 과정에서 영유아는 논리적 사고와 비판적 사고 능력을 기르게 된다. 비고츠키(Vygotsky, 1978)는 자유놀이를 통해 영유아가 자율적으로 문제를 정의하고 해결하는 경험을 축적하며, 이러한 경험이 인지발달에 중요한 역할을 한다고 설명한다. 비고츠키는 놀이가 유아의 사고와 학습을 위한 기반을 마련해 준다고 강조하였다.

4) 정서적 안정 및 자아개념의 형성

자유놀이는 영유아가 자신의 감정을 표현하고, 내면의 갈등을 놀이로 해소하는 장이 된다. 놀이가 영유아에게 심리적 발달에 중요한 역할을 하며, 자유로운 놀이를 통해 영유아가 자신의 감정을 표현하고 자아를 형성하는 데 도움이 된다(Freud, 1959). 영유아는 놀이를 통해 자신의 감정을 이해하고 수용하며, 이를 통해 정서적 안정감을 얻는다.

또한 2019 개정 누리과정에서도 자유놀이의 교육적 효과를 강조하며 교육의 중심에 두고 있다(교육부, 보건복지부, 2019). 즉, 자유놀이는 교육방법으로서의 놀이가 아닌 교육의 목적이자 교육 그 자체로 강조되고 있다(이재영, 2020). 이런 점에서 영유아에게 자유놀이는 교육적인 활동을 할 수 있는 시간으로 영유아가 이 시간을 통하여 얻게 되는 교육적 의의를 다음과 같이 주장하였다(김수영 외 2000). 첫째, 자유놀이를 통해 능동적이고 자발적인 활동이 이루어진다. 둘째, 유아 수준을 고려한 개인별 지도가 가능하다. 셋째, 유아와 교사, 유아와 자료, 유아와 유아 간의 활발한 상호작용 과정에서 유아는 배려하기, 돕기, 양보하기, 순서 기다리기와 같은 긍정적인 대인관계의 기술을 획득한다. 넷째, 선택한 활동을 계획, 평가하는 경험을 통해 책임감과 자율성을 기를 수 있다. 다섯째, 자유로운 상황에서 놀이 형태로 이루어지는 활동 시간이므로 유아에게 가장 즐겁고 행복한 시간이 된다. 여섯째, 영역을 통합한 다양한 활동을 통해 전인적 발달을 꾀할 수 있다.

이처럼 자유놀이는 영유아가 자율성과 창의성, 사회성을 자연스럽게 발달시키고, 정서적 안정과 자아 개념을 형성하는 중요한 역할을 한다. 영유아기 동안 이러한 발달적 경험은 이후 학습과 사회생활에서 중요한 밑거름이 된다.

3. 자유놀이의 운영

자유놀이는 영유아들이 스스로 놀이를 선택하고 주도하면서 자율성과 창의성을 발달시키는 중요한 활동으로 영유아 교육과정의 방향성에 따라 유아교육에서 강조되고 있다. 단순한 놀이를 넘어 영유아의 인지, 사회성, 정서발달에 긍정적인 영향을 미치는 자유놀이를 효과적으로 운영하기 위해서는 계획, 실행, 평가, 놀이 확장과 심화의 과정이 필요하다. 본 장에서는 이러한 자유놀이 운영의 각 단계를 살펴보고 영유아교사로서 자유놀이를 어떻게 운영하는 것이 효과적인지에 대해 생각해보고자 한다.

1) 놀이 계획하기

자유놀이 시 놀이를 계획해야 한다는 의견과 계획이 놀이를 방해한다는 의견은 영유아교육에서 중요한 논의 주제이다. 이 두 의견은 각기 다른 교육철학과 접근 방식을 반영하고 있으며 영유아발달과 놀이의 목적에 대한 이해를 바탕으로 다양한 근거를 살펴보아야 할 것이다.

2019 개정 누리과정에서 '자유선택활동'이 '자유놀이'로 변화하면서 흥미영역의 계획과 개방화에 대해 논의가 활발하다. 자유선택활동 시간에 흥미영역을 구조화하고 계획하는 것이 영유아들의 놀이를 방해하는지, 혹은 반대로 놀이의 질을 높이는 데 도움이 되는지에 대한 두 가지 입장에 대해 생각해보자.

(1) 계획이 놀이를 방해한다는 입장

2019 개정 누리과정에서는 자유놀이를 통해 영유아들이 스스로 흥미를 탐색하고, 자발적인 놀이를 통해 자기주도성을 발달시키는 것을 강조한다. 이에 따르면, 세세하게 계획된 흥미영역이 아이들의 놀이를 방해할 수 있다는 우려가 있다.

① 놀이의 자발성 저해

놀이 계획이 정해져 있을 경우 영유아들은 정해진 활동에 따라야 하므로 자유롭게 자신의 흥미를 탐색하고 선택할 수 있는 기회가 제한될 수 있다. 게다가 교사의 개입이 많아질수록 영유아들이 스스로 탐구하고 문제를 해결하는 기회가 줄어든다. 이 점에서 "자발적인 놀이"는 유아의 자기주도적 학습에 필수적이다(강은숙, 2019).

② 흥미영역의 개방화 필요성

개방적인 환경에서 영유아들은 흥미에 따라 다양한 방법으로 놀이를 탐색할 수 있으며, 이는 창의력과 문제해결 능력을 기르기에 더 적합하다. 개방적인 놀이 환경은 영유아의 자율성을 존중하며, 그들이 원하는 방식으로 상호작용하고 놀이를 진행할 수 있도록 해야 한다(한유진, 박지원, 2020).

(2) 계획이 놀이의 질을 높인다는 입장

일정한 계획에 따라 흥미 영역을 마련하는 것이 놀이의 질을 높이는 데 도움이 된다는 의견도 있다. 흥미 영역을 계획함으로써 영유아들이 새로운 놀이 활동에 대한 영감을 얻고, 놀이의 목표를 설정할 수 있어 보다 의미 있는 놀이 경험을 할 수 있다는 주장이다.

① 교사의 지원을 통한 놀이의 확장

흥미영역을 계획할 때 교사가 영유아의 발달 단계와 관심사를 반영해 준비하면, 아이들은 더욱 깊이 있는 놀이를 경험할 수 있다. 또한 적절한 놀이 자료와 환경을 제공하면 영유아들의 놀이가 더욱 확장되고 구조화된 학습 기회를 제공할 수 있다(이현주, 2018). 계획된 흥미영역은 영유아들이 함께 상호작용할 수 있는 기회를 제공하며, 이를 통해 사회적 기술과 협동심이 발달할 수 있다. 일정한 놀이 계획은 아이들이 서로 협력하고 문제를 해결하는 경험을 쌓는 데 도움을 준다(김나영, 2021).

② 놀이의 질 향상

영유아는 넓은 단일 공간보다 다양한 영역으로 나누어진 공간에서 놀이할 때 놀이의 질이 높아진다(Field, 1980). 놀이 공간을 다양한 영역으로 나누는 것은 영유아가 놀이에 몰입하고, 상호작용을 풍부하게 하며, 놀이의 질을 높이는 데 중요한 환경적 요인이다.

2019 개정 누리과정에 따른 자유놀이의 강조는 영유아들이 주도적으로 놀이에 참여할 수 있는 개방적인 환경을 중요하게 여긴다. 하지만 흥미영역의 계획이 반드시 놀이를 방해한다고 단정할 수는 없으며, 교사가 영유아들의 발달과 흥미에 맞춘 계획을 통해 긍정적인 놀이 경험을 제공할 수도 있다. 따라서 놀이 계획과 개방화 사이에서 영유아의 발달 단계와 관심사를 균형 있게 고려하여 흥미영역을 구성하는 것이 중요하다고 볼 수 있다.

함께 고민하기

영유아들이 등원 후 놀이를 시작하기 전……

〈놀이계획은 필요한 것인가? 필요하지 않은 것인가?〉

이름	
날짜	

놀이 영역		하고 싶어요
쌓기놀이 영역		
역할놀이 영역		
언어 영역		
과학 영역		
수 · 조작 영역		
미술 영역		
음률 영역		

Q1. 어떤 방법으로 영유아들이 놀이 계획을 하도록 할 것인가?
Q2. 놀이 계획 시 어떤 부분에 초점을 둘 것인가?

2) 놀이 실행하기

자유놀이를 진행할 때 교사가 고려해야 할 요소와 효과적인 지도 방법에 대해 살펴보면 다음과 같다.

첫째, 놀이를 위한 물리적, 심리적 환경을 어떻게 구성할 것인지 살펴봐야 한다. 예를 들어, 안전하고 자극적이며 흥미를 유발할 수 있는 환경을 만드는 방법, 놀이 자료를 접근하기 쉽게 배치하는 방법을 다루어 놀이 준비 및 환경을 마련해야 한다.

둘째, 자유놀이에서 교사가 관찰자, 지지자, 촉진자, 참여자 등 다양한 역할을 어떻게 수행해야 할지 늘 고민해야 한다. 예를 들어, 영유아들의 놀이 흐름을 방해하지 않으면서도 적절한 지원을 통해 놀이가 확장될 수 있도록 하는 상호작용 방법을 선택해야 한다.

셋째, 놀이 중 영유아들의 자발성을 존중하며, 유연하게 접근하는 것이 중요하다. 놀이 계획에 얽매이지 않고 영유아들의 흥미와 호기심에 따라 놀이를 유도하는 방법을 다루는 등 놀이의 유연성과 개방성을 유지해야 한다.

넷째, 놀이 중에 발생할 수 있는 갈등 상황이나 문제에 대해 교사가 올바르게 대처해야 한다. 예를 들어, 친구와의 갈등 해결을 돕는 방법이나 놀이 규칙을 지키도록 유도하는 방법 등이 포함된다.

다섯째, 놀이의 진행 과정을 기록하고, 놀이 실행 후에 교사가 반성하며 영유아들의 놀이를 분석해야 한다. 이를 통해 영유아들의 흥미와 발달 수준을 파악하고, 다음 놀이에 반영하여 놀이에 몰입할 수 있도록 도와야 한다.

놀이 실행이 단순히 놀이를 허용하는 것이 아니라 교사의 세심한 준비와 조정이 필요한 활동이기에 실질적인 지도 전략을 제시할 수 있도록 교사의 세심한 관찰이 절대적으로 필요한 시간이다.

3) 놀이 평가하기

(1) 놀이 평가 접근법

유아가 자유놀이를 스스로 평가할 수 있도록 돕기 위해, 대집단, 소집단, 개별적으로 접근하는 방법이 있다. 각 접근법은 유아가 자신의 놀이 경험을 되돌아보고 자기 평가를 할 수 있는 기회를 제공하며, 발달적 수준과 상황에 맞게 선택하여 사용할 수 있다.

① 대집단에서의 자기 평가

대집단 평가는 놀이 후 모든 유아가 함께 모여 자신의 경험을 공유하고 평가하는 방식이다. 교사가 진행하며, 전체 유아들이 놀이에서 무엇을 했는지, 어떤 부분이 즐거웠는지, 배운 것이 무엇인지 함께 이야기하는 것이다. 놀이가 끝난 후 교사가 "오늘 놀이에서 가장 재미있었던 것은 무엇인가요?", "새롭게 알게 된 것이 있나요?"와 같은 질문을 던져 아이들이 돌아가며 자신의 놀이 경험을 이야기하게 하면서 교사는 유아들이 말할 기회를 가지며 서로의 경험을 들을 수 있도록 격려한다.

비고츠키(Vygotsky, 1978)는 유아들이 또래와의 상호작용을 통해 반성적 사고를 발전시킨다고 보았다. 대집단 활동을 통해 유아들은 친구의 이야기를 들으며 자신을 되돌아보고, 자신과 친구의 경험을 비교하며 반성적 사고를 키울 수 있다. 또래의 이야기를 들으면서 사회적 학습이 일어나고, 자신의 경험을 정리하는 기회가 주어진다.

② 소집단에서의 자기 평가

소집단 평가에서는 몇 명의 유아가 모여 자유롭게 이야기를 나누며 자신의 놀이 경험을 평가한다. 이러한 방식은 개별 경험에 대해 조금 더 깊이 있게 이야기할 수 있도록 도와주며, 친구들과의 친밀한 상호작용을 통해 자신의 경험을 자연스럽게 나눌 수 있다.

진행 방법은 교사가 작은 그룹을 구성한 후, 각자 놀이에서 무엇을 했는지 이야기하게 한다. 교사는 "놀이 중에 무슨 일이 일어났나요?", "다음에는 무엇을 하고 싶나요?"와 같은 질문으로 유아들이 자신감을 가지고 말할 수 있도록 격려한다. 소집단 활동은 유아들이 친구들과의 상호작용 속에서 사회적 기술을 발달시키는 동시에, 자신의 경험을 말하고 반성할 기회를 제공한다(Bredekamp & Copple, 1997). 소집단은 대집단보다 유아들이 편안하게 자신의 이야기를 나눌 수 있는 환경을 제공하며, 자기 평가와 친구들의 평가를 서로 비교하며 자신의 경험을 되돌아보는 데 도움을 준다.

③ 개별적 자기 평가

개별 평가는 각 유아가 독립적으로 자신의 놀이 경험을 돌아보는 방식이다. 이 방법은 교사와 1:1로 이야기를 나누거나, 유아가 스스로 그림을 그리거나 간단한 체크리스트를 통해 평가하는 방식으로 진행된다. 교사가 개별 유아와 차례로 이야기하면서 "오늘 놀이에서 가장 재미있었던 것은 무엇인가요?"와 같은 질문을 하며 놀이 경험을 되돌아보게 한다. 혹은 유아가 간단한 그림일기를 통해 놀이 내용을 그림으로 표현하거나 감정을 나타내는 표정을 선택하게 할 수도 있다.

개별적인 자기 평가는 유아의 발달 수준과 놀이 경험에 따라 맞춤형으로 이루어질 수 있으며, 유아가 스스로 생각을 정리하고 자신의 놀이에 대한 느낌을 솔직하게 표현할 기회를 준다. 개별적 평가가 유아의 고유한 발달 상태를 이해하는 데 유용하며, 놀이에서 느낀 감정과 생각을 교사와 독립적으로 나눌 때 유아가 자신의 경험을 보다 정확하게 인식할 수 있다(Wortham, 2006).

대집단, 소집단, 개별적 자기 평가는 각각 다른 강점을 가지며, 상황과 유아의 발달 단계에 따라 선택적으로 활용할 수 있다. 예를 들어, 놀이 후 전체적으로 경험을 공유할 때는 대집단 평가를, 특정 놀이 경험을 깊이 나누고 싶을 때는 소집단 평가를, 유아 개개인의 독립적 평가가 필요할 때는 개별 평가를 적용할 수 있다. 이를 통해 유아는 자유놀이 경험을 다양한 관점에서 되돌아보고 평가할 수 있는 기회를 얻으며, 자기 인식 능력을 높이는 데 도움을 받을 수 있다.

(2) 영유아의 자기 평가 방법

영유아가 자유놀이 중에 스스로 평가할 수 있도록 하는 방법은, 영유아의 자기 인식과 반성적 사고를 발달시키는 중요한 접근법이다. 스스로 평가하는 경험은 영유아의 자율성을 높이고, 자신이 어떻게 놀이에 참여했는지를 돌아볼 수 있는 기회를 제공한다. 영유아의 발달 단계에 적합한 자기 평가 도구와 교사의 지원이 결합된 방법이 효과적이다. 다음은 영유아들이 자유놀이에서 스스로 평가할 수 있는 방법이다.

① 감정 카드 또는 표정 그림 활용

영유아에게 다양한 감정이나 표정을 나타낸 카드나 그림을 제공하고, 놀이가 끝난 후 "놀이하면서 어떻게 느꼈나요?"라는 질문을 통해 자신이 느낀 감정을 선택하게 한다. 영유아는 자신의 감정을 인식하고 표현하는 과정에서 스스로 놀이 경험을 평가할 수 있다.

② 놀이 일지 또는 그림일기

영유아가 자신이 한 놀이를 그림으로 표현하게 하거나 간단히 이야기로 표현하게 한다. 이때 교사가 영유아의 설명을 받아 적어주어 자신의 경험을 구체적으로 되돌아볼 수 있도록 돕는다. 이러한 방법은 영유아가 놀이 내용을 구조화하고, 스스로의 참여도와 놀이의 재미를 평가하는 경험을 제공한다.

③ 간단한 체크리스트

간단한 체크리스트를 이용할 수 있다. 예를 들어 "오늘 놀이가 즐거웠나요?", "친구와 잘 놀았나요?"와 같은 질문이 포함된 체크리스트를 제공해 영유아가 스스로 놀이의 만족도를 간단히 평가할 수 있도록 한다. 이 과정에서 영유아는 놀이 경험에 대해 스스로 평가하고 인식할 수 있다.

④ 간단한 대화와 질문을 통한 자기 평가

연령이 어린 영유아들에게는 교사와의 간단한 대화가 가장 효과적인 자기 평가 방법으로 꼽힌다. 놀이가 끝난 후 교사가 질문을 던져 영유아가 자신의 놀이 경험을 돌아보고 이야기하게 유도하는 방식이다. "오늘 놀이에서 가장 재미있었던 건 뭐였나요?", "어떤 부분이 어려웠나요?", "다음엔 어떻게 하고 싶어요?"와 같은 질문을 통해 영유아가 자신의 경험을 되돌아보고 놀이과정에서의 성취와 어려움을 인식할 수 있도록 한다.

비고츠키(Vygotsky, 1978)는 성인과의 상호작용을 통한 반성적 사고의 발달을 강조한다. 영유아들은 스스로 평가하는 경험이 부족하기 때문에, 교사가 질문을 통해 영유아가 놀이 경험을 돌아보고 감정을 인식하게 하면 자기 인식과 반성적 사고가 발달할 수 있다. 또한 브레드캠프와 코플(Bredekamp, Copple, 1997)의 연구에서는 발달적으로 적합한 교육과정에서 영유아의 자율성과 자기 인식 능력을 높이는 방법으로 교사의 지원을 통한 평가의 중요성을 언급하고 있다.

놀이 후 교사와의 대화를 통한 자기 평가 방법이 영유아들에게 가장 적합한 방법으로 권장된다. 이 방식은 영유아의 발달 수준에 맞고, 교사의 적절한 질문을 통해 영유아가 자신의 경험을 인식하며 평가할 수 있는 기회를 제공한다. 이러한 접근은 영유아의 자기 인식 능력과 자율성을 키워줄 뿐 아니라, 자신의 감정과 경험을 되돌아보는 긍정적인 학습 경험을 제공한다.

함께 고민하기

〈놀이평가는 필요한가? 필요하지 않은가?〉

11 / 4	쌓기놀이 영역	역할놀이 영역	수.조작 영역	음률 영역	미술 영역	언어 영역	과학 영역	필요해요!
오늘 할 거예요!	이예진		장소영, 이예진	한지연		한지연	장소영	빨간색 색연필
오늘 했어요!		장소영	이예진	한지연		장소영, 한지연, 이예진		양말 스티커
내일 할 거예요!	한지연, 이예진	이예진	장소영		한지연		장소영	노란색 색종이

Q1. 놀이평가 시 대집단으로 할 것인가? 소집단으로 할 것인가? 개별로 평가할 것인가?
Q2. 영유아들이 스스로 하는 놀이평가 방법은 어떻게 할 것인가?
Q3. 아이들의 놀이 평가를 어떻게 활용할 것인가?

4) 놀이 심화 · 확장하기

자유놀이에서 영유아 놀이가 심화 및 확장된다는 것은 영유아들이 놀이를 통해 더 깊은 사고와 복잡한 상호작용을 경험하며, 놀이의 주제와 내용이 풍부해지고 다양하게 발전한다는 의미이다. 이는 영유아가 자신의 흥미와 능력을 바탕으로 놀이를 스스로 이끌고, 이전보다 더 창의적이고 복합적인 방식으로 놀이를 전개해 나가는 것을 포함한다. 심화와 확장은 영유아의 발달을 도와주는 중요한 요소로, 영유아들이 놀이를 통해 새로운 문제해결력과 사회적 상호작용 능력을 키우는 계기가 된다.

(1) 놀이 심화의 의미

놀이의 심화는 영유아가 특정 놀이에 집중하면서 그 내용을 더 깊이 이해하고, 문제를 해결하거나 복잡한 상황을 탐색하게 되는 것을 의미한다. 예를 들어, 영유아가 "병원 놀이"를 하면서 환자와 의사의 역할을 넘어 병원의 다양한 직무나 치료 과정에 대해 더 깊이 탐구하고 새로운 문제를 해결하려고 하는 것이 이에 해당된다. 비고츠키(Vygotsky, 1978)는 영유아들이 놀이 속에서 자신의 인지적, 사회적 기술을 확장한다고 보았으며, 심화된 놀이과정에서 영유아는 더 높은 사고 능력을 요구하는 상황을 자연스럽게 연습한다고 설명한다. 이를 통해 영유아는 자신의 사고 수준을 점차 높이고, 복잡한 문제해결력과 추론 능력을 기를 수 있다.

(2) 놀이 확장의 의미

놀이의 확장은 영유아가 기존의 놀이에서 새로운 아이디어나 주제를 추가하여 놀이의 범위를 넓히는 것을 의미한다. 예를 들어, "가게 놀이"를 하던 유아가 "농장 놀이"로 전환하여 가게에서 농작물을 판매하거나, 친구들과 함께 놀이를 확장해 물물교환을 시도하는 등의 상황이 이에 해당된다. 피아제(Piaget, 1962)는 놀이 확장이 영유아의 상상력과 창의성을 자극하며, 이를 통해 영유아는 자신의 놀이에 새로운 요소를 추가하고 다른 친구들과의 상호작용을 더욱 풍부하게 만들 수 있다고 설명한다. 확장된 놀이에서 영유아는 다양한 사회적 규칙과 역할을 경험하며, 다양한 상황에 대한 적응력과 유연성을 배울 수 있다.

(3) 심화 및 확장의 효과

놀이가 심화되고 확장되면 영유아는 놀이 속에서 더 복잡한 역할놀이와 규칙을 경험하며 자신의 발달을 촉진할 수 있다. 이를 통해 영유아는 놀이 속에서 자신의 감정과 사고를 표현하고, 친구와 협력하며 사회적 관계를 더 깊이 이해하게 된다. 영유아들이 놀이를 심화하고 확장할 때, 놀이가 학습과 발달에 미치는 긍정적 효과가 커진다(Bredekamp, Copple, 1997). 교사는 이러한 놀이 확장과 심화를 지원하기 위해 새로운 자료를 제공하거나 영유아가 흥미를 가질 만한 질문을 던져 자연스럽게 놀이를 발전시킬 수 있도록 도울 수 있다.

자유놀이에서 놀이가 심화 및 확장된다는 것은 영유아가 스스로 놀이를 이끌어가며 더 높은 수준의 사고와 복잡한 상호작용을 경험하는 것을 의미한다. 이를 통해 영유아는 새로운 문제해결 능력, 창의적 사고, 사회적 기술을 자연스럽게 발달시킬 수 있으며, 이는 놀이의 학습적 가치를 극대화하는 중요한 과정이라고 볼 수 있다.

4. 자유놀이 시 교사의 역할

〈자유놀이 시간에 대한 교사의 고민들〉

"아이들이 잘 놀고 있다고 느낄 때 어떻게 지원을 해야 하나요?"
"자유놀이 시간에 영유아주도로 진행하기 위해 교사의 어떤 역할이 중요하나요?"
"놀이가 심화, 확장 되도독 지원을 해야 한다고 하는데 어떻게 하는 건가요?"

1) 놀이중심 교육과정 이해하고 실천자로서의 역할

교육과정에서는 일과는 놀이, 일상생활, 활동으로 구성되는데 특별히 '놀이'를 중심으로 일과를 편성할 것을 권장한다. 이에 교사는 교육과정 총론 및 영역의 내용을 숙지하고 영유아의 놀이와 연계하여 교육과정을 운영하는데 특별히 놀이하며 배우는 유능한 영유아에 대한 이해가 우선되어야 한다.

교육과정 중점 중 하나는 놀이중심 교육과정 운영이다. 따라서 교육과정을 잘 이해하고 실천한다는 것은 일과에서 자유놀이 시간을 충분히 제공하고 영유아들의 흥미와 무관한 활동을 교사가 계획해서 실시하지 않는다는 것을 의미한다.

놀이중심이 강조된다고 하더라도 교사가 계획한 활동이나 법적으로 요구되는 안전교육을 실시하되 영유아가 주도적으로 즐겁게 참여하는 놀이 또는 활동으로 진행하는 것이 중요하다. 이를 위해서는 영유아의 놀이와 연계하여 실시하는 것이 필요하다.

2) 놀이를 통한 유아의 배움을 지원자로서의 역할

어떤 영유아라도 자유롭게 놀이하고 그 안에서 배움을 구성할 수 있는 역량을 지닌 존재임을 신뢰하고 영유아의 놀이를 잘 관찰해야 한다. 영유아의 놀이를 잘 관찰하고 지원하기 위해서 교사는 교육과정 구성의 파트너로서 영유아의 놀이를 주의 깊게 바라보고 영유아가 경험하는 기쁨과 슬픔, 좌절과 감동을 함께 느끼고 공유할 수 있어야 한다.

영유아의 놀이를 잘 관찰하기 위해서는 교사는 영유아를 이해하려는 민감성을 갖추려고 노력하는 동시에 영유아가 놀이를 통해 경험하는 것, 스스로 배우는 것이 무엇인지 이해하려고 노력할 필요가 있다. 이때 영유아들이 구성하고 만들어내는 총체적 의미를 충분히 읽어내기 위해 노력해야 한다.

영유아의 놀이를 지원하기 위해 교사는 놀이에 직접 참여하지 않고도 격려, 미소, 공감의 표정을 보이거나 칭찬과 격려의 말을 건네는 정서적 지원을 제공할 수 있다. 또한 놀이를 관찰하다가 배움이 일어나도록 질문이나 제안을 건네보는 등의 상호작용에 기반한 언어적 지원, 공간 구성을 바꾸어주거나 새로운 자료를 제공하는 등의 환경적 지원을 할 수 있다. 환경적 지원을 할 때는 심미적 · 창의적 감수성을 키울 수 있도록 공간과 자료를 제공해 주는 것이 필요하다.

3) 놀이와 배움을 기록하고 평가자로서의 역할

교육과정은 교사가 선계획하여 계획, 실행, 평가, 계획으로 이어지던 기존의 선형적 과정을 지양한다. 교사는 영유아의 놀이를 잘 관찰하고 기록하다가 영유아의 배움을 지원하기 위한 계획을 수립하는 것이 좋다. 특히 교육과정은 5가지 추구하는 인간상을 제시하고 있으므로 교육과정 목적과 목표 및 영역별 목표와 내용을 영유아의 성장 변화 및 교육과정 운영에 대한 판단의 근거로 삼을 수 있다.

영유아의 배움을 잘 기록하고 평가하기 위해서 교사는 결과가 아닌 과정에 주목해야 한다. 진행된 놀이에 따라 교육과정 영역 중 일부 영역이나 인간상이 두

드러질 수 있으므로 평가를 함에 있어서 단편적인 놀이 에피소드보다는 자유놀이 시간에 누적된 기록을 총체적으로 고려해야 한다.

4) 함께 배우며 성장하는 자기성찰자로서의 역할

기존 교육과정에서도 영유아의 주도성과 놀이를 강조해왔기 때문에 놀이중심을 강조하는 개정 교육과정에 대해 교사들은 무엇이 달라진 것인지 혼란을 느낄 수 있다. 만약 일과 속에서 "우리 언제 놀아요?", "우리가 만든 거 정리해야 하나요?", "선생님 다 했어요 이제 가서 놀아도 되나요?", "나는 역할놀이 못 했어요." 와 같은 영유아의 소리를 자주 듣고 있다면 개정 교육과정이 강조하는 영유아 주도적 놀이 중심 교육과정의 운영을 위해 교사의 지속적인 성찰이 필요하다.

놀이중심 교육과정을 실행하기 위해 교사는 자신과 영유아의 역량을 신뢰하고 영유아의 자율성을 보장하는 학급의 문화를 만들어야 한다. 이를 위해서 교사는 주기적으로 자신의 교육철학과 교육과정에 대한 이해를 점검하고 배움을 이어가야 한다.

놀이를 지원하는 과정에서 교사는 각 영유아와 놀이의 특성을 고려하여 놀이를 언제, 어떻게 지원해야 할지에 대한 끊임없는 고민에 직면하게 된다. 적절한 상호작용의 순간을 놓치기도 하고 도움을 주려다 오히려 교사 주도가 되는 경험을 하기도 한다. 이렇게 정답이 없는 자율적인 교육과정을 운영하면서 교사는 한편으로 자신의 전문성을 인정받는 것 같아 보람도 느끼지만, 다른 한편으로 자신이 잘하고 있는지에 대한 불안감을 느낄 수도 있다. 그러나 이러한 고민과 불안감은 교사가 지속적으로 배움을 추구하게 만드는 원동력이 된다.

교육과정에서 강조하는 교육과정 운영의 자율성을 교사 개개인이 알아서 모든 것을 하라는 의미는 아니다. 오히려 교사들이 서로의 전문성을 인정하고 고민과 의견을 나누며 함께 배우고 성장하는 학습공동체를 자율적으로 구성하여 정서적이고 실천적인 지원이 이루어져야 한다.

교사가 함께 만들어가는 보육과정

영아반 교사 되어가기

- 영아가 더 큰 발걸음을 내딛도록 조력하는 사람
- 행복한 일상을 함께 만들어 가는 사람
- 영아의 배움을 지원하는 사람
- 영아와 함께 성장하는 사람

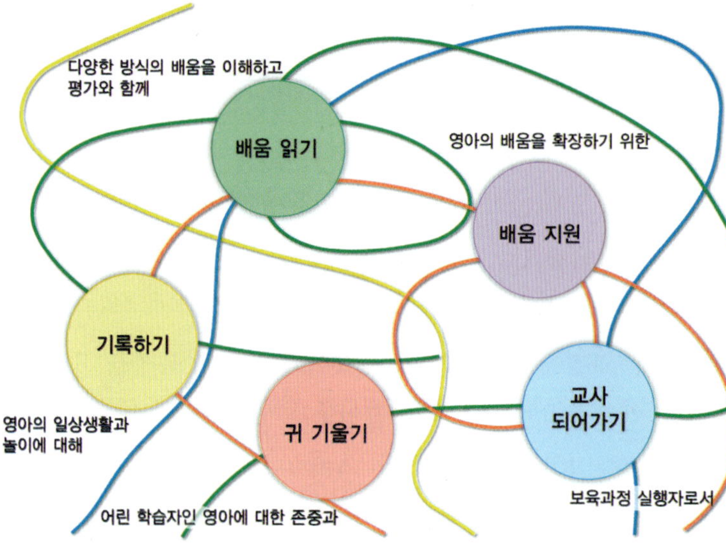

출처: 개정 0~2세 표준보육과정 연수 자료집 (2024).

CHAPTER 08

놀이 지원

Chapter 08

놀이 지원

놀이 지원은 영유아들이 놀이를 통해 자발적이고 창의적인 학습을 경험하도록 교사가 환경을 구성하고 상호작용하며 개입하는 과정을 의미한다. 영유아들은 놀이를 통해 사회적 기술, 문제해결력, 자기조절능력 등을 발달시키며, 이 과정에서 교사의 적절한 지원은 놀이의 깊이와 질을 향상시키는 중요한 역할을 한다. 이에 본 장에서는 상호작용, 놀이 공간, 놀이 자료, 일과의 변화, 가정연계, 지역사회연계 지원으로 살펴보고자 한다.

1. 상호작용을 통한 교사의 놀이 지원

상호작용을 통한 교사의 놀이 지원은 영유아가 놀이를 통해 깊이 있는 학습 경험을 할 수 있도록 돕는 핵심적 요소이다. 교사가 유아와 상호작용하며 지원할 때, 영유아는 사회적, 정서적, 인지적 발달을 촉진하는 기회를 얻는다. 이러한 상호작용의 중요성과 상호작용을 통한 놀이 지원 방법에 대해 살펴보고자 한다.

1) 상호작용을 통한 놀이 지원의 중요성

상호작용은 영유아가 사회적 관계를 형성하고 의사소통 기술을 발달시키는 주요 수단으로 놀이에서 교사와의 상호작용은 영유아의 놀이 확장과 학습 경험을 풍부하게 한다. 교사가 영유아와 함께 놀이에 참여하거나 적절히 개입하면 영유아는 새로운 관점을 배울 수 있으며, 문제해결력과 사고력을 증진시킬 수 있다. 연구에 따르면, 교사와의 긍정적인 상호작용을 경험한 영유아는 놀이에 더 오랫동안 몰입하고, 놀이의 복잡성이 증가하며, 사회적 기술이 향상된다(Kontos, 1999).

2) 상호작용을 통한 놀이 지원 방법

(1) 질문과 피드백을 통한 사고 확장

교사는 놀이 중 영유아에게 질문을 던지거나 피드백을 제공하여 영유아가 더 깊이 사고할 수 있도록 유도할 수 있다. 예를 들어, 블록 놀이 중 교사가 "이 블록을 사용해서 어떤 모양을 만들 수 있을까?"와 같은 질문을 던지면 영유아는 창의적인 방법으로 블록을 사용하여 새로운 구조물을 만드는 사고를 하게 된다. 비고츠키(Vygotsky, 1978)에 따르면, 교사의 질문과 피드백은 영유아의 사고를 확장시키고, 스스로 문제를 해결할 수 있도록 도와준다. 이러한 질문은 영유아가 새로운 아이디어를 탐구하고 창의적으로 사고하는 데 도움을 준다.

(2) 모델링을 통한 사회적 상호작용 촉진

교사가 놀이에 참여하여 사회적 기술을 시범으로 보여주는 것은 영유아가 상호작용 방식을 배울 수 있는 기회를 제공한다. 예를 들어, 역할놀이에서 교사가 특정 역할을 수행하여 예의 있는 대화나 협동적인 행동을 보여주면 유아는 이를 통해 상호작용 방법을 학습하게 된다. 모델링은 유아들이 놀이에서 더 나은 사회적 기술을 발달시키는 데 중요한 역할을 하며, 교사의 적절한 모델링은 유아가 서로 협력하고 소통하는 방법을 배우게 한다(Bandura, 1986).

(3) 놀이의 확장을 위한 개입

영유아의 놀이가 반복되거나 특정 주제에 갇히게 될 때, 교사는 새로운 자료를 추가하거나 놀이 주제를 확장함으로써 놀이의 깊이를 더할 수 있다. 예를 들어, 영유아가 인형놀이에서 특정 상황을 반복할 때 교사가 "이 상황에서 어떻게 하면 더 재미있을까?"라고 유도하며 새로운 자료(예: 소품이나 배경)를 추가하면 놀이가 확장된다. 우드(Wood, 2010)에 따르면 교사가 유아의 흥미를 반영하여 놀이를 확장할 수 있는 자료를 제공할 때, 유아는 놀이에서 더 깊이 있는 경험을 하며 문제해결력과 창의성이 증가한다고 하였다.

(4) 칭찬과 격려를 통한 자신감과 몰입 촉진

놀이 중 교사가 영유아의 행동에 대해 긍정적인 피드백과 칭찬을 제공하면 영유아는 자신감을 얻고 더 깊이 몰입하게 된다. 예를 들어, "네가 정말 창의적으로 생각했구나!"와 같은 격려는 영유아가 자신의 놀이에 대해 긍정적인 인식을 갖게 하고 지속적으로 놀이를 확장하려는 의지를 강화시키는 동기부여가 된다. 교사의 칭찬과 격려는 영유아의 자아존중감과 동기를 높이며, 놀이에 몰입하는 정도와 놀이의 지속성을 높이는 데 중요한 역할을 한다(Harter, 1981). 따라서 이러한 정서적 지원이 매우 중요하다.

(5) 문제해결을 돕는 지원 제공

놀이 중 영유아가 어려움을 겪을 때 교사가 적절히 문제해결을 돕는 것도 중요한 상호작용 방식이다. 예를 들어, 쌓기놀이 중 균형 잡기에 어려움을 느끼는 영유아에게 "여기에 블록을 더하면 어떨까?"라고 힌트를 주면 영유아는 해결 방법을 시도하며 성취감을 느낀다. 비고츠키(Vygotsky, 1978)는 근접 발달 영역 개념을 통해 영유아가 스스로 해결하기 어려운 과제에서 교사의 적절한 도움을 받을 때, 학습과 발달이 촉진된다고 주장하였다.

상호작용을 통한 교사의 놀이 지원은 영유아가 놀이에서 다양한 학습과 발달 기회를 얻도록 돕는 중요한 과정이다. 교사는 질문과 피드백, 모델링, 놀이 확장, 칭찬과 격려, 문제 해결 지원 등을 통해 영유아의 놀이를 풍부하게 하며, 이를 통해 영유아는 자발적이고 창의적인 사고를 확장할 수 있다. 교사의 이러한 지원은 영유아의 놀이 참여도를 높이고, 놀이가 영유아의 발달에 긍정적인 영향을 미치도록 하는 중요한 요소로 평가된다.

2. 놀이 공간의 변화를 통한 교사의 놀이 지원

놀이 공간의 변화는 영유아의 놀이 경험을 풍부하게 하고, 새로운 자극을 제공하여 영유아의 놀이가 확장되도록 돕는 효과적인 교사 지원 방식이다. 교사가 놀이 공간을 영유아의 발달 단계와 흥미에 맞게 변화시키면, 영유아는 더 적극적이고 창의적으로 놀이에 몰입하게 된다. 놀이 공간 변화를 통한 교사 지원이 왜 중요한지, 어떤 방식으로 이루어져야 하는지 살펴보고자 한다.

1) 놀이 공간 변화의 중요성

놀이 공간은 영유아의 놀이가 이루어지는 물리적 배경으로, 이 공간의 배치와 구성은 영유아가 어떤 놀이를 선택하고 얼마나 몰입할지에 큰 영향을 미친다. 연구에 따르면, 놀이 공간의 구성이 영유아의 놀이 행동, 집중도, 사회적 상호작용에 미치는 영향은 매우 크다(Maxwell, Mitchell, & Evans, 2008). 예를 들어, 개방적이고 다양한 재료가 있는 놀이 공간은 영유아의 상상력과 탐색 의지를 자극하여 놀이가 더 풍부하게 이루어지도록 한다.

2) 놀이 공간 변화를 통한 지원 방법

(1) 흥미와 발달 수준에 맞는 공간 구성

영유아의 발달 수준과 관심사에 맞게 놀이 공간을 재구성하면, 영유아는 더 큰 흥미를 느끼고 놀이에 집중할 수 있다. 예를 들어, 영유아들이 특정 주제에 관심이 있다면 그 주제와 관련된 자료와 장식을 추가해 주제 중심 놀이 공간을 조성할 수 있다. 프로스트, 워담과 레이펠(Frost, Wortham, & Reifel, 2011) 연구에 따르면, 놀이 공간이 영유아의 흥미를 반영할 때 영유아는 놀이에 대한 몰입도가 높아지고, 다양한 상상적 놀이를 시도하게 된다.

(2) 다양한 놀이 영역 제공 및 배치 변경

놀이 영역을 다양한 주제나 활동 유형별로 구분하고 배치를 주기적으로 변경하여 새로운 자극을 제공한다. 예를 들어, 조용한 독서 공간과 활발한 역할놀이 공간을 분리하거나, 창의적인 놀이가 필요한 곳에 새롭게 공간을 마련하면 영유아는 각기 다른 경험을 할 수 있다. 놀이 영역의 다양성은 영유아의 놀이 경험을 확장시키는 중요한 요소이며, 배치 변경은 영유아에게 새로운 놀이 아이디어를 제공하고 놀이 활동의 다양성을 증가시킨다(Isbell & Raines, 2013).

(3) 자연 요소나 열린 재료를 활용한 공간 변화

영유아들이 탐색하고 실험할 수 있도록 자연 재료(예: 돌, 나뭇잎, 물)나 열린 재료(예: 블록, 종이 등 다용도로 활용할 수 있는 재료)를 활용한 공간을 구성하면, 영유아는 이 재료들을 자유롭게 탐색하면서 놀이를 창의적으로 전개할 수 있다. 자연 및 열린 재료는 영유아에게 다양한 가능성을 제공하며, 창의적 사고를 촉진하는 중요한 자극이 된다. 이러한 재료들이 포함된 놀이 공간에서 영유아의 상상력과 문제해결 능력이 증가하였다(Drew & Rankin, 2004).

(4) 놀이 공간의 개방성과 유연성 유지

놀이 공간이 지나치게 제한적이면 영유아의 상상력과 놀이 확장에 제약이 생기기 때문에, 영유아가 자유롭게 이동하고 변형할 수 있는 유연한 공간을 구성하는 것이 중요하다. 예를 들어, 가구나 놀이 자료를 쉽게 이동할 수 있도록 하고, 영유아들이 원하는 대로 공간을 변경해 사용할 수 있게 하는 것이 도움이 된다. 놀이 공간이 유연하고 개방적일 때 영유아는 놀이 공간을 다양한 방식으로 변형하여 사용할 수 있으며, 이는 영유아의 자율성과 창의성을 발달시키는 데 긍정적인 영향을 미친다(Olds, 2000).

(5) 정기적인 놀이 공간 재구성 및 새로움 제공

영유아가 공간에 익숙해져 놀이가 반복될 때, 놀이 공간을 재구성하거나 새로운 요소를 추가하는 것은 영유아의 흥미를 다시 불러일으키는 중요한 방법이다. 예를 들어, 놀이 주제를 변경하거나 특별한 이벤트를 위한 테마 공간을 만들어 주는 것도 좋은 방법이다. 케이시(Casey, 2003) 연구에 따르면, 놀이 공간에 변화가 주어질 때 영유아는 새롭고 다양한 놀이 방법을 시도하게 되어 놀이의 질이 향상되며 몰입도도 증가한다.

(6) 교사의 관찰을 바탕으로 한 공간 변화

교사는 영유아들이 어떤 놀이에 몰두하고 있는지, 어떤 놀이에서 어려움을 느끼는지를 관찰하여 이에 맞게 공간을 조정할 수 있다. 예를 들어, 영유아들이 특정 놀이에서 협동이 필요하다고 판단되면 협력 놀이를 위한 공간을 마련해 주는 방식이다. 영유아의 놀이를 관찰한 후 이를 바탕으로 환경을 변화시키는 것은 영유아의 발달 요구를 반영한 효과적인 지원 방법이며, 이는 놀이 참여도와 상호작용 수준을 높이는 데 긍정적인 영향을 미친다(Epstein, 2007).

놀이 공간 변화를 통한 교사의 지원은 영유아의 놀이 참여와 몰입을 높이고, 놀이의 다양성과 확장성을 증진하는 데 중요한 역할을 한다. 놀이 공간을 영유아의 흥미와 발달 수준에 맞게 변화시키고, 열린 재료와 자연 요소를 활용하거나, 유연하고 개방적인 공간을 제공할 때, 영유아는 더 자유롭고 창의적인 놀이를 경험하게 된다. 이러한 변화는 영유아가 새로운 놀이 아이디어를 탐색하고 사회적 기술을 배울 수 있는 기회를 제공하며, 궁극적으로 영유아의 전인적 발달을 돕는 효과적인 놀이 지원 방식으로 평가된다.

3. 놀이 자료의 변화를 통한 교사의 놀이 지원

놀이 자료의 변화는 영유아의 놀이 경험을 확장하고 깊이 있는 학습을 지원하는 중요한 방법이다. 교사가 영유아의 발달 단계와 흥미에 따라 적절한 놀이 자료를 선택하고 이를 변화시킬 때, 영유아는 새로운 탐색과 창의적 사고를 경험하게 된다. 이러한 방식의 놀이 자료 지원은 영유아가 놀이에 더욱 몰입하게 하며, 다양한 문제해결 기술과 사회적 상호작용 능력을 촉진한다.

1) 놀이 자료의 다양성과 선택을 통한 놀이 확장

교사가 다양한 재료와 도구를 제공함으로써 영유아의 상상력을 자극하고 놀이의 범위를 넓힐 수 있다. 예를 들어, 같은 블록 놀이에 더 큰 블록이나 특수한 모양의 블록을 추가하면, 영유아는 이전과는 다른 구조물을 구상하고 제작하면서 창의적 사고와 문제해결 능력을 기를 수 있다. 열린 재료를 통해 영유아들이 자유롭게 탐색하고 자신의 아이디어를 표현할 수 있다고 설명하며, 이는 창의적 사고와 문제해결 능력을 강화하는 데 효과적이다(Drew, Rankin, 2004). 영유아는 새로운 자료를 다루며 놀이의 목적을 재정립하면서 흥미와 몰입도가 높아진다.

발달에 맞는 자료 제공과 탐색 기회 증대와 아울러 영유아의 발달 단계에 맞는 자료를 선택하고 이를 교체함으로써 교사는 영유아가 더 발전된 놀이를 경험할 수 있도록 지원할 수 있다. 예를 들어, 더 복잡한 퍼즐이나 세밀한 작업이 필요한 미술 도구를 제공함으로써 소근육 발달과 인지발달을 촉진할 수 있다. 놀이 자료가 영유아의 발달 수준에 맞추어 구성될 때 영유아는 도전에 대한 흥미를 느끼고 더 깊은 몰입을 경험한다(Frost, Wortham, & Reifel, 2011). 영유아는 점차 난이도가 있는 자료를 다루며 성취감과 자신감을 느끼게 된다.

2) 주기적 교체와 새로운 놀이 주제 확장

놀이 주제를 확장할 수 있는 새로운 자료를 주기적으로 추가하면 영유아는 더 다채로운 놀이 경험을 할 수 있다. 예를 들어, 주방놀이에 음식을 추가하거나 병원놀이에 청진기 등 소품을 더해 주면 영유아는 놀이 시나리오를 더 깊이 탐색하고 상호작용의 질이 높아진다. 놀이 자료의 주기적 교체가 영유아의 놀이 집중력과 상호작용 빈도에 긍정적인 영향을 미친다(Maxwell, Mitchell, & Evans, 2008). 영유아는 새로운 자료를 사용하며 새로운 방식으로 문제를 해결하고 협력적 놀이에서 다른 아이들과 상호작용하는 기회를 얻게 된다.

3) 개방적 자료 지원

특정 목적이 없는 비구조적 자료를 제공함으로써 영유아는 자신의 방식으로 자료를 조작하고 놀이를 구성할 수 있다. 이러한 자료는 영유아의 상상력과 창의적 놀이를 자극하는 데 효과적이다. 영유아들이 목적 없이 탐색할 수 있는 개방적 자료가 놀이의 다양성과 자율성을 높이는 데 중요한 역할을 한다(Casey, 2003). 이는 영유아가 자신의 아이디어를 자유롭게 펼치고, 독창적인 놀이 상황을 창출하도록 돕는다.

놀이와 배움을 지원하는 자료

다양한 소재의 놀이 자료

플라스틱 또는 나무 등 천편일률적인 재료로 만들어진 놀이 자료

보다는

자연물, 일상생활용품 등 다양한 소재의 놀이 자료

다양한 수준의 놀이 자료

3조각으로 만들어진 퍼즐, 손잡이가 달린 퍼즐, 교통기관 퍼즐 등 동일한 난이도와 주제의 퍼즐

보다는

퍼즐의 조각 수와 손잡이 모양, 배경 그림 등이 다양한 퍼즐 다양한 조각 수의 퍼즐, 잡는 방법도 다양하게

성별에 따른 선호 없이 활용 가능한 놀이 자료

쌓기놀이 영역에는 자동차 모양, 역할놀이 영역에는 드레스와 구두

보다는

성별에 상관없이 모든 영아가 할 수 있는 자료

다양한 방법으로 다양한 영역에서 활용 가능한 자료

사용방법이 한 가지로 명확한 놀이 자료

보다는

마음대로 가지고 놀 수 있어서 다양한 놀이가 이루어지도록 하는 놀이 자료

긴 호흡의 놀이 자료와 짧은 호흡의 놀이 자료

1년 내내 바뀌지 않는 놀이 자료, 한 달에 한번 무조건 바꿔주는 놀이 자료

보다는

영아의 놀이의 상황에 따라 필요할 때마다 교체하거나 추가하는 놀이 자료

자료 없이 이루어지는 놀이 지원하기

너무 많은 놀이 자료로 가득한 교구장

보다는

자료 없이 또래와 함께 하는 놀이

출처: 개정 0~2세 표준보육과정 연수 자료집 (2024).

4. 일과의 변화를 통한 교사의 놀이 지원

일과의 변화는 영유아의 놀이 참여와 학습 효과를 높이는 중요한 요소이다. 교사가 영유아의 필요와 놀이 흐름에 맞춰 일과를 유연하게 조정할 때, 영유아는 더 깊은 놀이 경험을 하고 자신의 리듬에 맞춰 몰입할 수 있다. 일과 변화를 통한 놀이 지원은 영유아가 자율적이고 창의적으로 놀이할 기회를 제공하며, 사회적 상호작용과 발달에 중요한 영향을 미친다.

1) 놀이 흐름에 따른 유연한 일과 조정

영유아의 놀이 몰입을 방해하지 않기 위해 일과를 고정적으로 운영하기보다는 놀이 흐름에 맞춰 유연하게 조정하는 것이 중요하다. 예를 들어, 영유아가 놀이에 깊이 몰입했을 때 이를 중단하기보다는 시간을 더 제공함으로써 영유아가 자발적으로 놀이를 마무리할 기회를 주어야 한다. 엡스타인(Epstein, 2007)은 영유아가 놀이에 몰입할 때 이를 중단하지 않고 일과를 유연하게 조정함으로써 영유아가 스스로 주도하는 놀이 경험을 할 수 있게 된다고 하였다. 이는 영유아의 자기조절 능력과 놀이의 지속성에 긍정적인 영향을 미치는 것을 알 수 있다.

2) 일과 중 휴식과 전환 시간을 활용한 놀이 지원

휴식 시간이나 일과 전환 시간을 통해 영유아가 짧은 놀이를 경험할 수 있도록 지원하면, 영유아는 긴장감을 해소하고 다시 집중할 준비를 할 수 있다. 예를 들어, 일과 전환 시간에 짧은 이야기나 게임을 포함하면 영유아가 자연스럽게 놀이로 이동하며 에너지를 발산할 수 있다. 일과 전환 시간에 놀이 활동을 포함하는 것이 영유아의 스트레스를 줄이고 긍정적인 상호작용을 촉진한다(Rogers &

Evans, 2008). 이러한 활동은 영유아가 일과에 쉽게 적응하게 하며, 다음 활동에 대한 몰입을 높이는 효과가 있다.

3) 확장된 놀이 시간을 통한 심화 경험 제공

놀이 시간이 충분히 길어질수록 영유아는 더 깊이 있는 놀이 경험을 할 수 있으며, 새로운 아이디어를 탐색하고 문제해결력을 기를 수 있다. 교사가 놀이 시간을 충분히 제공할 때 영유아는 자기 주도적으로 놀이를 확장하고 놀이 내에서 자신의 역할을 더 발전시킬 수 있다. 영유아가 충분한 시간을 가지고 놀이에 참여할 때 더 깊이 있는 상호작용과 놀이 확장이 일어나며, 이러한 환경에서 영유아는 더 복잡한 문제를 해결할 기회를 갖게 된다(Kontos, 1999).

4) 놀이와 학습 활동 간의 통합을 통한 일과 구성

일과에서 놀이와 학습 활동을 분리하기보다는 자연스럽게 통합할 때, 영유아는 놀이 안에서 학습 목표를 달성할 수 있다. 예를 들어, 놀이 영역에서 블록 놀이를 하면서 수학적 개념(높이, 길이)을 학습하도록 유도하는 방식이다. 놀이와 학습 활동을 통합하는 일과 구성이 영유아의 학습에 긍정적인 영향을 미친다(Wood, 2010). 즉 놀이 상황에서 학습이 이루어질 때 영유아는 더 자발적이고 흥미롭게 개념을 습득할 수 있다.

5) 안전한 놀이 환경을 고려한 일과 구성

영유아 놀이에서 교사가 일과의 변화를 통해 놀이 지원을 할 때 안전 측면에서의 역할은 매우 중요하다. 교사는 일과가 바뀌는 전환 시기마다 안전한 환경을 보장해야 하며, 영유아가 새로운 활동에 자연스럽게 적응할 수 있도록 돕는 것이 필요하다. 김은화(2018) 연구에 따르면, 일과 전환 시 교사는 영유아들이 쉽게 이해할 수 있도록 명확한 안내를 제공하며, 위험 요인을 사전에 제거하는 방식으로 안전한 놀이 환경을 마련해야 한다. 예를 들어, 놀이 시간이 끝나고 식사 시간으로 전환할 때 교사는 영유아들이 장난감을 안전하게 정리하고 이동할 수 있도록 유도하며, 정리 도중 발생할 수 있는 사고를 예방하기 위해 근처에서 관찰하고 지원하는 역할을 한다(박미영, 2020). 또한 교사는 놀이 중 위험한 상황을 예측하고 이를 방지하기 위해 일과를 적절히 조절해야 한다. 물놀이 후에는 미끄러짐 등의 사고를 방지하기 위해 휴식 시간을 배치하거나 바닥을 정리하는 등의 준비가 필요하다. 이러한 방식으로 교사는 영유아가 자유롭고 안전하게 놀이에 몰입할 수 있도록 안전한 환경을 구축하는 중요한 역할을 수행하게 된다(이선화, 2017). 이처럼 교사는 일과의 변화를 통해 놀이를 안전하게 지원하며, 이를 통해 영유아가 놀이에 온전히 집중하고 몰입할 수 있는 환경을 조성하게 된다.

5. 가정 연계를 통한 교사의 놀이 지원

가정과 연계하여 교사가 놀이를 지원하는 것은 영유아의 전인적 발달을 돕는데 중요한 역할을 한다. 가정에서의 놀이 경험과 유치원이나 어린이집에서의 놀이 경험이 연결될 때 영유아는 안정감을 느끼고 더 깊이 있는 놀이 경험을 하게 된다. 교사는 가정과 협력하여 영유아가 가정에서의 경험을 놀이에 반영하도록 돕고 가정에서도 연계된 놀이를 이어갈 수 있도록 지원할 수 있다.

1) 가정 연계의 중요성

가정과 영유아교육기관 간의 협력은 영유아가 익숙한 환경에서 학습과 놀이를 연장하게 해주어 유아의 정서적 안정감을 높이고 놀이 몰입을 돕는다. 부모와 교사가 영유아의 놀이에서 일관성 있는 목표와 방향을 설정하면 영유아는 놀이에서 다양한 경험을 누리고 자신의 흥미와 관심을 더 잘 반영할 수 있다. 영유아의 발달에 있어 다양한 환경(가정, 유치원 등)의 상호작용이 중요하며, 부모와 교사가 협력할 때 영유아는 일관성 있는 지지를 받으며 더욱 안정된 발달 과정을 경험하였다(Bronfenbrenner, 1979).

2) 가정과 연계된 놀이 주제 설정 및 자료 제공

교사는 영유아가 가정에서 경험하는 일상적인 소재를 놀이 주제로 반영하여 영유아가 자신의 경험을 놀이로 확장하도록 유도할 수 있다. 예를 들어, 요리하기나 동물 돌보기와 같은 주제를 놀이로 설정하면 영유아는 가정에서 경험한 상황을 재현하며 새로운 시각으로 경험을 탐색하게 된다. 교사는 영유아의 가정 경험을 반영하는 놀이 주제를 설정함으로써 영유아가 보다 자연스럽고 흥미롭게 놀이에 참여하게 할 수 있으며, 영유아의 실제 생활과 관련된 주제는 놀이 몰입도를 높이는 데 효과적이다(Epstein, 2001).

3) 부모와의 소통을 통한 놀이 지원 강화

교사는 부모와의 긴밀한 소통을 통해 영유아의 관심사와 발달 상태에 대한 정보를 얻고, 이를 바탕으로 놀이를 계획할 수 있다. 예를 들어, 부모와 주기적으로 영유아의 놀이 및 발달 관련 의견을 나누면, 교사는 이를 반영하여 영유아의 흥미에 맞는 놀이 활동을 더 효과적으로 지원할 수 있다. 부모와의 소통을 통해 영유아의 흥미와 요구를 반영한 놀이를 계획하면 영유아의 참여도가 높아지고 발달 효과가 증대된다(Sheridan, Pramling & Samuelsson, 2001). 이러한 소통은 가정에서도 놀이가 자연스럽게 이어질 수 있게 해주는 중요한 역할을 한다.

4) 가정에서의 놀이 연장 지원

교사는 가정에서도 영유아가 놀이를 계속할 수 있도록 자료나 활동 아이디어를 제공할 수 있다. 예를 들어, 놀이 자료(도구, 그림책 등)를 제공하거나, 특정 놀이를 확장할 수 있는 방법을 부모에게 안내하면, 가정에서도 일관성 있는 놀이 경험이 이어진다. 부모가 교사의 안내에 따라 가정에서 놀이를 이어갈 때 영유아는 놀이의 일관성을 유지하고 깊이 있는 탐구 경험을 하게 되어 발달에 긍정적인 영향을 미친다(Weiss et al, 2006).

6. 지역사회 연계를 통한 교사의 놀이 지원

지역사회와의 연계를 통한 교사의 놀이 지원은 영유아가 보다 넓은 세상을 이해하고 지역사회와의 관계를 형성하는 데 중요한 역할을 한다. 지역사회는 영유아의 놀이를 확장하고 실제 생활과의 연결을 돕는 자원과 기회를 제공하며, 이를 통해 영유아는 다양한 환경과 상호작용하고 풍부한 경험을 할 수 있다.

1) 지역사회 연계를 통한 놀이의 현실적 경험 제공

교사가 지역사회의 자원을 활용해 영유아에게 놀이와 학습의 경험을 제공할 수 있다. 예를 들어, 지역 박물관, 동물원, 도서관 방문 등은 유아가 새로운 환경과 소재를 접하고 놀이를 통해 배운 내용을 실제로 적용해 보는 기회를 제공하는 것이다. 콜브(Kolb, 1984)의 경험 학습 이론에 따르면 실제 경험을 통해 학습할 때 영유아는 더 깊이 이해하고 놀이를 통해 배운 것을 현실에 적용하는 능력을 발달시킨다. 지역사회의 자원을 활용한 경험은 영유아가 다양한 주제를 실제로 접하며 놀이를 확장할 수 있도록 돕는다.

2) 지역사회 구성원과의 상호작용을 통한 사회적 기술 개발

교사가 지역사회 구성원(소방관, 경찰관, 의사 등)과의 만남을 통해 영유아에게 놀이 주제를 제시하면 영유아는 사회적 역할과 직업에 대한 이해를 높이고 타인과 상호작용하는 법을 배울 수 있다. 이를 통해 영유아는 지역사회에 대한 소속감을 형성하며 자신이 속한 사회에 대해 배운다. 로고프(Rogoff, 2003)에 따르면, 영유아는 상호작용을 통해 사회적 맥락에서 학습하며, 성인과의 협력을 통해 사회적 지식을 습득한다. 지역사회 구성원과의 상호작용을 통해 영유아는 직업과 역할을 이해하고 다양한 사람들과의 상호작용 방식을 배울 수 있다.

3) 지역사회와의 연계를 통한 놀이 주제 확장

교사는 지역사회의 특성에 맞는 놀이 주제를 선정하여 영유아가 해당 주제에 몰입하도록 한다. 예를 들어, 지역 축제나 전통 행사 등을 놀이 주제로 반영하면 영유아는 지역문화와 관련된 경험을 놀이로 확장할 수 있으며 놀이에 대한 흥미와 몰입도가 높아진다. 영유아의 발달이 사회적, 문화적 맥락과 상호작용을 통해 이루어지며 놀이에서 문화적 요소를 반영할 때 영유아는 자신의 경험을 더 깊이 탐구하고 다양한 관점을 배우게 된다(Vygotsky, 1978).

4) 지역사회 자원을 활용한 자료 제공

교사는 지역사회와 연계된 자료(지역 신문, 지도, 사진 등)를 활용하여 영유아가 놀이에서 지역사회를 반영하도록 지원할 수 있다. 이러한 자료는 영유아가 놀이 속에서 현실 세계와 연결점을 찾도록 도와주며, 놀이의 의미와 깊이를 더한다. 놀이에서 영유아의 현실 경험을 반영하는 자료를 제공하면 놀이의 몰입도가 증가하며, 영유아가 놀이에서 창의적이고 의미 있는 상호작용을 경험할 수 있다(Siraj-Blatchford et al., 2002).

놀이의 흐름에 따른 교사의 고민과 교육적 지원

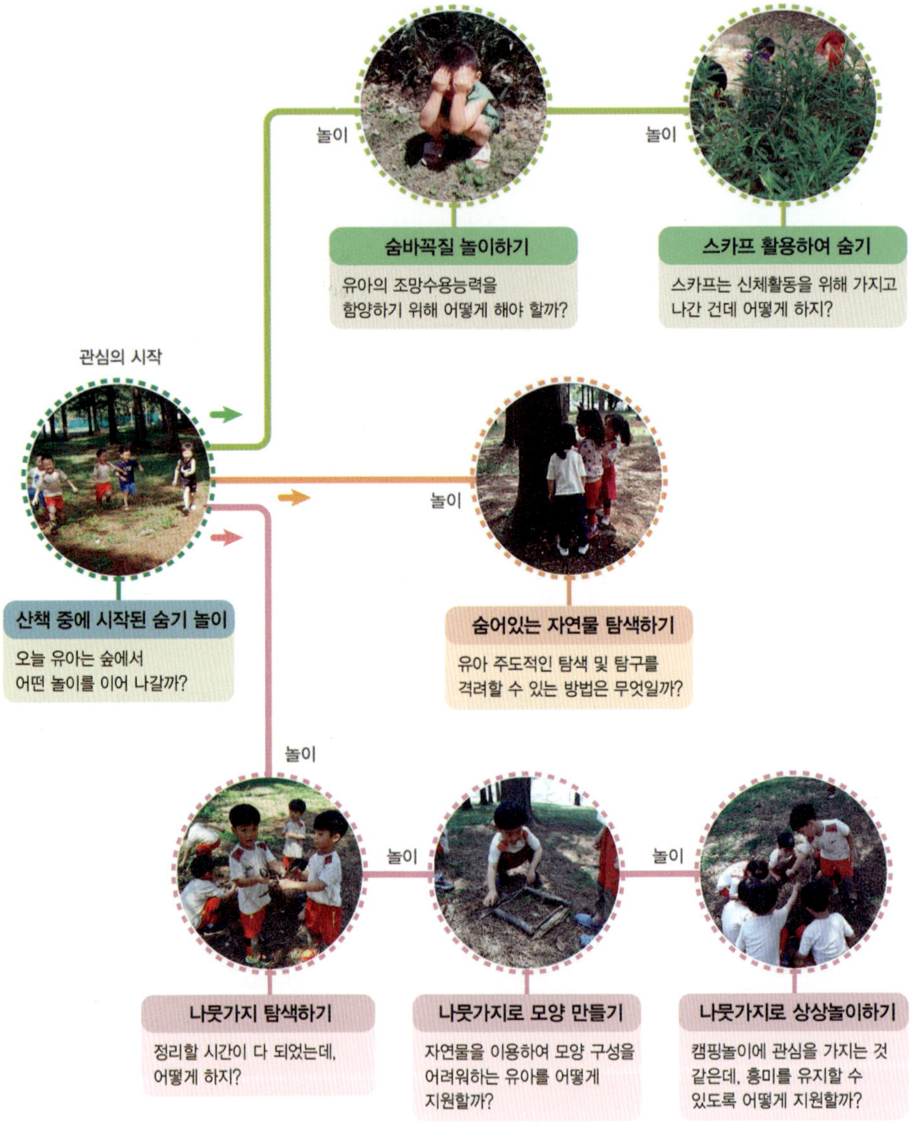

출처: 2019 개정 누리과정 놀이실행자료

관심의 시작	산책 중에 시작된 숲기 놀이

숲으로 산책을 나온 유아들은 사냥꾼에 대한 이야기를 하기 시작하였다.

"너희 사냥꾼 알아?"
"사냥꾼이 뭔데?"
"사냥꾼은 뭘 잡는 사람이지."

"나는 사냥꾼이다! 잡아라!"
"도망쳐! 사냥꾼이 나타났다!"
"안 보이는 곳에 숨어!"

교사의 놀이 지원 실제	편성 및 교수학습
유아들은 사냥꾼에 대해 이야기를 나눈 후 자연스럽게 잡기놀이, 숨바꼭질 놀이를 하였다. 교사는 놀이하는 유아들의 모습을 계속 관찰하였다.	상호작용 (관찰하기)
숲은 넓고 개방된 장소이자 위험한 사물이 존재할 수 있어 숲 속 곳곳에서 놀이하는 유아의 안전을 수시로 확인하였다.	기타(안전)

출처: 2019 개정 누리과정 놀이실행자료

놀이	숨바꼭질 놀이하기

"여기 숨으니까 나 안 보이지?"

몇몇의 유아들은 사냥꾼 놀이를 숨바꼭질 놀이로 이어갔다.
대부분의 유아는 사냥꾼을 피해 자신의 몸을 온전히 가리거나
숨길 수 있는 공간을 찾아 그 뒤에 잘 숨었다.
그러나 한 명의 유아는 몸을 숨길 수 있는 공간 안에 들어가지 않고
다 숨었음을 표현하였다.
그 유아는 친구들에게 가장 먼저 발견되었고, 그 상황을 속상해 하였다.

교사의 놀이 지원 실제	편성 및 교수학습
교사는 숨바꼭질 놀이를 하는 유아들이 곳곳에 숨는 방법을 관찰하다가 자신의 눈을 가리고 숨었다고 하는 유아에게 다가가 다음과 같이 행동하며 질문하였다. 교사: (교사가 자신의 눈을 가리며) 선생님도 숨었다! 어때? 유아: 바로 보여요. 교사: 그럼 어디에 어떻게 숨어야 친구들이 바로 못 찾을까?	상호작용 (관찰하기/질문하기)

출처: 2019 개정 누리과정 놀이실행자료

놀이	스카프 활용하여 숨기

"더 잘 보여!"

교사이 질문을 듣고 생각하던 유아는 신체활동 및 표현을 위해
교사가 가지고 나간 스카프를 활용하여 숨었다.
그 모습을 본 유아들도 따라서 스카프를 가지고 숨바꼭질을 하였다.

교사의 놀이 지원 실제	편성 및 교수학습
교사는 신체활동 및 표현 용도로 가지고 나간 스카프를 숨바꼭질 놀이를 하는 유아가 숨는 데 사용하는 것에 대해 제한하지 않고 존중하며, 유아의 행동을 관찰하였다.	상호작용 (관찰하기/ 정서적 지원하기)
	자료의 변화 (유아가 결정한 자료 활용 방법 지지)

출처: 2019 개정 누리과정 놀이실행자료

놀이사례 한 눈에 보기

놀이의 시작

• 평소와 같이 산책을 나간 어느 날, 한 명의 유아가 사냥꾼 이야기를 시작함. 유아들은 사냥꾼을 피해 숲 속 곳곳을 뛰어다니다가, 관심을 끄는 대상을 발견하면서 각자의 놀이에 빠져듦.

교육적 놀이지원

자료

• 자료의 활용방법을 교사가 안내하지 않고 유아들이 자신의 놀이에 필요한대로 활용하는 방법을 존중함.(예: 스카프)

일과

• 유아가 놀이에 몰입할 수 있도록 계획한 바깥놀이시간보다 일과를 조정하여 더 길게 진행함.

상호작용

• 교사는 유아의 놀이를 주로 관찰하면서 필요한 순간에 질문하기, 제안하기, 놀이 참여하기, 정서적 지원하기 등의 다양한 상호작용으로 놀이를 지원함.

안전

• 숲은 넓고 개방된 장소이자 위험한 사물이 존재할 수 있기 때문에 유아의 안전을 확인함.

놀이지원 계획/평가

• 유아가 놀이에 몰입할 수 있도록 이후 일과를 조정하여 바깥놀이시간을 연장하여 운영함.
• 놀이 중 개별 유아의 반응과 놀이 내용을 간략하게 기록함.

출처: 2019 개정 누리과정 놀이실행자료

놀이 흐름 속에서 교사의 지원

날짜	2024. ○○. ○○	놀이주제	이순신 장군님께 편지쓰기

교사 이야기	유아 이야기
– 유아들이 편지 쓰기를 시작한 것을 관찰한다.	– 이순신 장군께 편지 쓰기 놀이를 계획한다. – 편지를 쓸 자리가 부족하다는 것을 느낀다. – 쌓기놀이를 하는 유아들과 영역이 겹쳐 불편함을 느낀다. – 편지지를 꾸밀 재료가 부족하다 생각한다.

〈놀이지원〉
- **자료지원**: 편지지를 꾸밀 수 있는 재료를 추가적으로 제공한다.
- **공간지원**: 다른 곳에 책상을 붙여 공간을 마련해준다.
- **정서지원**: 불편함을 느끼는 유아의 마음을 공감해준다.

교사 이야기	유아 이야기
– 공감하고 경청하며 유아와 상호작용 한다. – "만약 예진이가 거북선을 탔으면 어떻게 싸웠을 것 같아?"와 같이 상상력을 자극하는 질문을 한다. – "소영이는 이순신 장군 그림도 그렸네. 이순신 장군님이 정말 좋아하시겠다~"와 같이 관찰을 통한 정서지원을 한다.	– 교사의 질문을 듣고 자유롭게 상상하며 편지를 쓴다. – 책에서 본 이순신 장군의 생김새가 기억이 안 난다며 교사에게 도움을 요청한다.

〈놀이지원〉
- **상호작용지원**: 자유롭게 상상할 수 있는 질문을 통해 유아의 사고를 자극한다.
- **자료지원**: 이순신 장군의 그림을 검색해서 보여준다.
- **정서지원**: 비언어적 표현과 언어적 표현을 통하여 유아의 정서를 지원해준다.

교사 이야기	유아 이야기
– 유아들이 편지를 쓰며 어휘가 제한적인 것을 관찰하였다. – 유아들끼리 서로의 편지를 궁금해하며 이야기를 나누는 모습을 관찰하였다. – 유아가 우체통에 다 쓴 편지를 넣으며, 이순신 장군님에게 답장을 받고 싶다고 말하는 모습을 관찰한 교사는 답장이 올 거라며 유아의 기대감을 가지도록 하였다. – 놀이시간이 다 되어가서 교사가 정리시간을 미리 예고한다.	– 교사가 제시한 단어들을 듣고, 편지에 작성한다. – 친구의 편지 내용을 들어본다. – 이순신 장군님에게 답장이 올 거라는 교사의 말에 기대감을 가진다. – 교사가 시간을 예고한 것을 듣고 시간이 부족하다고 이야기 한다.

〈놀이지원〉
- **상호작용 지원**: '용감하다', '지혜롭다' 등의 어휘를 제시하여 다양한 언어를 사용할 수 있도록 지원한다.
- **상호작용 지원**: 유아들이 서로의 편지에 대해 이야기를 나눌 때 긍정적인 피드백을 제공한다.
- **시간지원**: 유아들과 놀이 마무리 할 시간을 조율하여 함께 정한다.

교사 이야기	유아 이야기
– 점심식사 후에 유아가 특별 활동을 할 때, 유아의 편지를 읽고 답장을 준비한다	– 교사에게 이순신 장군님에게 답장이 왔냐며 질문한다

〈놀이지원〉
– **디지털지원**: 유아의 편지를 읽고, TTS를 통해 답장을 들려준다.

교사 이야기	유아 이야기
– 한 유아가 가족과 거북선과 이순신 장군 동상을 본 경험을 회상하며 이야기 나누는 것을 관찰하였다.	– 거북선과 이순신 장군 동상을 본 경험을 이야기 한다.

〈놀이지원〉
– **가정연계지원**: 유아의 편지를 같이 읽어보고 이야기 나눌 수 있도록 키즈노트 또는 대면으로 안내한다.
– **지역사회연계지원**: 이순신 장군 동상과 거북선이 있는 지역의 사당을 방문할 것을 계획한다.

교사 이야기	유아 이야기
– 유아의 놀이가 끝난 후, 각자 놀이를 평가하고 다 같이 모여 오늘의 놀이 평가와 내일의 놀이 계획을 들어보는 시간을 가진다. – 한 명이 붙이고 있을 때, 다른 친구들은 뒤에 줄을 서서 기다리는 우리 반의 규칙을 다시 한번 상기시켜준다.	– 각자 놀이를 끝내고 자신의 놀이를 평가하고, 내일 놀이를 계획한다.

〈놀이지원〉
– **상호작용 지원**: 교사가 유아들이 규칙을 잊지 않도록 반복적으로 상기시킨다.

교사

- 유아들이 편지 쓰기를 시작한 것을 관찰한다.

유아

– 이순신 장군께 편지 쓰기 놀이를 계획한다.
– 편지를 쓸 자리가 부족하다는 것을 느낀다.
– 쌓기놀이를 하는 유아들과 영역이 겹쳐 불편함을 느낀다.
– 편지지를 꾸밀 재료가 부족하다 생각한다.

놀이지원

– **자료지원**: 편지지를 꾸밀 수 있는 재료를 추가적으로 제공한다.
– **공간지원**: 다른 곳에 책상을 붙여 공간을 마련해준다.
– **정서지원**: 불편함을 느끼는 유아의 마음을 공감해준다.

교사

공감하고 경청하며 유아와 상호작용 한다.
– "만약 예진이가 거북선을 탔으면 어떻게 싸웠을 것 같아?"와 같이 상상력을 자극하는 질문을 한다.
– "소영이는 이순신 장군 그림도 그렸네. 이순신 장군님이 정말 좋아하시겠다~" 와 같이 관찰을 통한 정서지원을 한다.

유아

– 교사의 질문을 듣고 자유롭게 상상하며 편지를 쓴다.
– 책에서 본 이순신 장군의 생김새가 기억이 안 난다며 교사에게 도움을 요청한다.

놀이지원

– **상호작용지원**: 자유롭게 상상할 수 있는 질문을 통해 유아의 사고를 자극한다.
– **자료지원**: 이순신 장군의 그림을 검색해서 보여준다.
– **상호작용(정서)지원**: 비언어적 표현과 언어적 표현을 통하여 유아의 정서를 지원해준다.

교사

– 유아들이 편지를 쓰며 어휘가 제한적인 것을 관찰하였다.
– 유아들끼리 서로의 편지를 궁금해하며 이야기를 나누는 모습을 관찰하였다.
– 유아가 우체통에 다 쓴 편지를 넣으며, 이순신 장군님에게 답장을 받고 싶다고 말하는 모습을 관찰하였다. 교사는 답장이 올 거라며 유아의 기대감을 조성하였다.
– 놀이시간이 다 되어가서 교사가 정리시간을 미리 예고한다.

유아

– 교사가 제시한 단어들을 듣고, 편지에 작성한다.
– 친구의 편지 내용을 들어본다.
– 이순신 장군님에게 답장이 올 거라는 교사의 말에 기대감을 가진다.
– 교사가 시간을 예고한 것을 듣고 시간이 부족하다고 이야기한다.

놀이지원

– **상호작용 지원**: '용감하다', '지혜롭다' 등의 어휘를 제시하여 다양한 언어를 사용할 수 있도록 지원한다.
– **상호작용 지원**: 유아들이 서로의 편지에 대해 이야기를 나눌 때 긍정적인 피드백을 제공한다.
– **시간지원**: 유아들과 놀이 마무리할 시간을 조율하여 함께 정한다.

교사

– 점심식사 후에 유아가 특별활동을 할 때, 유아의 편지를 읽고 답장을 준비한다.

유아

– 교사에게 이순신 장군님에게 답장이 왔냐며 질문한다.

놀이지원

– **디지털지원**: 유아의 편지를 읽고, TTS를 통해 답장을 들려준다.

교사

– 한 유아가 가족과 거북선과 이순신 장군 동상을 본 경험을 회상하며 이야기 나누는 것을 관찰하였다

유아

– 거북선과 이순신 장군 동상을 본 경험을 이야기 한다.

놀이지원

– **가정연계지원**: 유아의 편지를 같이 읽어보고 이야기 나눌 수 있도록 키즈노트 또는 대면으로 안내한다.
– **지역사회연계지원**: 이순신 장군 동상과 거북선이 있는 지역의 사당을 방문할 것을 계획한다.

교사

– 유아의 놀이가 끝난 후, 각자 놀이를 평가하고 다 같이 모여 오늘의 놀이 평가와 내일의 놀이 계획을 들어보는 시간을 가진다.
– 한 명이 붙이고 있을 때, 다른 친구들은 뒤에 줄을 서서 기다리는 우리 반의 규칙을 다시 한번 상기시켜준다.

유아

– 각자 놀이를 끝내고 자신의 놀이를 평가하고, 내일 놀이를 계획한다.

놀이지원

– **상호작용 지원**: 교사가 유아들이 규칙을 잊지 않도록 반복적으로 상기시킨다.

5개 영역 통합적 이해

• 의사소통 > 책과 이야기 즐기기 > 책에 관심을 가지고 상상하기를 즐긴다.
– 이순신 장군님이 나오는 책을 읽고 편지를 써 보며 다양한 상상을 해 본다.
• 의사소통 > 듣기와 말하기 > 말이나 이야기를 관심 있게 듣는다.
– 친구가 들려주는 편지의 내용을 관심 있게 듣는다.
– 교사가 AI를 활용하여 들려주는 음성 편지를 관심 있게 듣는다.
• 의사소통 > 듣기와 말하기 > 상대방이 하는 이야기를 듣고 관련해서 말한다.
– 이순신 장군님이 보고 싶다는 친구의 이야기를 듣고 자신의 경험을 관련지어 말한다.
• 의사소통 > 읽기와 쓰기에 관심 가지기 > 자신의 생각을 글자와 비슷한 형태로 표현한다.
– 편지를 쓰면서 다양한 어휘를 사용하면서 표현의 폭이 넓어지고, 자신의 감정을 구체적으로 표현하는 능력을 배운다.
• 사회관계 > 사회에 관심 가지기 > 우리나라에 대해 자부심을 가진다.
– 이순신 장군에 대해 알아보며 우리나라의 역사를 알고 자부심을 갖는다.
• 사회관계 > 더불어 생활하기 > 친구와 서로 도우며 사이좋게 지낸다.
– 재료를 공유하며 사이좋게 사용한다.
• 사회관계 > 더불어 생활하기 > 서로 다른 감정, 생각, 행동을 존중한다.
– 놀이 중 나와 다른 친구의 의견을 존중하고 공감한다.

영유아 행동지원 평가

날짜	2024. 00. 00	놀이 주제	마트 놀이

오전 자유놀이시간에 마트 방문 (지역사회 연계)

오후 자유놀이시간에 마트놀이 실행

갈등 발생

역할로 인한 갈등상황 발생 (정서 및 상호작용 지원)

교사

"오늘 마트에 갔을 때 계산하는 모습도 보았는데, 누가 물건을 계산했었지요?"

"서로 계산을 하고 싶어 하는데, 어떻게 하면 좋을까?"

유아

"아줌마가 해줬어요.", "저번에 나는 내가 해봤어요!"

"계산대를 여러 개 만들어서 다같이 놀이해요!"

갈등 해결

〈놀이지원〉

셀프계산대에 대해 나오게 되어 교사가 셀프계산대 지원을 해주게 됨. 이때, 계산대 자리 지원과 가정연계로 물건을 가져오게 해 직접 물건을 계산할 수 있도록 하였음.

셀프계산대 및 마트 코너 이름표 만들기에 대한 지원 (공간 및 자료 지원)

놀이평가를 통해 교사가 지원할 부분을 생각해냄
- AI(태블릿) 지원
- 가정 연계(각자의 물건 가져오기)

교사가 마련해 둔 공간 속에서 놀이하던 유아들의 요청으로 교구장을 밀어, 다른 영역을 통합함 (공간 지원)

자신이 가져온 물건을 직접 계산하여 놀이를 이어나감

다른 반을 초대하여 함께 마트 놀이를 해보기로 함

CHAPTER 09

놀이 관찰, 기록 및 분석

Chapter 09
놀이 관찰, 기록 및 분석

영유아의 놀이를 관찰하고 기록하며 분석하는 과정은 단순한 관찰을 넘어 아이들이 놀이 속에서 무엇을 배우고 어떤 발달 과정을 거치는지를 깊이 이해할 수 있게 한다. 이러한 과정은 영유아의 발달을 도와줄 중요한 정보를 제공하며, 이를 통해 교사와 부모는 영유아의 관심사와 강점을 파악하고 필요에 맞는 교육적 지원을 할 수 있다. 놀이 관찰은 아이가 경험하는 다양한 순간들을 이해하고 그에 따른 성장과 학습의 여정을 돕는 중요한 첫걸음이다. 이에 본 장에서는 놀이 관찰, 기록 및 분석 그리고 활용에 대해 살펴보고자 한다.

1. 놀이 관찰(Play Observation)

영유아 놀이 관찰은 영유아의 발달과 학습 과정을 이해하는 데 중요한 역할을 한다. 이에 놀이 관찰의 의의는 다음과 같다.

1) 놀이 관찰의 의의

(1) 발달 이해

놀이 관찰은 영유아의 전반적인 발달을 이해하는 중요한 도구이다. 놀이가 사회적, 인지적, 정서적 발달에 긍정적인 영향을 미친다(Göncü, Gaskins, 2007). 관찰을 통해 아이의 발달 상태와 학습 요구를 파악할 수 있다. 또한, 놀이 중 아이가 나타내는 행동과 반응을 기록하면 발달 수준을 세부적으로 이해하는 데 도움을 준다.

(2) 흥미와 필요 파악

놀이 관찰은 아이가 어떤 활동에 반복적으로 참여하는지, 특정 놀이 소재에 관심을 보이는지 등을 확인할 수 있는 기회를 제공한다. 이에 따라 교사는 개별화된 지도 계획을 세울 수 있으며, 이는 비고츠키(Vygotsky, 1978)의 사회문화적 이론과도 일치한다. 이 이론에 따르면 아이는 주변 환경과의 상호작용을 통해 학습하고 성장하며, 놀이 관찰은 이를 효과적으로 도울 수 있다.

(3) 교수 방법 개선

관찰은 교사가 아이의 반응을 이해하고 놀이 지원 방식이 효과적인지 평가하는 데 중요한 자료가 된다. 워덤(Wortham, 2010)은 관찰을 통해 교사들은 교수 전략을 재검토하고 아이에게 필요한 지도를 적절하게 제공할 수 있다고 제안한다. 이러한 과정을 통해 교사는 더욱 유연하고 효율적인 교육 접근법을 적용할 수 있다.

(4) 평가 및 기록의 기초 자료

관찰된 내용은 아이의 발달 상태와 변화 과정을 기록하고 평가하는 데 유용한 자료가 된다. Helm과 Katz(2011)는 기록된 놀이 관찰이 부모 및 교사 간의 소통 도구로 활용되며, 교육적 의사결정에 중요한 역할을 한다고 설명한다.

놀이 관찰 시 고려해야 할 점은 다음과 같다.

2) 놀이 관찰 시 고려할 점

(1) 객관성 유지

관찰 기록은 가능한 한 주관적 판단을 배제하고 객관적으로 작성해야 한다. 위뎀(Wortham, 2010)은 객관적인 언어로 관찰 내용을 기록해야 관찰자의 주관이 개입되지 않으며, 이를 통해 다른 사람도 이해하기 쉬운 자료가 된다고 강조한다.

(2) 비개입적 관찰

놀이 관찰 중에는 아이의 자연스러운 행동이 드러날 수 있도록 관찰자가 개입하지 않는 것이 중요하다. 관찰자는 최대한 방해가 되지 않도록 하며, 아이가 본래의 놀이 흐름을 유지할 수 있도록 해야 한다(McAfee, Leong, 2007).

(3) 구체적인 언어로 기록

서술적인 언어를 사용해 "행복해 보인다." 대신 "미소를 지으며 손뼉을 쳤다."와 같은 구체적이고 사실적인 행동을 기록하는 것이 중요하다(Helm & Katz, 2011). 이는 다른 교사나 부모도 쉽게 이해하고 활용할 수 있는 자료가 된다.

(4) 다양한 시점에서의 관찰

특정 시점에만 의존하지 않고 다양한 상황에서 관찰함으로써 아이의 포괄적인 발달 상태를 파악할 수 있다. 한 시점만으로는 아이의 전체 발달 과정을 파악하기 어렵다고 지적하며, 다양한 맥락에서의 관찰이 필요하다(Göncü, Gaskins, 2007).

(5) 반복적인 관찰

한 번의 관찰로는 아이의 행동 패턴을 충분히 이해하기 어렵기 때문에, 반복적인 관찰이 필요하다(Wortham, 2010). 일정 기간 동안 꾸준히 관찰하여 아이의 행동 변화와 발달 과정을 기록하면 더욱 신뢰도 높은 자료가 된다.

(6) 관찰 목표 설정

관찰의 목표를 미리 설정하면 특정 발달 영역을 집중적으로 관찰할 수 있다. 구체적인 목표를 가지고 관찰에 임할 때, 보다 효과적으로 발달 상태를 평가하고 필요한 교육적 개입을 결정할 수 있다(McAfee, Leong, 2007).

2. 놀이 기록(Play Documentation)

1) 서술적 기록

놀이의 진행 과정과 아이들의 반응을 서술형으로 작성한다. 예를 들어, "A가 블록을 쌓기 시작했고, 그 과정에서 블록을 무너뜨리고 다시 시도했다."와 같이 구체적으로 기록한다.

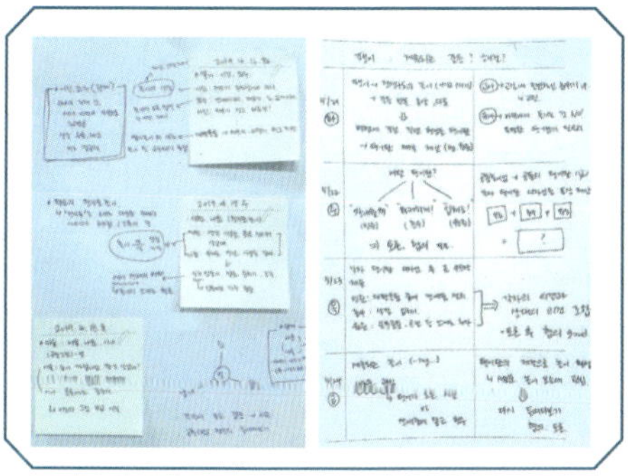

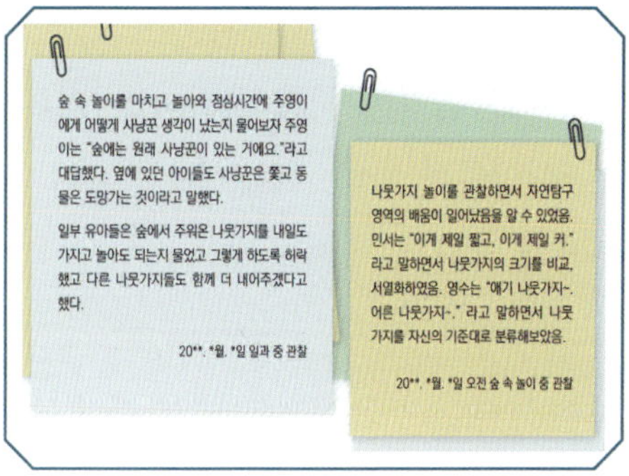

2) 비디오 / 사진 자료

놀이 장면을 비디오나 사진으로 기록하여 나중에 분석할 자료로 활용할 수 있다. 이 방식은 특히 순간적인 행동이나 표정을 기록하는 데 유용하다.

3) 시간대별 기록

놀이를 일정한 시간대에 따라 기록해, 놀이의 흐름과 변화 과정을 명확하게 볼 수 있도록 한다. 예를 들어, 놀이 시작, 중간, 끝의 주요 행동을 시간별로 나누어 기록할 수 있다.

4) 기타 기록 도구

체크리스트, 행동 목록, 평가지 등을 활용해 특정 행동을 파악하거나 비교할 수 있다.

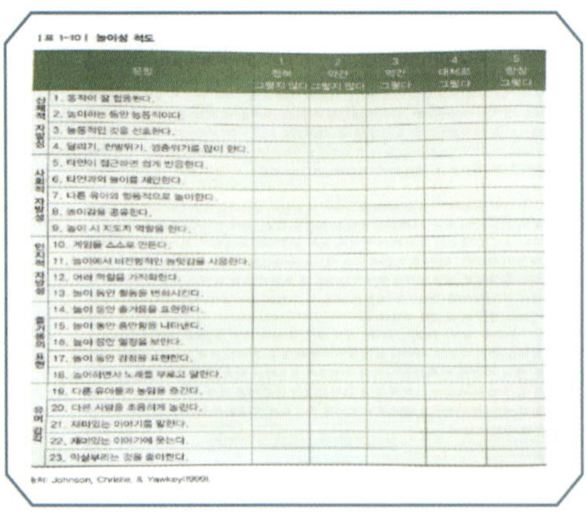

[표 1-10] 놀이성 척도

	문항	1 전혀 그렇지 않다	2 약간 그렇지 않다	3 약간 그렇다	4 대체로 그렇다	5 항상 그렇다
신체적 자발성	1. 동작이 잘 협응된다.					
	2. 놀이하는 동안 능동적이다.					
	3. 능동적인 것을 선호한다.					
	4. 달리기, 한발뛰기, 껑충뛰기를 많이 한다.					
사회적 자발성	5. 타인이 접근하면 쉽게 반응한다.					
	6. 타인과의 놀이를 제안한다.					
	7. 다른 유아와 협동적으로 놀이한다.					
	8. 놀잇감을 공유한다.					
	9. 놀이 시 지도자 역할을 한다.					
인지적 자발성	10. 게임을 스스로 만든다.					
	11. 놀이에서 비전형적인 놀잇감을 사용한다.					
	12. 여러 역할을 가작화한다.					
	13. 놀이 동안 활동을 변화시킨다.					
즐거움의 표현	14. 놀이 동안 즐거움을 표현한다.					
	15. 놀이 동안 흥분함을 나타낸다.					
	16. 놀이 동안 열정을 보인다.					
	17. 놀이 동안 감정을 표현한다.					
	18. 놀이하면서 노래를 부르고 말한다.					
유머 감각	19. 다른 유아들과 농담을 즐긴다.					
	20. 다른 사람을 [illegible] 놀린다.					
	21. 재미있는 이야기를 말한다.					
	22. 재미있는 이야기에 웃는다.					
	23. 익살부리는 것을 좋아한다.					

출처: Johnson, Christie, & Yawkey(1999).

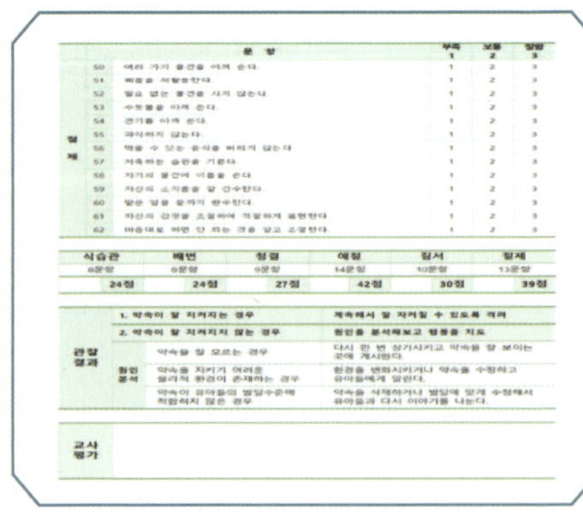

		문항	부족 1	보통 2	[illegible] 3
절제	50	여러 가지 물건을 아껴 쓴다.	1	2	3
	51	[illegible]을 저축한다.	1	2	3
	52	필요 없는 물건을 사지 않는다.	1	2	3
	53	수돗물을 아껴 쓴다.	1	2	3
	54	전기를 아껴 쓴다.	1	2	3
	55	과식하지 않는다.	1	2	3
	56	먹을 수 있는 음식을 버리지 않는다.	1	2	3
	57	저축하는 습관을 기른다.	1	2	3
	58	자기의 물건에 이름을 쓴다.	1	2	3
	59	자신의 소지품을 잘 간수한다.	1	2	3
	60	맡은 일을 끝까지 완수한다.	1	2	3
	61	자신의 감정을 조절하여 적절하게 표현한다.	1	2	3
	62	마음대로 하면 안 되는 것을 알고 조절한다.	1	2	3

식습관	배변	청결	예절	질서	절제
8문항	8문항	9문항	14문항	10문항	13문항
24점	24점	27점	42점	30점	39점

관찰 결과	1. 약속이 잘 지켜지는 경우		계속해서 잘 지켜질 수 있도록 격려
	2. 약속이 잘 지켜지지 않는 경우		원인을 분석해보고 행동을 지도
	원인 분석	약속을 잘 모르는 경우	다시 한 번 상기시키고 약속을 잘 보이는 곳에 게시한다.
		약속을 지키기 어려운 물리적 환경이 존재하는 경우	환경을 변화시키거나 약속을 수정하고 유아들에게 알린다.
		약속이 유아들의 발달수준에 적합하지 않은 경우	약속을 삭제하거나 발달에 맞게 수정해서 유아들과 다시 이야기를 나눈다.
교사 평가			

3. 놀이 분석(Play Analysis)

1) 교육과정 운영 평가

교사는 학급 내 놀이의 내용, 놀이를 통해 학급에서 일어나고 있는 영유아들의 배움과 참여 등에 대한 기록을 바탕으로 교육과정을 평가하고 교육과정 개선 계획에 이를 반영할 수 있다.

2) 영유아 행동 특성 및 변화 정도 확인

영유아 평가는 일상생활 및 놀이과정에서 이루어질 수 있다. 영유아의 놀이에 대한 기록(예: 계획안 또는 일지에 기록한 유아들의 실제 놀이 모습, 영유아의 놀이결과물, 작품, 사진이나 동영상 등)을 통해 영유아의 흥미와 관심, 놀이 선호, 또래와의 상호작용 등 영유아의 특성과 변화 정도를 평가할 수 있다. 이때 교육과정 영역의 내용이 놀이에서 어떻게 경험되고 어떤 배움이 일어났는지 살펴본 후 이를 추후 놀이지원에 반영할 수 있도록 한다.

3) 상호작용 분석

놀이에서 아이가 어떻게 다른 아이들과 상호작용하는지, 언어적 · 비언어적 소통을 어떻게 하는지 분석한다. 이러한 관찰은 사회적 상호작용 발달을 평가하는 데 도움을 준다.

4) 5개 영역 통합적 이해

표준보육과정과 누리과정의(신체운동 · 건강, 의사소통, 사회관계, 예술경험, 자연탐구 영역)은 영유아가 놀이를 통하여 경험해야 할 내용이므로 교사는 놀이상황에서 5개 영역과 관련한 경험이 어떻게 이루어졌는지 연계할 수 있다. 이는 5개 영역의 내용을 영유아가 달성해야 할 성취의 기준으로 삼는다는 것은 아니다. 매일 일과를 5개 영역에 따라 연계할 필요는 없다. 놀이 흐름이 마무리되었을 때 5개 영역의 경험이 어떻게 나타났는지 놀이를 분석한다.

놀이 후 놀이 분석하기

사례 제목

사례 선정의 의미와 놀이의 의미

교사의 놀이 의미 읽기의 시작

교사가 놀이 흐름을 따라가며 기록하게 된 배경

이야기, 이야기, 또 다른 이야기

유아는 끊임없이 이야기를 만든다.
이야기는 새로운 이야기로 연결되고,
그 이야기는 놀이에 생동감을 준다.
이러한 이야기는 때로는 짧기도 하다.
이 과정에서 우리는 3세 유아의 놀이가 너무 짧다거나
놀이가 나타나지 않는다고 걱정하기도 한다.
주제가 있고 이와 연결되는 놀이만이 놀이라고 할 수 있을까?

교사의 놀이 의미 읽기의 시작

놀이 시간에 2명의 유아가 악기를 가지고 즐겁게 놀이하는 모습을 보고
무슨 놀이인지 궁금하여 놀이를 따라가기 시작하였다.

사례에 나타난 놀이의 흐름

교실 전경

놀이 흐름 따라가기

누가	언제	어디서
3세 유아	2019년 7월, 오전 놀이 시간	음률 공간

〈교실 전경〉

유아는 아침에 등원하여 놀이 자료를 탐색하기도 하고, 다른 유아의 놀이를 관찰하기도 한다. 몇몇의 유아는 교사에게 집에서 있었던 일을 이야기하기도 하고, 쌓기 놀이 공간에 먼저 온 유아는 도로를 만들어 자동차를 굴려 보는 놀이를 하고 있다. 또 미술 공간에서는 그림을 그리거나 여러 가지 놀이 자료를 탐색해 본다. 어떤 유아는 교사에게 책을 읽어 달라고 하며, 그림책을 보기도 한다.

수연이는 먼저 와 있는 은지를 보더니 활짝 웃으며 음률 공간으로 달려간다.

출처: 2019 개정 누리과정 놀이이해자료

놀이 경험 이해

유아의 놀이 경험 이해

〈유아의 놀이 경험〉

은지와 수연이는 아침 등원 시간에 만나 반가움을 나눈다. 그리고 나서 음률 공간에서 코끼리 코 악기로 수영장, 수영장 미끄럼틀로 상상하여 표현하고, 실로폰 채로는 사람으로 가상하여 수영장 놀이를 한다. 두 유아는 수영장 놀이와 자신의 경험(수영장 침대, 물속에서 나와 추웠던 경험 등)을 연결하여 침대를 만들고, 실로폰 채가 춥지 않도록 침대 이불을 만들어 덮어 주며 놀이를 이어 간다. 그러다 침대와 이불이었던

교사의 놀이 이해

〈교사의 놀이 이해〉

교사는 악기도 유아에게 이야기 짓기의 소재가 되는 놀이 자료가 될 수 있다는 것을 알게 되었다. 또한 3세 유아도 또래와 상상 이야기를 주고받으며 놀이할 수 있다는 것을 알게 되었다.

개정 누리과정 5개 영역 내용 연계

* 이 놀이 사례에서 두드러지게 나타나는 놀이 경험을 중심으로 기술

5개 영역 내용 연계

의사소통

듣기와 말하기 → 상대방이 하는 이야기를 듣고 관련해서 말한다.

책과 이야기 즐기기 → 말놀이와 이야기 짓기를 즐긴다.

- 유아는 놀이하는 또래의 이야기를 듣고 관련 지어 말하며 놀이를 이어 간다. 유아는 상상을 통해 다양한 상황(수영장, 침대, 이불, 표류하는 배, 다리 등에서 놀이하는 상황)을 지어내고, 지어낸 상황에 맞게 이야기를 짓는 것을 즐긴다.

예술경험

창의적으로 표현하기 → 극놀이로 경험이나 이야기를 표현한다.

- 유아는 수영장, 침대, 표류하는 배, 다리 등에서 놀이하는 상황을 자유롭게 이야기로 표현한다.

교사 성찰

사례를 제공한 교사의 이야기와 성찰

음률 공간에서 유아가 악기 소리를 탐색하고, 악기를 연주해 보며, 노래도 부르는 등 다양한 경험을 해 보길 기대했는데 뜻밖에도 악기들이 여러 가지 사물로 가작되어 이야기 짓기와 상상놀이로 연결되고 있었어요. 유아를 바라보며 '악기의 용도와 연주 방법에 대하여 알려 주어야 할까?', '이렇게 놀이하는 것도 허용해 주어야 할까?'를 고민하게 되었어요. 그렇게 내가 고민하는 사이에도 두 유아는 재미있는 여러 가지 이야기를 만들어 내며 즐거운 상상놀이를 이어 가고 있었어요.

짧게 흘러가는 놀이 속에 유아들의 다양한 경험과 생각이 들어 있는 것을 보게 되었고, 내용이 수시로 변하고 다양한 이야기가 연결되면서 그것만으로도 충분히 즐거운 놀이가 이루

교사 지원의 특징

▣ 교사 지원의 특징

유아가 재미있게 놀이하고 있었기 때문에 중간에 개입하지 않고 주도적으로 놀이하도록 하였다.

출처: 2019 개정 누리과정 놀이이해자료

4. 활용(Application)

1) 개별화된 지도 계획

분석한 결과를 바탕으로 아이에게 필요한 지원과 활동을 계획한다. 예를 들어, 협동 놀이를 어려워하는 아이는 더 많은 그룹 놀이 경험을 제공할 수 있다.

2) 부모와의 소통

놀이 관찰 기록과 분석 내용을 부모와 공유하여 아이의 발달 상태를 이해하도록 돕는다. 부모와의 협력을 통해 일관된 지원이 가능해진다.

3) 교사 간 협력

여러 교사와 관찰 및 분석 내용을 공유하여 각기 다른 관점을 통해 놀이와 발달을 다각도로 이해할 수 있다.

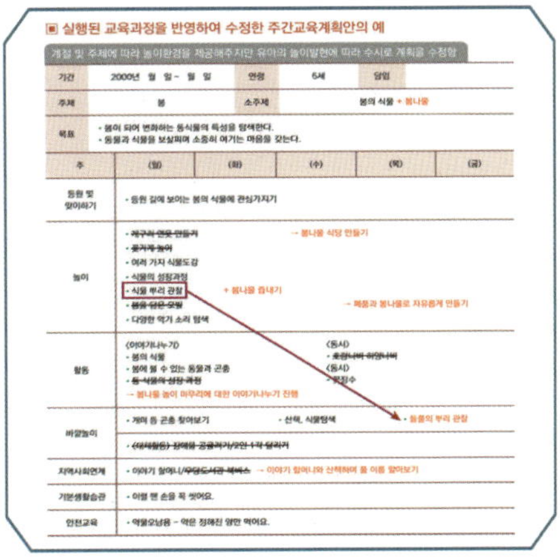

■ 실행된 교육과정을 반영하여 수정한 주간교육계획안의 예

기간	2000년 월 일 ~ 월 일	연령	5세	담임	
주제	봄	소주제	봄의 식물 + 봄나물		
목표	• 봄이 되어 변화하는 동식물의 특성을 탐색한다. • 동물과 식물을 보살피며 소중히 여기는 마음을 갖는다.				

주	(월)	(화)	(수)	(목)	(금)
등원 및 맞이하기	• 등원 길에 보이는 봄의 식물에 관심가지기				
놀이	• 여러 가지 식물도감 • 식물의 성장과정 • 식물 뿌리 관찰 + 봄나물 즙내기 • 다양한 악기 소리 탐색 → 봄나물 식당 만들기 → 폐품과 봄나물로 자유롭게 만들기				
활동	〈이야기나누기〉 • 봄의 식물 • 봄에 볼 수 있는 동물과 곤충 → 봄나물 놀이 마무리에 대한 이야기나누기 진행 〈동시〉 〈동시〉				
바깥놀이	• 개미 등 곤충 찾아보기 • 산책, 식물탐색 • 들풀의 뿌리 관찰				
지역사회연계	• 이야기 할머니 → 이야기 할머니와 산책하며 풀 이름 알아보기				
기본생활습관	• 이럴 땐 손을 꼭 씻어요.				
안전교육	• 약물오남용 – 약은 정해진 양만 먹어요.				

CHAPTER 10

사회적 변화와 놀이의 미래

Chapter 10
사회적 변화와 놀이의 미래

디지털 기술의 발전은 놀이의 모습과 방식을 근본적으로 변화시키고 있다. 과거의 놀이가 주로 실물 장난감과 야외 활동을 중심으로 이루어졌다면, 현대 영유아들은 다양한 디지털 기기를 활용하여 놀이와 학습을 경험하고 있다. 스마트폰, 태블릿, 그리고 다양한 앱을 통한 디지털 놀이는 영유아들의 호기심을 키우고 창의성을 발휘할 수 있는 새로운 환경을 제공한다. 이로 인해 디지털 놀이는 단순한 오락을 넘어, 배움과 놀이를 자연스럽게 연결하는 중요한 매개체로 자리잡고 있다. 이에 본 장에서는 이러한 사회적 변화 속에서 디지털 기술이 놀이 속에 어떻게 활용되고 있는지 살펴보고자 한다.

1. 디지털 기술과 놀이 변화

디지털 기기의 발전과 그로 인한 영유아 놀이 방식과 환경의 변화를 분석하고 이를 통해 영유아 발달에 미치는 영향에 대해 논하고자 한다.

1) 디지털 기술이 영유아 놀이에 미친 영향

코로나19 이후 디지털 기반의 원격교육 활성화 기본법이 2021년 9월 24일 공포되고 2022년 3월 35일 시행 및 제정되었고 교육의 궁극적인 목표 달성을 위해 ICT 매체를 교육적인 한 부분으로 포함해야 한다(UNESCO, 2018)고 제안했다. 디지털과 관련하여 교육환경에도 많은 영향을 받는 시점에 감각을 통한 실물교육을 강조한 유아교육 현장에서도 디지털 기기를 사용하는 영유아의 연령이 점차 낮아지고 있다(류정하, 2020). 이제는 ICT 매체를 어떻게 활용하고 어떻게 제공해야 하는지에 대한 활용 방법과 전략을 고민해야 하는 시기로(김민정 등, 2020) 유아교육에서도 디지털 기반의 교육을 당연히 수행해야 하는 상황으로 직면해 있다(이영미, 2019).

코로나19 상황에서 유아교육기관에서는 교사를 주체로 학습을 지원하는 방식의 놀이꾸러미, 교육 동영상 및 콘텐츠 시청 등으로 이루어졌다(문무경, 2022). 이러한 과정 속에서 유아교사들은 많은 어려움을 겪었고, 이를 토대로 유아중심 및 놀이중심의 디지털 기반 놀이환경 구축 및 운영이 필요하다는 공감대를 형성(서윤희, 한유진, 2021)하는 계기가 되었다. 이에 교육부는 미래형 교사양성 체제 구축과 아울러 2019 개정 누리과정을 바탕으로 유아의 디지털 경험을 반영하는 미래형 유아교육 과정을 도입하겠다고 발표하였다(교육부, 2020). 영유아 놀이환경에 디지털 경험이 이루어졌을 때, 부모와 교육자들이 가장 우려하는 몇 가지 주요 문제는 다음과 같다.

(1) 과도한 스크린 타임

디지털 기기 사용이 지나치게 길어지면 영유아의 신체적, 정서적 발달에 부정적인 영향을 미칠 수 있다. 특히 지나친 스크린 타임은 시력 저하, 신체 활동 부족으로 인한 비만, 수면 장애 등을 유발할 수 있다. 미국소아과학회(American Academy of Pediatrics)는 영유아의 스크린 타임을 제한하고, 2세 미만의 경우 가급적 피할 것을 권장한다(American Academy of Pediatrics, 2016).

(2) 사회적 상호작용 부족

디지털 놀이 환경에서의 활동은 영유아들에게 혼자서 즐기도록 구성된 경우가 많아, 실제 사람들과의 대면 상호작용이 줄어들 수 있다. 이는 사회적 기술, 언어발달, 감정 조절 능력 발달에 필요한 대인관계 경험을 제한할 수 있다. 연구에 따르면, 영유아기는 대인관계를 통해 공감 능력, 사회적 규범을 배우는 중요한 시기이다(Sherry, 2004).

(3) 정보 과부하와 주의력 문제

디지털 기기를 통한 놀이가 자극적인 이미지, 빠르게 변화하는 콘텐츠로 구성된 경우, 영유아들의 집중력에 악영향을 줄 수 있다. 이런 정보 과부하 상태에서 자주 노출되면 주의력이 흩어지고, 학습 과정에서도 끈기 부족과 산만함이 증가할 위험이 있다(Christakis, 2009).

(4) 불안정한 콘텐츠와 부적절한 정보에 대한 접근

디지털 놀이 환경에서 제공되는 콘텐츠가 반드시 연령에 적합한 것만은 아니다. 일부 콘텐츠는 폭력적이거나 상업적인 요소를 포함하여 아이들에게 부적절할 수 있으며, 광고나 인앱 구매를 유도하는 경우도 있다. 이는 영유아들이 부적절한 정보에 노출되거나, 부모의 통제 없이 불필요한 소비를 하게 만드는 문제를 초래할 수 있다(Nansen, Chakraborty, Gibbs & MacDougall, 2012).

(5) 개인정보 보호 문제

디지털 놀이 환경을 통해 수집되는 영유아의 데이터는 보안 취약성에 노출될 수 있다. 일부 앱과 장치가 영유아의 위치, 음성 데이터, 개인 프로필 등을 수집할 수 있으며, 부모의 허락 없이 타사와 공유될 위험도 있다. 이는 영유아의 개인정보 보호 및 디지털 안전 문제를 야기할 수 있다(Livingstone & Stoilova, 2021).

영유아기 디지털 기술 활용이 과몰입, 중독의 위험성에 대해 지적하면서(이수기, 이현경, 홍혜경, 2014) 인지, 정서 및 사회성 발달 지연(여성가족부, 2020)에도 영향을 미치며, 스마트기기를 과도하게 이용한 유아는 의사소통 능력 부족, 친사회적 행동 감소, 문제행동 증가, 주의력 저하, 의사소통 능력 부족이라는 문제를 보인다(김윤나, 박희숙, 2016; 김정겸, 강영식, 2016; 김종민, 문정주, 권미량, 2014). 또한 영유아기 관련 스마트기기 이용에 대한 연구 동향을 살펴보면, 스마트기기의 부정적 영향에 대한 연구가 긍정적 영향을 본 연구에 비해 3배 정도 많았다(장현진, 남옥손, 2021). 이러한 부정적인 영향 외에도 불안정한 콘텐츠와 부적절한 정보에 대한 접근(Nansen, Chakraborty, Gibbs & MacDougall, 2012)과 개인정보 보호 문제(Livingstone & Stoilova, 2021) 등 사회적으로 심각한 문제까지 야기하고 있다.

이와 같이 걱정되는 점들을 고려하여 디지털 놀이 환경을 설계할 때는 영유아들의 안전과 발달을 보장하는 방식으로 접근하는 것이 중요하다. 부모와 교사들은 디지털 기기 사용에 대한 명확한 가이드라인을 설정하고 영유아들이 디지털 놀이를 하는 동안 모니터링 및 적절한 지도를 제공할 필요가 있다.

2. 스마트한 디지털 활용하기

영유아 교육 현장에서의 디지털 플랫폼, 스마트패드와 같은 디지털 기기들은 이제 더 이상 교사에게 낯선 환경은 아닐 것이다. 영유아는 디지털 환경 속에서 끊임없이 상호작용하며 디지털은 영유아의 일상생활과 밀접하게 연관되어 있다. 본 장에서는 놀이중심 교육과정 운영에 적합한 디지털 활용 방안에 대해 소개하고자 한다(서울교육, 2023).

1) 디지털 놀이기록으로 놀이의 의미 더하기

영유아·놀이 중심 교육과정을 운영하며 '놀이기록'은 모든 영유아 교사의 공통된 고민이다. 이러한 고민에 디지털을 더해 효율적으로 영유아의 놀이와 배움을 시원하는 영유이 관찰 및 놀이기록 방식을 원하게 되는데, 굿노트(Good Notes) 앱을 사용하여 놀이기록을 하는 것이다. 굿노트는 ios 기반의 노트 필기 앱으로 놀이계획, 놀이기록, 작품해석, 저널 등을 즉각적으로 기록하고 문서화하여 사용할 수 있다.

디지털 놀이기록의 장점은 5가지로 정리할 수 있다. 첫째, 작업이 간편하고 언제 어디서든 기록이 가능한 휴대성이다. 둘째, 손 필기를 하며 편리하게 문서화 및 저장을 동시에 할 수 있다. 셋째, 쉬운 사진 편집, 빠른 수정, 놀이기록 파일 즐겨찾기 및 자동 동기화 기능이 있어 접근성이 높다. 넷째, 영유아 관찰과 놀이기록을 하며 동시에 문서화하여 시간을 절약할 수 있어 효율적이다. 다섯째, 영유아의 놀이를 관찰하며 즉시 기록하여 역동적인 관찰과 기록이 가능하다.

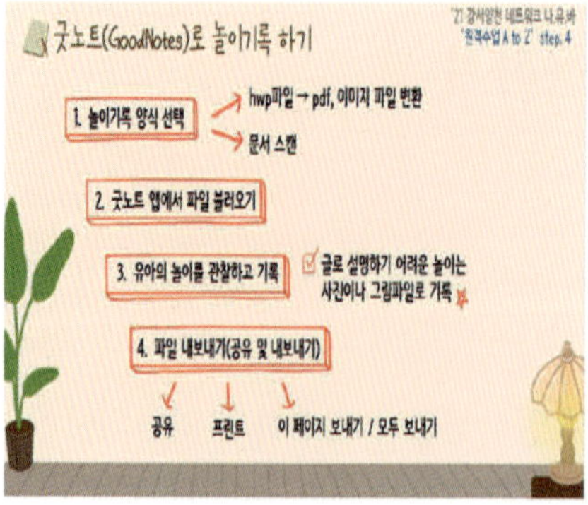

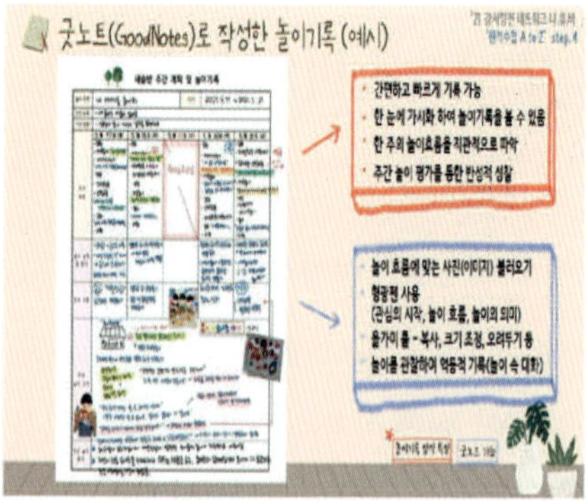

〈굿노트(GoodNotes)를 활용한 놀이기록 방법 및 예시〉

출처: 원격수업 A to Z 연수 자료 중 발췌, 2021 강서양천 네트워크 교사 연수.

2) 패들렛(Padlet)으로 가정과 손쉬운 놀이 공유하기

교실에서 다양한 놀이가 이루어지고 놀이에 활용할 수 있는 디지털 앱과 플랫폼이 많아지면서 이를 하나로 정리할 수 있는 온라인 작업공간을 마련하게 되었다. 유아들과 교실에서 그림 끝말잇기와 같은 간단한 놀이를 '반짝놀이'라고 이름 짓고, 누적해서 저장하여 우리반의 놀이로 만들어 나갈 수 있었다. 더불어 우리반의 놀이 이야기를 패들렛(Padlet)으로 공유하거나, 가정에서도 함께할 수 있는 다양한 놀이를 링크로 공유하고 소개하여 손쉽게 가정과 연계할 수 있었다.

교사, 유아, 가정과의 활발한 소통이 이루어질 수 있는 디지털 공간인 패들렛(Padlet)의 가입 방법 및 가정 연계 사례는 다음과 같다.

출처: 서울특별시교육청 미래교육지원단. 패들렛으로 보는 놀이중심 교육과정 일년살이 자료 (2022).

3) 스마트기기 교실 수업에 활용하기

스마트기기는 놀이기록 이외에도 교실에서 유용한 수업 도구로 사용할 수 있다. 교실에 있는 TV와 연결하여 미러링(Mirroring)하면 이야기 나누기 활동 시 스마트칠판이 되기도 하고, 놀이 사진을 보며 놀이를 평가하는 수업 매체가 되기도 한다. 예를 들어 놀이기록 시 사용하는 굿노트 앱을 미러링하여 실행하면 아이들이 직접 나와 펜으로 그림이나 글로 생각을 표현할 수 있고 다른 친구들과 아이디어를 공유할 수도 있다. 또한 유아들끼리 디지털 드로잉으로 그림을 그리고 퀴즈를 맞혀 보는 놀이를 즐기거나 유아 간 놀이 방법을 공유하는 화면이 되기도 한다. 또 다른 활용 방법으로는 놀이 평가 시 놀이 사진 위에 그림이나 글로 유아와 놀이를 평가하고 유아의 요구와 다양한 놀이 지원 아이디어를 기록으로 남길 수 있다.

3. 놀이와 배움을 잇는 디지털 놀이 지원하기

디지털 전환을 통한 디지털 경험과 환경은 시·공간을 초월하며 다채로운 놀이 경험을 할 수 있게 한다. 유아 발달 수준에 적합한 디지털 교육환경을 구축하여 디지털을 활용한 미술 놀이, 가상공간 체험, 역할극 놀이를 경험하고, 자신의 삶과 연계하여 사고를 확장해 나감으로써 놀이 속에서 배우고 성장하며 디지털 역량을 증진할 수 있다.

디지털 놀이를 교실놀이 맥락에서 지원할 때 다음 사항을 꼭 기억하면 좋을 것 같다. 첫째, 일회성의 마술적인 체험으로 그치는 것이 아니라 놀이 맥락 속에서 자연스럽게 다루어지며 유아가 주도적으로 경험할 수 있도록 디지털 놀이 환경을 구성해야 한다. 둘째, 디지털 기기 사용에 대한 충분한 탐색 기회와 시간을 주고, 사용 방법과 규칙에 대해 약속을 함께 정해야 한다. 셋째, 디지털 놀이에만 치우치는 것이 아니라 디지털 놀이와 전통적인 놀이를 통합하여 상호보완적인 놀이가 이루어지도록 하여 보다 풍성한 놀이를 실현할 수 있도록 지원한다.

교육부(2021)에서 제시하는 디지털 기반 놀이환경 현장지원자료에서 제시한 사례를 통해 소개하려고 한다.

사례

내 마음

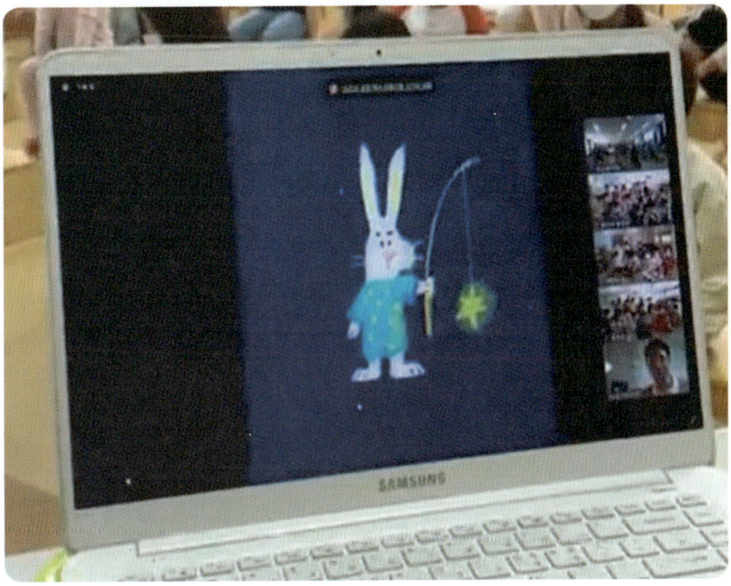

누가	언제	어디서
5세 23명	오전 놀이시간 대집단 활동시간	교실 강당

디지털 기반 놀이환경	무선인터넷(Wifi) 노트북 Zoom	실물화상기 미러링 빔프로젝트

놀이흐름

어떤 마음일까?

미러링
"어떤 마음일까"
여러가지 표정얼굴 보기

미디어 동화
"내 마음"
여러 가지 마음에 대해 알아보기

실물화상기
"별 낚시"
동화 듣기

작가님 궁금해요

Zoom
"작가와의 북데이"
김상근 작가와의 만남

별낚시를 읽고,
동극하기

빔프로젝트
"별낚시 동극"
동극 감상하기

어떤 마음일까?

오전 자유놀이 시간에 유아들의 다툼이 있었다. 다투게 된 이유에 대해 이야기를 들었다. 마음에 따라 표정이 달라질 수 있음을 이야기 나누고, 다양한 표정 사진을 미러링으로 보았다.

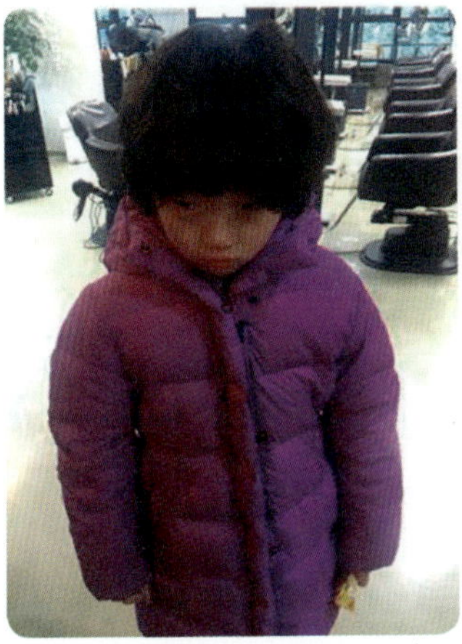

**"난 긴 머리카락이 좋은데,
엄마가 마음대로 잘라서 속상했어요."**

유아들의 다양한 얼굴 표정을 보고, 미디어 동화 「내 마음이 변해요」를 보았다.

유아들은 동화를 보고 난 후 여러 가지 마음이 있다는 것을 알게 되었다. 도서방에서 속상해하는 유아의 마음을 따뜻하게 해 줄 수 있는 그림책을 찾아보았다. 유아들이 가지고 온 그림책 중에서 어떤 그림책이 가장 좋을지 투표를 하였다.

"내가 좋아하는 그림책은 「별낚시」야."
"나도 「별낚시」에 스티커를 붙여야지."
"「별낚시」가 1등이다!"

유아들에게 가장 인기있는 그림책은 「별낚시」 였다. 유아들이 함께 보고싶어 해서, 실물화상기로 다 같이 보았다.

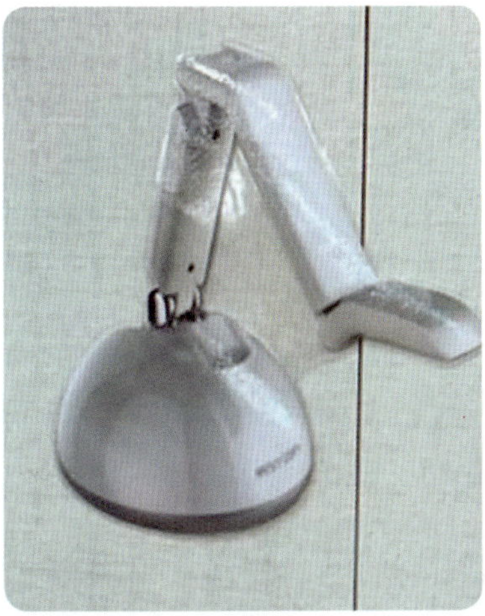

그림책을 보고 난 유아들은 「별낚시」 그림책에 대해 궁금한 점을 이야기 하였고, 궁금한 점을 칠판에 적었다.

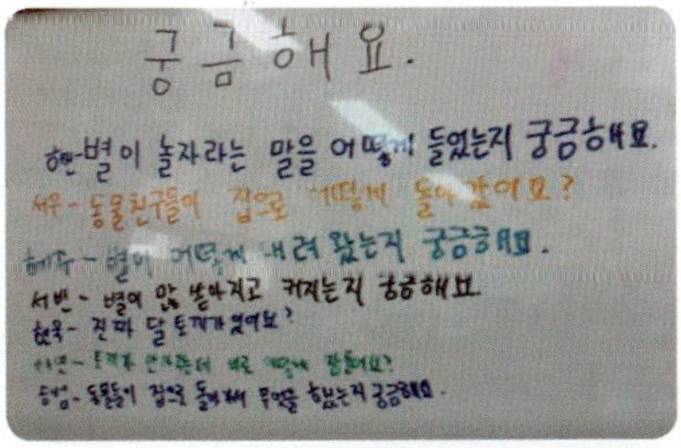

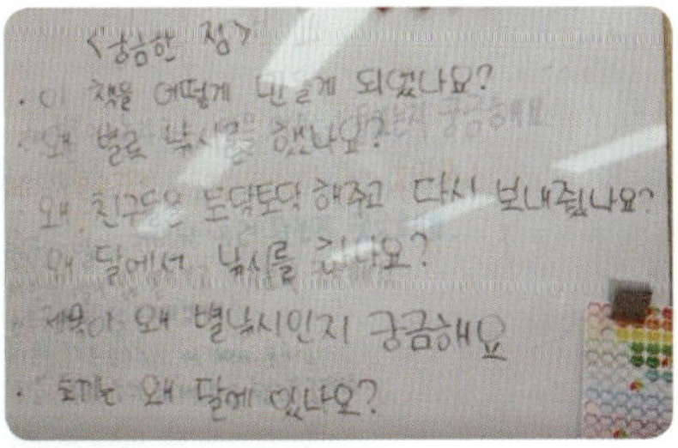

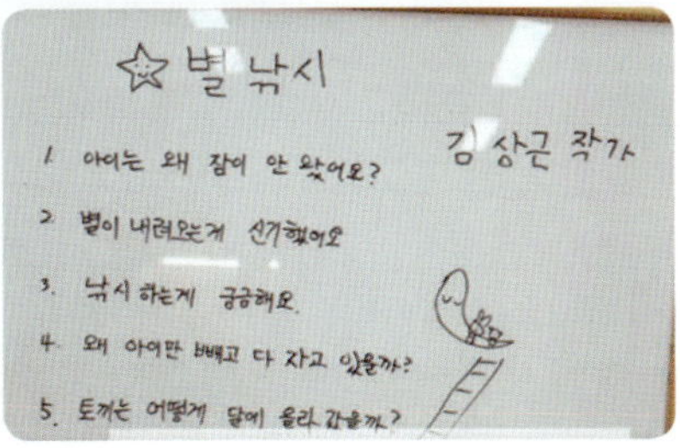

작가님이 궁금해요

유아들의 궁금증을 해소해 주기 위해 「별낚시」 작가인 김상근 작가님에게 연락을 하였다. 작가님은 유치원 직접 방문이 어려우니 Zoom으로 유아들을 만나주겠다고 하셨다. 김상근 작가님과 약속한 '북데이날', 유치원 전체 유아들이 강당으로 모였다.

"진짜 나오실까?"
"기대된다."
"떨린다"

"「별낚시」는 어릴 때 밤에 잠이 잘 오지 않았던 기억과
아프리카라는 곳에서 본 밤하늘의 별을 생각하면서 만들었어요.
친구들을 만난다는 생각에 설레었어요.
이렇게 친구들의 보니 행복하고 좋아요."

「별낚시」를 읽고 동극하기

「별낚시」 그림책 김상근 작가는 유아들을 만나서 무척 기뻤다고 하셨다. 유아들도 작가님을 만났을 때의 마음과 그림책에서 가장 인상 깊었던 장면을 그림으로 그리고 글로 썼다.

유아들은 「별낚시」 동극을 하기로 했다. 동극 무대 꾸미기는 교사가 도와주었다. 별은 종이커팅기를 이용해 만들었다.

「별낚시」 동극은 스마트폰으로 촬영 하였다.

"애들아!
여기를 봐야지~~~
이제 됐다.
시작!!!"

촬영한 동극은 도서방에서 빔프로젝트로 상영하였다.

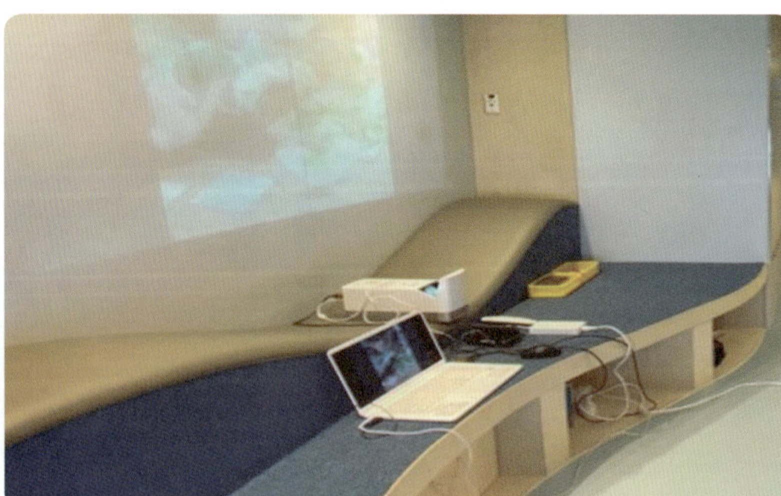

유치원 전체 유아들에게 줄 「별낚시」 그림책을 구매하였다. 김상근 작가님은 유아 한 명 한 명 이름을 적고 사인을 해주셨다. 그림책을 선물 받은 유아들은 기뻐하였다.

"아빠!
작가님이 내 이름도 적어주셨어.
작가님 사인도 있어."
"와~~~ 좋겠다"
"응~~ 너무 좋아~~~"
"「별낚시」 다 읽고 나면 기분 좋은 마음으로 잘 수 있을 것 같애"

김상근 작가님과의 북데이 동영상은 QR코드로 만들어 SNS에 업로드하였다.

작가와의 만남

유아들은 잠 온다고 떼쓰는 동생들에게 「별낚시」 그림책을 읽어주면 좋을 것 같다고 했다. 유아들은 속상 하고 화나고 짜증나는 마음도, 즐겁고 행복하고 기분 좋은 마음도 모두 다 소중한 마음이라는 것을 알게 되었다.

교사의 고민과 지원

그림책 작가를 만날 수 있을까?

유아들과 그림책을 보면서, 그림책의 글이나 그림작가에게 궁금한 점이 많았어요. 그림책 「별낚시」 출판사를 통해 김상근 작가님과 연락이 되었고, 작가님이 유아들과 Zoom으로 만나주겠다고 하셨어요.
소수의 유아가 아니라 우리 유치원 전체 유아들과 작가님이 원활하게 소통 할 수 있을지 걱정이 되었지만, 유아들이 Zoom을 활용해 본 경험이 있어서 인지 큰 무리 없이 진행되었어요.

유아들이 작가님과의 Zoom 만남에 집중할 수 있을까?

Zoom의 특성 상 화면에 집중하지 못하면 활동 진행이 어려워질 수 있어요.
유아들이 김상근 작가님의 이야기에 지속적으로 관심을 기울일 수 있도록 유아들이 작성한 질문 목록을 바탕으로 질문했어요.
작가님께서 유아들을 이해하시고, 많은 관심을 보여주셔서 감동적이었습니다.

동극 촬영을 할 때 화면이 흔들리지 않을까?

동극을 촬영하려면 촬영하는 유아는 움직이지 않아야 되는데 촬영을 하면서 움직이지 않는 건 성인들도 쉬운 일이 아니었어요. 유아들이 스마트 폰이나 디지털 카메라 등 촬영도구를 손에 들고 있을 때는 화면 흔들림이 더 심할 것 같았어요. 그래서 거치대를 설치해 주었어요.
거치대가 있으니, 촬영하는 유아도 편하고 안정적으로 촬영할 수 있었어요.

디지털 기반 놀이 더하기

빔프로젝트

빔프로젝트 또는 노트북과 TV를 이용하여 "마음"에 대한 애니메이션 영화를 (Inside Out, Soul 등) 관람할 수 있습니다.

태블릿PC

유아들이 여러 가지 상황에서 느끼는 다양한 마음에 대한 표정을 지어보고, 태블릿PC로 사진이나 동영상을 촬영할 수 있습니다.

미러링

다양한 얼굴 표정을 지어보거나 얼굴 표정 사진을 미러링으로 같이 볼 수 있습니다.

검색엔진(유튜브, 구글, 네이버 등)

다양한 사람들의 다양한 얼굴 표정을 검색해 볼 수 있습니다.

디지털 기반 놀이 들여다보기

Learning the media	Interaction	Network	Knowing digital-based play
디지털 기기의 조작 방법 배우고 익히기	친구, 선생님, 디지털 기기와 소통하며 놀이하기	가정 또는 지역사회와 연계하며 확장하기	디지털 기반 놀이를 이해하고 활용방안 탐색하기

L	Zoom 활용법, 동영상 재생법, QR코드 재생법 익히기
I	사람에게 여러 가지 마음이 있음을 알기 나의 마음과 타인의 마음이 다를 수 있음을 알고 이해하기 마음이 기쁠 때와 슬플 때 알기
N	그림책 작가와 만나기
K	다양한 마음의 표정을 촬영하여 '감정동화책' 제작하기

다름 요소 차이와 다양성, 존중과 배려

다움 요소

인간다움	미래다움
따뜻한 사고, 포용, 행복	창의적 사고, 디지털 기기 조작 및 활용 능력

디지털 역량

교 사	유 아
Zoom 활용 실물화상기 활용 미러링 활용 동영상제작 QR코드 제작 및 활용	Zoom 활용 동영상 재생 QR코드 재생

CHAPTER 11

놀이 실제

Chapter 11 놀이 실제

1. 수·조작놀이

1) 수·조작놀이의 개념

수 · 조작놀이는 영유아가 수 개념을 이해하고 수학적 사고 능력을 기르는 데 도움을 주는 놀이로, 블록 쌓기, 분류하기, 비교하기, 순서대로 배열하기 등과 같은 활동을 포함한다(박은희, 2018). 이러한 놀이는 영유아들이 직접 사물과 상호작용하며 수의 크기, 양, 패턴 등을 체험적으로 학습할 수 있게 한다(이영희, 2021).

2) 수·조작놀이의 중요성

수 · 조작놀이는 영유아의 초기 수 개념 형성에 중요한 역할을 한다. 연구에 따르면, 영유아가 어릴 때부터 수 개념을 익히고 수학적 원리를 이해하는 것은 이후 학습 능력과 문제해결력 발달에 긍정적인 영향을 미친다(김현정, 2019). 예를 들어, 블록을 쌓고 개수를 세어보는 활동은 기본적인 덧셈과 뺄셈 개념을 체험적으로 익히게 하고, 다양한 모양과 크기의 물체를 분류하거나 정리하는 과정은 논리적 사고력과 추론 능력을 발달시키는 데 기여한다(손민주, 2020).

3) 수·조작놀이 시 교사의 역할

교사는 수 · 조작놀이가 단순한 놀이가 아닌 학습 기회가 될 수 있도록 유도하는 중요한 역할을 한다. 교사는 수 · 조작놀이 활동 중 영유아의 수준에 맞춘 적절한 질문을 통해 아이들이 개념을 이해할 수 있도록 도와주며, 놀이과정에서 문제해결 방법을 스스로 탐구할 수 있게 격려한다(박지은, 2021). 예를 들어, "이 블록을 다 쌓으면 몇 개가 될까?"와 같은 질문을 통해 아이들이 스스로 수 개념을 적용해 보는 기회를 제공하는 것이다. 또한, 교사는 다양한 수 · 조작 자료를 제공하여 아이들이 창의적으로 탐색할 수 있도록 환경을 마련하고, 개별적인 놀이에 맞는 피드백을 제공하여 긍정적인 학습 경험을 지원해야 한다(이수연, 2019).

수·조작놀이 들여다보기

<table>
<tr><td>놀이명</td><td>신나는 퍼즐놀이</td><td>대상연령</td><td>3세</td></tr>
<tr><td>놀이 자료 및 환경</td><td colspan="3">– 유아들이 충분히 놀이를 할 수 있도록 다양한 퍼즐을 마련한다.
자동차 퍼즐, 개구리 퍼즐, 우리 반 퍼즐, 교사 퍼즐, 사진 퍼즐 앱
– 유아들의 폭넓은 경험을 위해 놀이 공간을 가상 공간으로 확장 시켜 준다.
– 유아들이 함께 놀이를 할 수 있도록 전자기기를 연동하여 제공한다.</td></tr>
<tr><td>안전 및 유의사항</td><td colspan="3">– 놀이 중 퍼즐을 가지고 장난치거나 다른 유아들에게 던지지 않도록 미리 유아들에게 안내하고 안전하게 놀이할 수 있도록 관찰한다.
– 다투지 않고 순서를 지켜서 놀이할 수 있도록 안내하고 관찰한다.
– 유아의 눈과 태블릿PC 화면의 적정 거리를 유지하며 태블릿PC를 바르게 사용하도록 안내하고 관찰한다.
– 3세의 수준에 맞춘 조각, 종류의 퍼즐을 제공한다.</td></tr>
<tr><td>교사의 기대</td><td colspan="3">– 다양한 퍼즐과 가상공간을 이용한 퍼즐 놀이를 통해 문제해결력과 탐구력을 기른다.
– 손과 손가락의 소근육을 사용하여 퍼즐 놀이를 하며 소근육의 발달과 눈과 손의 협응이 이루어지도록 한다.
– 손끝의 사용을 통해 실용적이고 예술적인 감각과 정밀함, 치밀함을 몸에 익힌다.
– 다른 유아와 함께 협력하며 더불어 생활하기와 협동심을 가진다.
– 쌓기 놀이를 통해 신체적 조절능력을 기르며 자유롭게 표현해 본다.
– 디지털을 활용한 놀이를 통해 미래사회를 살아가기 위해 필요한 삶의 방식을 배운다.</td></tr>
<tr><td>놀이의 전개과정</td><td colspan="3">놀이 → 놀이
3월에 새 학기가 시작되고 유아들이 우리반 친구들과 교실 환경, 교사에게 관심을 많이 가지게 되었다. 자유 놀이 시간 전, ‘우리 선생님’ 동시 활동 도입 자료로 사용된 교사 퍼즐에 많은 유아가 관심을 보였다. 자유놀이 시간이 되어 유아들이 조작놀이 영역에서 퍼즐로 놀이하던 유아가 다른 퍼즐로도 놀이하고 싶다고 하여 교사가 교사 퍼즐, 우리 반 퍼즐을 지원해주어 새로운 퍼즐로 놀이한다. 다양한 퍼즐로 놀이하던 유아가 자신과 친구의 얼굴 퍼즐도 맞춰보고 싶다고 하여 사진 퍼즐 앱을 제공하여 놀이가 전개된다. 놀이를 하던 중 미처 놀이에 참여하지 못한 유아들의 요구로 태블릿PC 1대를 더 제공해 여러 유아가 함께 놀이를 이어간다.</td></tr>
<tr><td colspan="4">놀이의 시작</td></tr>
<tr><td>놀이의 시작</td><td>조작놀이 영역에서 유아들끼리의 놀이</td><td>자유 놀이 시간 전, ‘우리 선생님’ 동시 활동 도입 자료로 사용된 교사 퍼즐에 많은 유아가 관심을 보였다. 자유놀이 시간이 되어 유아들이 조작놀이 영역에서 다양한 퍼즐로 놀이하고 있다.

● 유아들이 조작놀이 영역에서 퍼즐을 맞추고 있다.
C: 이건 여긴가? (퍼즐을 맞추는 유아)
C: 우와 맞췄다~
T: ○○이는 뭐 하고 있어요? (유아의 놀이를 관찰하며)</td><td>놀이 자료

〈조작 놀이 영역에서 노는 유아들의 모습〉</td></tr>
</table>

		C: 저는 퍼즐 맞추고 있어요. T: 그렇구나~ 소영이는 어제 놀이시간에 이어서 오늘도 퍼즐을 맞추고 있구나! C: 너는 무슨 퍼즐 맞추고 있어? 나는 자동차 퍼즐 맞추고 있어! C: 나는 개구리 퍼즐 맞추고 있어! 자동차 퍼즐도 재밌겠다. C: 그럼 우리 나중에 바꿔서 해볼래? C: 좋아! T: (퍼즐을 맞추는 유아들을 보며) 소영이랑 예은이가 퍼즐을 사이좋게 함께 사용하자고 이야기도 나누고 각자 퍼즐을 잘 맞추고 있네요~ 도움이 필요하면 선생님 불러주세요~ C: 네~! C: (개구리 사진 퍼즐 맞추던 유아) 너 다 맞췄어? 난 다 했는데 C: 나 두 개만 맞추면 돼. 잠시만… 나도 다했어! C: 그럼 우리 바꿔서 해보자. C: 그래~. (바뀐 퍼즐을 맞추기 시작한다.)	 〈개구리 퍼즐〉  〈자동차 퍼즐〉
놀이 실행			
놀이 관찰	유아들의 상호작용	● **유아가 다른 퍼즐도 맞추고 싶다고 이야기한다.** (퍼즐을 다 맞춘 유아들) C: 자동차 퍼즐도 다 했다. 나 이제 다른 퍼즐 맞추고 싶은데… C: 나도 다른 퍼즐 하고 싶어. 이건 다 해본 거야. C: 그러면 선생님한테 말해보자. 선생님~ 여기로 와주세요. (교사를 조작놀이 영역으로 데려오며) 선생님 저 여기 있는 거 다 맞췄어요! 다른 퍼즐은 없어요? C: 저도 다 맞췄어요!	
놀이 이어가기	교사의 놀이 자료 지원과 반응	● **교사가 아이들에게 어떤 것이 필요한지에 대해 물어본다.** T: ○○이랑 ㅁㅁ이가 벌써 퍼즐을 다 맞췄구나! 개구리랑 자동차가 완성되었네요! 정말 대단하다~ 근데 다른 퍼즐? 어떤 퍼즐로 놀이하고 싶어요? C: 저번에 본 선생님 퍼즐 맞춰보고 싶어요! T: ○○이가 동시 활동할 때 본 선생님 퍼즐을 맞춰보고 싶었구나~ 선생님이 찾아보고 갖다줄게요. 잠시만 기다려주세요. ● **교사가 유아들에게 새로운 퍼즐을 지원해준다.** T: (우리 반 퍼즐과 교사 퍼즐을 가져와 보여주며) 짜잔~	

선생님이 친구들이 하고 싶어 한 선생님 퍼즐을 가져 왔어요.
C: 선생님 감사해요.
C: 근데 그 퍼즐은 뭐에요? 책꽂이 아니에요?! (다른 유아가 우리 반 퍼즐을 가리키며)
T: 맞아요 ~ 요즘 신라반 친구들이 우리 반 환경에 관심이 많은 거 같아서 선생님이 준비했어요. 선생님이 나중에 꼭 다시 놀러올테니까 새로운 퍼즐 재밌게 맞춰 봐요. (새로운 퍼즐을 건네주며)
C: 우와~ 저는 이거 맞출래요.

〈교사 퍼즐〉

- **교사가 지원해준 새로운 퍼즐로 놀이를 시작한다.**

C: 선생님 퍼즐 재밌다.
C: 이것도 재밌어. 진짜 우리 교실이야 신기해.
C: 맞네, 내가 좋아하는 책도 보여.
(새로운 퍼즐로 놀이한다.)

〈우리 반 퍼즐〉

- **유아들이 자신과 친구의 얼굴로도 퍼즐을 맞추고 싶다고 이야기한다.**

C: 이제 선생님 퍼즐 다 맞췄다! 근데 왜 선생님 퍼즐만 있지? 난 나랑 친구들 퍼즐도 있으면 좋겠어.
C: 맞아 나도 내 얼굴 퍼즐 맞추고 싶어.
C: 선생님~ 저는 제 얼굴 퍼즐 맞추고 싶어요!
C: 저는 친구들 얼굴 퍼즐 맞추고 싶어요!
T: 그러면 우리 반 친구들 얼굴로도 퍼즐을 만들어 볼까요?
C: 어떻게요? / 어떻게 만들어요?
T: 선생님이 퍼즐 만들기에 필요한 준비물을 들고 올게요. 잠시만 기다려주세요~ (교사 자리에서 태블릿PC 1대를 가져온다)
C: 네~

- **교사가 유아들에게 사진 퍼즐 앱을 제공한다.**

T: 짜잔~ 이걸로 사진을 찍으면 사진을 퍼즐로 만들어 준대요! (태블릿PC에 퍼즐앱을 켜서 보여주며)
C: 우와 진짜요?
T: 신기하죠? 근데 우리가 전자기기를 사용할 때는 지켜야 할 약속이 있대요~ 무엇이 있을까요?
C: 던지면 안 돼요!
T: 맞아요~ 던지면 전자기기가 고장날 수도 있고 너무 위험하겠죠? 또 무엇이 있을까요?
C: 음… 엄마가 가까이서 보면 안 된다고 했어요!
T: 맞아요 ~ 전자기기를 너~무 가까이서 보게 되면 눈

〈태블릿PC 2대〉

		이 나빠진대요! 우리 신라반 약속 잘 지킬 수 있지요? C: 네~ T: 그럼 누구부터 찍어보고 싶어요~? C: 선생님 저 찍어주세요! C: 선생님 저는 친구들이랑 같이 찍을래요. C: 선생님 제가 ○○이 찍어줄래요. T: 그러면 ㅁㅁ이가 선생님이랑 같이 사진 찍어볼까요? (태블릿PC를 유아와 함께 들고 다른 유아의 사진을 찍어본다.) C: 네 좋아요! ● **교사가 지원해 준 사진 퍼즐을 만들기 위해 사진을 찍는다.** C: 나는 하트하고 찍어야지. C: 나는 인형 들고 찍을래! C: 내가 찍어줄게! T: ㅁㅁ이가 여기 동그란 버튼 눌러주세요. 하나둘셋 찰칵~ 잘 눌러줬어요. 고마워요(ㅁㅁ이와 함께 패드를 들고 사진 찍는 것을 도와준다) ● **찍은 사진으로 퍼즐 앱을 통해 놀이를 시작한다.** T: 이제 선생님이 이 사진을 퍼즐로 만들어 볼게요! (앱을 통해 사진으로 퍼즐을 만들어본다.) 짜잔 ~ C: 우와 진짜 퍼즐이 됐어~ C: 우와 그러네, 퍼즐에 내 얼굴이 있어! C: 신기해요~ / 재밌어요~ T: 이렇게 손으로 퍼즐을 클릭해서 알맞게 슉~ 옮기면 퍼즐이 맞춰져요! 도움이 필요하면 선생님이 도와줄게요~ C: 저 해볼래요. C: 저도 할래요. C: 재밌을 거 같아요. (사진 퍼즐 앱으로 놀이가 계속된다.)	 〈사진 퍼즐 앱〉
놀이 이어 가기	교사의 놀이 공간 지원과 반응	● **한 유아가 친구의 퍼즐을 함께 맞추고 싶다고 이야기한다** T: ㅁㅁ이 표정이 안 좋네요. 선생님이 도와줄 게 있을까요? C: 선생님… 근데 저도 하고 싶어요! C: 저도요! 해보고 싶어요! ● **교사는 유아들이 함께 놀이할 수 있도록 태블릿PC 1대를 더 제공한다.** T: 그럼 선생님이 친구들이 함께할 수 있도록 한 개를 더	

		갖다 줄게요~ 잠시만 기다려줘요. (태블릿PC를 1대 더 제공한다.) C: 좋아요! / 고마워요. 선생님 C: 이제 우리도 할 수 있겠다. C: 맞아 우리 같이 해보자. ● **유아들이 함께 사진 퍼즐 앱으로 놀이한다.** C: 내가 찍어줄게 C: 좋아~ 난 브이 해야지. T: 선생님이 도와줄게요 ○○이가 여기 동그란 버튼 눌러 주세요. 하나둘셋 찰칵 잘 눌러줬어요. 고마워요. T: 짠 퍼즐이 완성됐네~ 재밌게 맞춰 봐요 C: 우와 퍼즐이다. 우리도 이제 해보자~ C: 내가 위쪽 퍼즐 할테니까 너는 아래쪽 퍼즐 할래? C: 그래 좋아 ~ C: 음… 이건 입이니까 여기인 거 같아 C: 맞아 거기 맞는 거 같아 C: 음 이건 오른쪽 눈인 거 같아! C: 엥? 근데 여기가 아닌가봐 C: 여기 아니야? C: 오 맞았어! T: 우리 친구들이 한 개의 퍼즐을 싸우지 않고 사이좋게 맞추고 있네요~ C: 다 맞췄다! C: 선생님 저희 벌써 다 맞췄어요~ 재밌어요 T: 우와 우리 ○○이 얼굴이 완성되었네! 우리 신라반 너~무 잘 맞추네요~ C: 선생님 저 또 할래요! (유아들이 계속 사진 퍼즐 앱으로 놀이한다.)	
놀이 마무리	유아들의 흥미를 반영한 다음 놀이 지원 계획	● **점심시간이 되어 교사가 유아들에게 정리하자고 이야기를 한다.** T: 신라반~ 마음껏 놀이했나요? C: 조금 더 놀고 싶어요. T: 아 조금 더 놀고 싶어요? 좋아요~ 그러면 조금 더 놀고 잠시 뒤에 정리할게요. (유아들이 조금 더 놀이한다) T: (정리하기 음악 '모두 제자리'를 틀며) 신라반~ 지금 노래가 나오고 있어요. 무슨 노래인가요? C: 정리 음악이요~ T: 맞아요. 이제 맛있는 점심시간이에요. 모두 자기가 놀이하던 거 정리하고 손 씻고 밥 먹으러 갈까요? C: 네 선생님 C: 근데 나는 더 놀고 싶어요.	 〈동요 '모두 제자리' 악보〉

C: 선생님 저는 여기 찍힌 제 사진 색칠하고 꾸며보고 싶어요. C: 우와 재밌겠다 / 저도요 C: 저는 ○○이 얼굴 꾸며볼래요 T: 그럼 우리가 점심을 먹어야 하니까 하던 건 정리하고 점심을 다 먹고 친구 얼굴 꾸미기도 해보고 다른 놀이도 계속해보는 건 어떨까요? C: 좋아요 C: 네! 밥 먹고 꼭 할거에요 C: 알겠어요… T: 좋아요~ 그러면 신라반 정리 시작~		

교사의 발견

- 3월에 새 학기가 시작되고 유아들이 우리반 친구들과 교실 환경, 교사에게 관심을 많이 가지는 모습을 보였다.
- '우리 선생님' 동시 활동 도입 자료로 사용된 교사 퍼즐에 많은 유아가 관심을 보였다.
- 자유놀이 시간이 되어 조작놀이 영역에서 퍼즐로 놀이하던 유아들이 서로 퍼즐을 바꾸어 놀이하는 모습을 보였다.
- 퍼즐로 놀이하던 유아가 다른 퍼즐로도 놀이하고 싶다고 하여 교사가 교사 퍼즐, 우리 반 퍼즐을 지원하였고, 유아는 새로운 퍼즐로 놀이를 이어갔다.
- 교사 퍼즐을 모두 맞춘 유아들이 자신과 친구의 얼굴로도 퍼즐을 맞추고 싶다고 요구하였다.
- 교사가 태블릿PC를 이용하여 사진 퍼즐 앱을 제공하였고 이에 유아들이 관심을 보였다.
- 교사가 지원해준 사진 퍼즐을 만들기 위해 사진을 찍는 과정에서 사진을 찍어주고 싶어 하는 유아와 다양한 포즈를 하는 유아가 관찰되었다.
- 참여하지 못한 유아가 함께 놀이하고 싶다고 요구하였고 이에 교사는 태블릿PC를 1대를 더 제공하여 놀이를 이어갔다.
- 제공된 퍼즐 앱을 통해 놀이를 하며 어떻게 함께 퍼즐을 맞출지에 대해 이야기 나누는 모습을 보였다.
- 유아들은 퍼즐 맞추기를 하며 서로에게 관심을 가지며 협력하는 모습을 보였다.
- 정리 시간에 놀이를 지속하고 싶어 하는 유아들을 관찰하였고 요구에 따라 점심 시간 이후 놀이를 이어가기로 약속하고 정리를 시작하였다.

놀이 분석 및 평가

발견 목표	• 다양한 퍼즐 맞추는 방법에 대해 안다. • 다양한 퍼즐과 가상공간을 이용한 퍼즐 놀이를 통해 문제해결력과 탐구력을 기른다. • 나를 인식하고 또래의 감정과 행동에 관심을 가진다. • 디지털을 활용한 놀이에 자발적으로 참여하고 즐길 수 있다.
교육과정 관련 요소	• **신체운동 · 건강**: 신체활동 즐기기 - 실내외 신체활동에 자발적으로 참여한다. • **신체운동 · 건강**: 신체활동 즐기기 - 신체 움직임을 조절한다. • **신체운동 · 건강**: 안전하게 생활하기 - TV, 컴퓨터, 스마트폰 등을 바르게 사용한다. • **의사소통**: 듣기와 말하기 - 말이나 이야기를 관심있게 듣는다. • **의사소통**: 듣기와 말하기 - 상대방이 하는 이야기를 듣고 관련해서 말한다. • **의사소통**: 듣기와 말하기 - 자신의 경험, 느낌, 생각을 말한다. • **사회관계**: 나를 알고 존중하기 - 나의 감정을 알고 상황에 맞게 표현한다. • **사회관계**: 더불어 생활하기 - 친구와 서로 도우며 사이좋게 지낸다.

	• **사회관계**: 더불어 생활하기 - 서로 다른 감정, 생각, 행동을 존중한다. • **사회관계**: 더불어 생활하기 - 약속과 규칙의 필요성을 알고 지킨다. • **자연탐구**: 생활 속에서 탐구하기 - 도구와 기계에 대해 관심을 가진다. • **자연탐구**: 생활 속에서 탐구하기 – 물체의 위치와 방향, 모양을 알고 구별한다.
유아 경험을 누리과정 5개 영역과 연계하여 이해하기	• **신체운동 · 건강**: 다양한 퍼즐 놀이에 자발적으로 참여하여 손과 손가락의 움직임을 조절하고, 가상공간 퍼즐 놀이를 통해 태블릿 PC를 바르게 사용하는 방법을 경험하였다. • **의사소통**: 교사와 친구들에게 자신의 생각을 말하고 친구의 의견을 듣고 그와 관련해서 말하는 태도를 형성하였다. • **사회관계**: 친구들과 함께 협력하여 퍼즐을 맞추며 서로 도우며 존중하는 태도를 형성하였다. 태블릿PC를 가까이서 사용하면 안 되는 것을 알고 규칙의 중요성에 대해 알아보는 경험을 하였다. • **자연탐구**: 다양한 퍼즐과 태블릿PC에 관심을 가지고 퍼즐을 알맞은 위치와 방향으로 맞추고 퍼즐의 모양을 구별하였다.
유아의 놀이과정 들여다보기	3월에 새 학기가 시작되고 유아들이 우리반 친구들과 교실 환경, 교사에게 지속적으로 관심을 가졌으며, 자유 놀이 시간 전, '우리 선생님' 동시 활동 도입 자료로 사용된 교사 퍼즐에 많은 유아가 관심을 가졌다. 자유놀이 시간이 되어 조작놀이 영역에서 퍼즐로 놀이하던 유아들이 서로 퍼즐을 바꾸어 놀이하였다. 퍼즐로 놀이하던 유아가 다른 퍼즐로도 놀이하고 싶다며 서로 의사소통하였고 교사에게 요청하여 유아는 새로운 퍼즐로 놀이를 이어갔다. 교사의 얼굴 퍼즐을 모두 맞춘 유아들이 자신과 친구의 얼굴로도 퍼즐을 맞추고 싶다고 요구하여 새롭게 제공된 사진 퍼즐 앱에 관심을 가져 놀이하였다. 미처 참여하지 못한 유아가 함께 놀이하고 싶다고 교사에게 요청하였고 이에 교사는 태블릿 PC를 1대를 더 제공해 주어 놀이를 이어갔다. 제공된 퍼즐 앱을 통해 놀이를 하며 어떻게 함께 퍼즐을 맞출지에 대해 친구들과 이야기 나누고 함께 놀이하였다. 다양한 퍼즐로 놀이하며 신체적 조절능력뿐만 아니라 친구와 협동 놀이를 통해 협력하는 것을 경험하였고, 놀이 공간을 가상공간까지 넓혀 퍼즐 놀이를 진행하였다.
교육적 놀이 지원	• **공간지원**: 유아의 놀이 공간을 가상공간으로 확장 시켜 사진 퍼즐 놀이를 하였다. • **자료지원**: 새로운 퍼즐이 필요하다는 유아들의 의견을 수용하여 교사 퍼즐, 우리 반 퍼즐을 제공하였다. 유아들이 자신의 얼굴로도 퍼즐을 맞추고 싶다는 요구에 맞추어 사진 퍼즐 앱을 제공하였다. 유아들이 함께 놀이하고 싶다는 요구에 맞추어 태블릿PC 1대를 더 제공하였다. • **상호작용지원**: 제안하기, 인정하기, 관찰하기, 질문하기, 정서적 지원하기로 놀이를 지원하였다. • **안전지원**: 올바른 전자기기 사용을 위해 태블릿PC를 적정 거리보다 가까이서 사용하면 안 된다는 점을 안내하였다. • **디지털 지원**: 교사가 태블릿PC를 이용하여 사진 퍼즐 앱을 제공하여 퍼즐놀이가 더 흥미롭게 진행되었다.
유아의 흥미를 반영한 다음 놀이 지원 계획	• 친구 얼굴 꾸미기를 할 때, 유아 사진과 다양한 미술재료를 충분히 제공한다. • 꾸미기를 어려워하는 유아가 관찰되면 교사가 유아 얼굴 사진을 꾸며보는 모습을 보여준다. • 유아의 작품을 전시할 수 있는 공간을 마련한다. • 나와 친구에 대한 유아들의 관심이 지속될 수 있도록 관련 동화나 놀잇감을 지원한다.

2. 자연친화놀이

1) 자연친화놀이의 개념

자연친화놀이는 영유아가 자연과 상호작용하며 자연의 요소를 활용해 학습하고 즐기는 놀이로, 흙, 물, 나뭇잎, 나무, 돌 등의 자연 소재를 활용한 활동을 포함한다(김민정, 2018). 이러한 놀이는 영유아가 자연환경을 경험하면서 생태적 감수성과 환경에 대한 관심을 기르도록 돕는 중요한 활동이다(박수연, 2019).

2) 자연친화놀이의 중요성

자연친화놀이는 영유아의 신체적, 정서적, 인지적 발달에 긍정적인 영향을 미친다. 연구에 따르면, 자연에서의 놀이 경험은 영유아의 창의력, 문제해결력, 집중력을 향상시키며, 스트레스 완화와 정서적 안정에도 기여한다(이정은, 2020). 또한, 자연과의 상호작용을 통해 아이들은 자연의 원리와 생명체의 중요성을 직접 체험하고, 환경 보호와 생태계의 균형을 이해하는 데 도움이 된다(손유진, 2021). 예를 들어, 나뭇잎과 돌멩이를 모아 쌓기나, 물을 흘려보내는 놀이를 통해 자연의 특성과 변화를 관찰하며 과학적 사고력을 키우는 데 효과적이다.

3) 자연친화놀이 시 교사의 역할

교사는 자연친화놀이를 효과적으로 지원하기 위해 다양한 자연 소재와 탐구 기회를 제공하고, 영유아들이 스스로 발견할 수 있도록 격려하는 역할을 한다. 특히, 교사는 자연 속에서 안전하게 놀 수 있도록 관리하며, 영유아들이 자연의 아름다움과 가치를 발견할 수 있도록 긍정적인 환경을 조성하는 것이 중요하다

(최영희, 2021). 예를 들어, “나뭇잎이 왜 이렇게 생겼을까?”와 같은 질문을 통해 영유아들이 자연 현상에 호기심을 가지고 탐구하도록 유도할 수 있다. 또한, 교사는 자연친화놀이 중 발생하는 다양한 상황에서 영유아들이 협력하고 상호작용하며 문제를 해결할 수 있도록 지도해야 한다(김은정, 2019).

자연친화놀이 들여다보기

놀이명	자연을 표현해요	대상연령	4세
놀이 자료 및 환경	- 유아들의 신체 표현에 도움을 줄 수 있는 프로그램을 지원한다. '리빙 아카이브' 프로그램 - 유아들이 충분히 놀이할 수 있도록 공간을 넓혀본다. - 숲 체험 사진과 영상을 지원한다. - 유아들이 숲 체험을 하며 본 나무, 바위, 다람쥐, 새 등의 모습이 담긴 사진을 지원하여 기억 회상에 도움을 준다. - 유아들에게 동요를 지원한다. - 유아들의 요구에 따라 숲 체험에 갔을 때 불렀던 동요를 지원한다. - 유아들에게 자연물과 자연을 표현할 수 있는 재료를 지원한다. - 유아들이 자연을 더 생동감 있게 표현하기 위해 나뭇잎, 솔방울, 나뭇가지, 나무 모형 등의 재료를 지원한다.		
안전 및 유의사항	- 놀이 중 과도한 움직임으로 다치지 않도록 미리 유아들에게 안내하고 안전하게 놀이할 수 있도록 관찰한다. - 프로그램을 사용할 시 차례를 지킨다. - 교구장을 밀 때 다치지 않도록 조심히 민다.		
교사의 기대	- 자연을 신체로 표현하며 신체적 조절감을 기르고 자유롭게 표현하며 창의성을 기른다. - 차례를 지키며 다른 유아들을 배려하는 자세를 기른다. - 자연에 지속적으로 관심을 가지고 이에 대해 이야기를 나눈다. - 유아들이 다른 놀이를 하기 전에 원래 놀고 있던 놀잇감을 정리하고 논다.		
놀이의 배경	10월의 주제는 '가을'로 가을 숲 체험을 사전에 다녀왔다. 그 후 하루일과 평가 시간에 숲 체험에 대한 이야기를 나누었다. 이야기를 나누면서 유아들은 관찰한 숲의 자연환경, 날씨, 다양한 동물들이 어떻게 움직이는지 흥미를 가졌다. 교사는 하원 시간에 버스에서도 유아들이 가을의 다양한 풍경에 대해 이야기 나누는 모습을 관찰하였다.		
놀이의 전개과정	**놀이 → 놀이** 유아들이 언어영역에서 동화책에 그려져 있는 다람쥐를 보았다. 이후 동화책을 읽으며 어제 숲 체험에서 관찰한 다람쥐 모습을 신체로 표현하기 시작하였다. 다른 유아들이 다람쥐 외에도 잠자리, 개구리, 꽃, 바람, 낙엽 등의 자연들을 신체로 표현하며 놀이가 확장되었다. 그 중 놀이에 참여하고 싶지만, 표현에 어려움이 있는 유아가 교사에게 "저도 놀이하고 싶은데 표현을 잘 못 하겠어요."라고 하여 교사가 '리빙 아카이브' 프로그램을 활용하여 지원을 하면서 놀이가 전개된다.		

<table>
<tr><th colspan="4">놀이의 시작</th></tr>
<tr>
<td>놀이의 시작</td>
<td>언어 영역에서 유아들 끼리의 놀이</td>
<td>자유 놀이 시간에 유아들이 언어영역에서 동화책을 읽고 있다.

• 유아들이 언어영역에서 동화책을 읽고 있다.
C: 오늘은 무슨 책을 읽지?
C: 어! 이거 숲 체험 갔을 때 본 거 같은데?
C: 뭐? 나도 볼래
C: 다람쥐 엄청 작고 귀여웠잖아
C: 맞아 귀가 엄청 작았어
C: 우리 같이 읽어보자
C: 좋아, 근데 나 글자 잘 모르는데…
C: 괜찮아, 나 읽을 수 있어! 내가 읽어줄게
C: 고마워
(책을 읽기 시작한다)

• 유아들이 동화책에 나오는 다람쥐를 신체로 표현하고 있다.
C: 숲에서 봤던 것처럼 다람쥐가 도토리를 먹고 있어
C: 맞아 다람쥐가 손으로 잡아서 도토리 먹는 거 나도 봤어.
C: 나는 날고 있는 다람쥐도 봤는데
C: 헐, 진짜? 다람쥐가 날 수도 있어?
C: 응 저번에 숲 체험 갔을 때 내가 봤어.
C: 어떻게 날았는데?
C: (날고 있는 다람쥐를 몸으로 표현하며) 팔을 뻗어서 날고 있었어
C: 근데 원래 다람쥐가 날아?
C: 나는 것도 있어
C: 선생님한테 물어봐야지
C: 선생님~!
T: 잠시만요~ 친구들 놀고 있어요, 선생님 ○○이한테 다녀올게요
T: 선생님 왜 불렀어요?
C: 선생님 날 수 있는 다람쥐가 있어요?
T: 날 수 있는 다람쥐도 있죠~ 날 수 있는 다람쥐를 날다람쥐라고 해요~
C: 우와~ 선생님 근데 날다람쥐랑 하늘다람쥐는 같은 거 아니에요?
T: 같은 다람쥐 이름이지만 두 동물은 다른 동물이에요
C: 다람쥐 어렵다… / 그러게
T: 선생님도 다람쥐 어렵더라고요. 다음에 같이 탐구해볼까요?
C: 네~ 선생님, (날고 있는 다람쥐를 몸으로 표현하며) 저 날 다람쥐 따라 하고 있는데 어때요?
T: 우와, 진짜 다람쥐 같네! 멋있다~</td>
<td>놀이 자료

〈동화책 '내 방의 다람쥐'〉</td>
</tr>
</table>

놀이 실행			
놀이 관찰	유아들의 상호작용	**• 다른 유아들도 놀이에 관심을 가진다.** (다른 유아들도 관심을 보인다) C: 얘들아 뭐해? / 재밌어 보인다 C: 우리 어제 숲 체험 갔을 때 봤던 동물 따라 하고 있어 C: 우와 재밌겠다. 우리도 할래! C: 그럼 우리 정리하고 오자 C: 그래그래 (놀잇감을 정리하고 온다) C: 나는 개구리도 봤어 (폴짝 뛰는 개구리를 따라 하며) 개구리는 이렇게 뛰던데? C: 맞아맞아. 폴짝폴짝 엄청 높게 뛰더라 C: 나는 잠자리도 봤어 (양팔을 흔들며) 잠자리는 이렇게 날던데? C: 야 그거는 참새잖아~ (두 손을 망원경처럼 눈에 대며) 이렇게 해야 잠자리 같지~ C: 비슷하네~ C: (꺾은 꽃을 보여주며) 아 맞다! 얘들아 이거 봐라~ 예쁘지~ C: 야 그거 꽃 꺾어오면 어떡해! C: 너무 예쁘길래 너희한테 보여주려고 가지고 왔는데… C: 그래도 꽃도 생명인데 꺾으면 안 되지. C: 너희들한테 보여주고 싶었단 말이야… C: 다음에는 사진으로 찍어와서 보여줘! C: 알겠어…! (유아들이 낙엽, 바람 등을 표현한다)	
놀이 이어가기	교사의 놀이 자료 지원과 반응	**• 놀이에 참여하고 싶은 유아가 교사에게 도움을 요청한다.** C: 선생님 저도 친구들이랑 같이 놀이하고 싶은데 몸을 어떻게 움직여야 할지 모르겠어요… T: ○○이가 숲 체험에서 본 것들을 자유롭게 표현하면 되는데~ C: 기억이 잘 안 나요… 선생님 어제 저희 찍은 사진 있어요? T: 당연히 찍은 거 있죠~ 보여줄까요? C: 네! T: (사진과 영상을 보여주며) 잠시만요~ 여기 ○○이도 있고~ 옆에 나무도 있고, 바위도 있네요~ C: 그러면 숲에서 봤던 것 아무거나 해도 돼요? T: 당연하지~ 친구들이 하고 있던 바람도 되고 낙엽, 꽃, 돌멩이 모두 표현해도 돼요. C: 근데 영상을 봐도 어떻게 해야 할지 모르겠어요… T: 그러면 ○○이한테 도움을 줄 수 있는 AI 프로그램을 사용해 볼까?	 〈교사가 지원해준 사진, 영상〉

C: 우와 AI요? 어떻게요? 해볼래요!!
C: 신기하다!
T: 선생님 따라와봐요~

<'리빙 아카이브' 프로그램>

- **교사가 유아들에게 '리빙 아카이브' 프로그램을 지원해 준다.**

T: (마우스를 움직이며) ○○이가 여러 개의 동작을 누르면 프로그램이 한 동작으로 만들어주는 프로그램이야
C: 선생님 저도 해볼래요!
T: 그래 ○○이가 한 번 해봐!
C: 선생님 저는 이거랑 이거요
T: 그러면 ○○이가 한 번 만들어볼까?
C: 네~
C: 우와 완전 신기하다! 이걸로 동작도 만들 수 있을 거 같아요

- **다른 유아들도 프로그램을 사용해 보고 싶다고 이야기 한다.**

C: ○○아 뭐해? 이거 뭐야?
C: (마우스를 움직이며) 이거 누르면 움직인다?
C: 진짜? 나도 해볼래
C: 그래 우리 같이하자
C: 나도나도
C: 나도 해볼래 / 나도나도

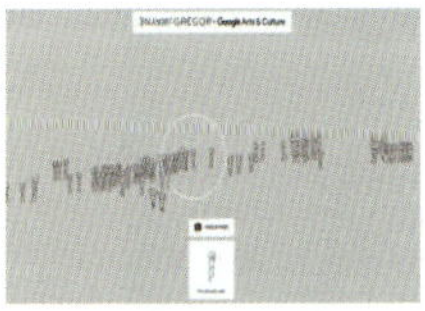
<'리빙 아카이브' 프로그램 활동 사진>

- **교사는 유아들이 프로그램을 원활하게 사용할 수 있도록 지도한다.**

T: 그러면 우리 여러 친구들이 해 볼 수 있도록 순서를 지키면서 해볼까요?
C: 네~
C: 선생님 근데 제가 만든 동작은 많이 안 움직이는 거 같아요
T: 이 프로그램은 비슷한 동작들이 모여있는데 ○○이가 한 곳에서만 동작을 클릭해서 그런가 봐
T: (마우스를 움직이며) 여기서 하나 다른 곳에서 하나 클릭하면 더 다양하게 움직일 거 같은데?
C: 우와! 이제 많이 움직인다
C: 선생님 근데 저는 ○○이가 만든 동작 말고 다른 거 하고 싶어요
T: 다른 동작을 만들고 싶으면 휴지통 버튼을 누르면 돼요
C: 그러면 저 휴지통 누르고 다시 만들어 볼래요
C: 근데 선생님 저 아까 만들었던 춤 까먹었는데 다시 보고 싶어요

T: 이 프로그램은 친구들이 했던 춤을 다 기억하지 못해요. ○○이 많이 아쉽겠다.
C: 괜찮아요! 그러면 다시 다른 거 만들어볼래요
T: 우리 ○○이 정말 씩씩하네요

• 유아들이 경험을 회상하며 놀이를 확장한다.
C: 선생님 그럼 저 그거 만들어 보고 싶어요
T: 어떤 거요?
C: 숲 체험에서 봤던 사마귀요!
T: 한 번 만들어볼까?
C: 네!
T: ○○이가 보기에는 어떤 동작을 클릭해야 사마귀가 될 거 같아요?
C: (마우스를 움직이며) 저는 이거랑 이거랑 이거요
T: 그러면 실행 버튼 눌려볼까요?
T: ○○이는 사마귀가 이렇게 움직이는 걸 봤구나
C: (동작을 따라하며) 맞아요. 이렇게 움직였어요
C: 선생님 저는 낙엽 표현해 보고 싶어요
T: 그러면 ○○이가 한 번 클릭해볼까요?
C: 어… 이거랑 이거랑 이거요!
T: ○○이는 낙엽의 어떤 모습을 표현한 거예요?
C: 저는 낙엽이 바닥에 떨어지는 모습을 표현했어요
T: 우와 정말 낙엽이 살랑살랑 떨어지는 모습 같네요
T: 그럼 ○○이가 표현해 볼 수 있겠어요?
C: (동작을 따라 하며) 저 잘하죠?
T: 음~ 정말 똑같아요~! / 그러면 선생님은 옆에 있을 테니까 프로그램 만들면서 따라해봐요~
C: 네~

• 유아들이 프로그램을 이용하여 상호작용한다.
C: (마우스를 움직이며) 나는 이번에 엄청 많이 눌러볼래
C: (손으로 화면을 가리키며) 좋아 이것도 넣자
C: 우와 많이 클릭하니까 엄청 길어졌어
C: 너도 따라 해봐
(유아들이 따라 하며 놀이한다)

• 유아들이 놀이에 필요한 도구를 탐색한다.
C: (음률 영역에서의 악기 소리를 듣고) 근데 얘들아 어디서 딱따구리 소리 들리지 않아?
C: 나도 들리는 거 같아 어디서 들리는 거지?
C: (음률 영역에서 악기 연주를 하는 유아를 가리키며) ○○이가 내는 소리 같은데?
C: 우리도 악기 가져와서 하면 더 재미있을 거 같아

〈캐스터네츠와 레인메이커〉

C: 그러면 음률 영역으로 가보자!
C: (캐스터네츠로 딱따구리를 몸으로 표현하며) 얘들아 어때 나 진짜 딱따구리 같지?
C: 야 너 진짜 딱따구리 같아 그럼 나도 다른 소리 찾아봐야지~
C: (레인메이커를 흔들며) 이거는 낙엽이 바람에 흔들리는 소리 같지 않아?
C: 눈감고 들으니까 진짜 바람 소리 같다!
(놀이를 계속 이어 나간다)

〈교사가 지원해준 동요 '가을길'〉

• 교사가 유아들에게 동요를 지원한다.
C: (유아가 흥얼거린다)
C: 어 나도 그 노래 좋아하는데
C: 그래? 이 노래 '아기 다람쥐 또미'잖아
C: 오잉 맞네?!
C: 우리 노래도 있으면 더 신날 거 같지 않아?
C: 엄청 신날 거 같은데? 우리 선생님한테 노래 틀어달라고 하자
C: 선생님 저희 노는데 노래가 있으면 더 좋을 거 같아요
T: 무슨 노래 틀어줄까?
C: '아기 다람쥐 또미' 틀어주세요!
T: 알겠어요~ (동요를 틀어준다)
C: (가을 노래에 맞춰 사인을 표현한다)
C: (참새를 따라 하며) 나 노래 들으니까 갑자기 숲 체험에서 봤던 참새도 따라 해 보고 싶어
C: 우와 너 진짜 참새 같아! 근데 뭔가 부족해 보여
C: 음… 아 그러면 자연물 가지고 와서 해볼까?
C: 오 좋아! 근데 어디에 있지?
C: 어제 선생님이 놔두신 거 봤는데?
C: 그럼 선생님한테 가보자! / 그래

〈교사가 지원해준 동요 '아기 다람쥐 또미'〉

• 교사가 유아들에게 자연물과 소품을 지원한다.
C: 선생님~
T: 무슨 일이에요?
C: 자연물 어디 있어요?
T: 선생님이 어제 자연물 모아놨죠~ 그런데 자연물은 왜 필요해요?
C: 저희 참새 날개 따라 할 때 쓰려고요!
T: 음 그렇구나~여기 있어요~
C: 우와 감사합니다!
C: 근데 우리 나무도 필요하지 않을까?
C: 나무도 있으면 좋긴 하겠다
C: 선생님 혹시 나무도 있어요?

〈교사가 지원해준 자연물〉

		T: 나무? 흐음 잠시만요 여기에 있었던 거 같은데 / 오 찾았다! 여기 있네요 C: 감사합니다~ T: 다른 친구들에게 방해 안 되게 놀아야 해요~ C: 네! **• 유아들이 자연물과 소품을 가지고 자연을 표현한다.** C: (자연물을 활용하여 참새를 표현하며) 어때? 진짜 참새 같지! C: 우와 진짜 참새 같다! (소품 뒤에서 다람쥐를 표현하며) 나도 다람쥐 같지! C: 소품 쓰니까 더 닮았다! C: (닭을 표현하며) 꼬꼬댁 나는 닭이야! 아야(유아들끼리 부딪히며) C: ○○아 조금만 비켜봐 나 너무 좁아 C: 야 나도 자리 없어… C: 나도 아까 부딪힐 뻔했어 / 나도나도 C: 어떡하지?	 〈교사가 지원해준 소품〉
놀이 이어가기	교사의 놀이 공간 지원과 반응	**• 유아들이 놀이 공간이 좁다고 이야기한다.** C: 선생님한테 말해보자! / 그래 C: 선생님 저희가 놀고 있는데 공간이 너무 좁아요 C: 맞아요, 저희 부딪힐 뻔했어요 T: 음… 여러 명이 몸으로 표현하기에 좁구나 C: 네 좁은 것 같아요… / 더 넓게 놀고 싶어요 **• 교사는 교구장을 옮겨 공간을 확장하여 지원하였다.** T: 어떻게 하면 좋을까? C: (책상과 쌓기 영역을 가리키며) 음… 저거 밀면 안 돼요? T: 그러면 친구들한테 물어볼까? 친구들 쌓기 영역 조금만 밀어도 될까요? C: 네~ C: 고마워 친구들아! (교구장을 민다.) T: 이제 놀이하기에 공간이 충분한 거 같아요? C: 네! T: 놀이할 때 안 다치게 조심히 놀아요~ C: 네~ **• 유아들이 놀이를 더 확장한다.** C: 우리 그러면 역할 나눠서 표현해볼래? C: 어떻게 나눠? C: 음… 내가 닭 표현하고 있으니까 누구는 나무하고 누구는 동물하고 누구는 바람하고 이런 거? C: 오 재밌겠다! / 하자하자! / 좋아	 〈교사가 지원해준 놀이 공간〉

		C: 난 닭 알 품고 있어야지~ (유아들이 역할을 정해서 놀이를 계속한다) **• 유아들이 놀이를 이어나간다.** T: 친구들~ 지금 뭐 표현하고 있는 거예요? C: 저희 지금 숲에 있는 거 표현하고 있어요! C: 선생님도 같이 놀아요! T: 알겠어요~ C: 선생님은 뭐하지? C: 선생님 원숭이 해주세요! C: 오 좋다좋다! T: 선생님이 잘 할 수 있을까? (원숭이를 표현하며) C: 우와 선생님 잘한다! C: 내가 더 잘해! / 나도나도! (놀이를 계속 이어 나간다)	
놀이 마무리	유아들의 흥미를 반영한 다음 놀이 지원 계획	**• 점심시간이 되어 교사가 유아들에게 정리하자고 이야기를 한다.** T: (정리 음악을 틀기 5분 전에) 얘들아 지금 긴바늘이 어디에 가 있죠? C: 5요! T: 맞아요! 시곗바늘이 6에 가면 정리할게요~ T: (5분이 지난 후, 정리하기 음악 '모두 제자리'를 틀며) 도토리반 친구들~ 이제 정리시간이 되었으니까 정리해 볼까요? C: 네~ T: 정리 다 한 친구들은 자기 자리에 앉아 있어요~ C: 네~ **• 유아들의 흥미가 이어질 수 있도록 다음 시간에 어떤 놀이를 하면 좋을지에 이야기 나눈다.** T: 도토리 반 친구들 다 앉았나요? C: 네~ T: 오늘 우리 반 친구들이 놀이를 재밌게 즐긴 거 같아요. C: 재밌었어요~ C: 근데 다음에는 저희가 직접 소리도 내보고 대사도 있었으면 좋겠어요! T: 그러면 우리 다음 시간에는 오늘 했던 것처럼 역할 정해서 연극 해볼까요? C: 완전 좋아요~ C: 재밌겠다!! C: 네~! T: 좋아요, 그럼 점심 먹고 역할을 정하고, 이제 손 씻으러 가볼까요~! C: 네~!	 〈동요 '모두 제자리' 악보〉

교사의 발견

- 10월의 주제는 가을이며 유아들은 숲 체험을 다녀와 가을 숲과 동물들에 대해 사전 지식과 경험을 가지고 있었다.
- 자유놀이 시간에 유아들이 스스로 다람쥐와 관련된 동화책을 꺼내 읽으며 숲 체험과 관련된 경험에 대해 이야기 나누는 것을 관찰하였다.
- 처음에는 다람쥐로 시작하였지만, 유아들이 서로 소통하며 개구리, 잠자리까지 신체 표현을 확장하는 모습을 보였다.
- 꽃을 꺾어온 유아를 보고 꽃도 생명이라는 것을 유아들의 대화를 통해 생명을 소중히 여기는 태도를 가지고 있는 모습을 보였다.
- 신체표현에 어려움을 겪고 있는 유아가 교사에게 다가와 도움을 요청하였고 교사는 이에 '리빙 아카이브' 프로그램과 사진, 영상 등을 지원하여 신체 표현을 좀 더 수월하게 할 수 있도록 도움을 주었다.
- 유아들은 '리빙 아카이브' 프로그램을 이용하여 창의적인 신체 표현 활동을 이어 나갔으며 노래가 있으면 더 신날 것 같다는 유아의 요구에 따라 교사는 유아들이 숲 체험 때 불렀던 동요를 지원해주었다.
- 캐스터네츠 소리가 딱따구리와 비슷하다고 여긴 유아들은 악기를 탐색하며 표현을 더욱 풍성하게 만들었다.
- 자연물이 있으면 더욱 좋을 거 같다는 유아의 의견을 반영하여 교사는 나뭇가지, 나무 모형, 나뭇잎 등의 소품을 지원해주었다.
- 표현 놀이 중 공간이 협소하다고 느낀 유아의 요구에 따라 교사는 유아와 함께 교구장을 밀어 공간을 확장해주었다.
- 넓어진 공간에서 유아들은 소품과 악기를 이용해 더욱 활발히 자연 표현을 이어나갔다.

놀이 분석 및 평가

발견 목표	• 다양한 도구를 활용하여 자연을 표현한다. • 친구와 놀이하는 과정에서 자신의 생각과 느낌을 자유롭게 표현한다. • 놀이에서 발생한 문제를 AI와 접목시켜 해결한다. • 실내 활동에 자발적으로 참여하고 즐길 수 있다. • 유아들이 상호 작용하는 과정에서 자연의 소중함을 안다.
교육과정 관련 요소	• **신체운동 · 건강**: 신체활동 즐기기 - 신체를 인식하고 움직인다. • **신체운동 · 건강**: 신체활동 즐기기 - 신체 움직임을 조절한다. • **신체운동 · 건강**: 신체활동 즐기기 - 실내외 신체활동에 자발적으로 참여한다. • **의사소통**: 책과 이야기 즐기기 - 책에 관심을 가지고 상상하기를 즐긴다. • **의사소통**: 듣기와 말하기 - 상대방이 하는 이야기를 듣고 관련해서 말한다. • **사회관계**: 더불어 생활하기 - 서로 다른 감정, 생각, 행동을 존중한다. • **사회관계**: 더불어 생활하기 - 약속과 규칙의 필요성을 알고 지킨다. • **예술경험**: 창의적으로 표현하기 - 신체나 도구를 활용하여 움직임과 춤으로 자유롭게 표현한다. • **예술경험**: 창의적으로 표현하기 - 노래를 즐겨 부른다. • **예술경험**: 예술 감상하기 - 서로 다른 예술 표현을 존중한다. • **자연탐구**: 탐구과정 즐기기 - 주변 세계와 자연에 대해 지속적으로 호기심을 가진다. • **자연탐구**: 자연과 더불어 살기 - 주변의 동식물에 관심을 가진다. • **자연탐구**: 자연과 더불어 살기 - 생명과 자연환경을 소중히 여긴다.

유아 경험을 누리과정 5개 영역과 연계하여 이해하기	• **신체운동 · 건강**: 자신이 원하는 모습을 신체를 인식하고 움직이며 표현하였고 실내외 활동에 자발적으로 참여하였다. • **의사소통**: 책에 관심을 가지고 관련된 경험에 대해 이야기를 나누었으며 교사나 친구들에게 자신의 생각을 말하고 듣는 과정을 통해 의사소통 능력을 기르는 경험을 하였다. • **사회관계**: 서로 다른 신체 표현을 존중하며 놀이를 이어 나갔고 놀이의 규칙을 친구들과 소통하며 확장해나갔다. • **예술경험**: 신체를 활용하여 다양한 동물과 자연을 자유롭게 표현하였으며 친구들의 자연과 관련된 색다른 표현을 존중하며 놀이를 이어 나가는 경험을 하였다. • **자연탐구**: 우리 주변의 동식물에 관심을 가지며 생명과 자연환경을 소중히 여기는 태도와 자연물의 모습과 특성에 대해 호기심을 가지고 대화를 나누는 경험을 하였다.
유아의 놀이 과정 들여다보기	유아들은 숲 체험을 다녀온 후 숲에서 보았던 동식물, 날씨 등의 자연환경에 지속적으로 관심을 보였다. 자유 놀이가 시작되고 다람쥐와 관련된 동화책을 읽고 숲 체험에서 보았던 다람쥐를 떠올리며 숲 체험에서의 기억을 회상하고 관찰한 자연환경을 몸으로 표현하기 시작하였다. 소수의 유아들로 시작된 놀이가 다른 유아들이 관심을 가지며 놀이가 확장되었다. 한 유아가 놀이에 참여하고 싶지만, 신체로 자연환경을 표현하는 것에 어려움을 느껴 교사에게 도움을 요청하였다. 우선적으로 유아의 요구에 따라 영상과 사진으로 경험을 회상할 수 있도록 지원해주었다. 그래도 유아가 어려움을 느끼자 교사는 '리빙 아카이브' 프로그램을 지원해주었다. 유아는 '리빙 아카이브' 프로그램을 활용하여 자신의 경험을 토대로 놀이를 확장해 나가는 모습을 보였다. 신체를 자유롭게 움직이며 자연환경을 표현하며 성취감을 높일 수 있었다. 자연을 신체로 표현하는 것뿐만 아니라 악기, 노래 등도 사용하여 더 풍성한 놀이를 하였다. 실내 놀이를 하며 신체적 조절 능력뿐만 아니라 친구와 협동 놀이를 통해 협력하는 것을 경험하였다. 교구장을 밀어 놀이 공간을 넓혀 놀이를 하며 공간에 대한 탐색도 함께 경험하였다.
교육적 놀이 지원	• **놀이 공간**: 유아의 놀이 흐름에 따라 유아가 주도적으로 놀이 공간을 재구성하도록 허용하였다. 교구장을 밀어 놀이 공간을 넓혀 유아의 놀이가 지속되었다. • **놀이자료**: 유아의 요구를 반영하여 신체표현에 도움이 프로그램과 노래를 지원하였다. • **상호작용**: 관찰하기, 질문하기, 정서적 지원하기로 놀이를 지원하였다. • **안전**: 안전사고 예방을 위해 신체를 움직이며 놀이를 할 때 유아 자신의 안전과 친구들의 안전에 대해 생각하면서 놀이할 수 있도록 이야기를 나눴다. • **디지털**: 유아들의 숲 체험 사진과 영상을 지원, '리빙 아카이브' 프로그램 지원하였다.
유아의 흥미를 반영한 다음 놀이 지원 계획	• 자연친화를 주제로 한 연극을 하기 전, 유아들과 지켜야 할 약속과 배역을 유아와 함께 정한다. • 다양한 자연환경을 접할 수 있도록 자료를 제공한다. • 놀이 공간이 유아들에게 불편함은 없는지 살펴보고, 연극을 할 때 강당으로 공간을 이동하여 신체를 표현하는데 제약이 없도록 지원한다. • 유아들의 놀이가 확장될 수 있도록 자연환경과 관련된 동화책이나 놀잇감을 지원한다.

3. 쌓기놀이

1) 쌓기놀이의 개념

쌓기놀이는 블록이나 다양한 재료를 이용하여 구조물을 쌓거나 조립하면서 창의적으로 표현하는 놀이 활동으로, 영유아의 공간 인식과 창의적 문제해결 능력을 키우는 중요한 놀이 형태이다(이선미, 2019). 이 놀이는 영유아들이 블록을 쌓거나 연결하면서 구성 능력을 발달시키고, 다양한 모양과 구조를 통해 공간 감각을 체험적으로 익히는 기회를 제공한다(김수진, 2020).

2) 쌓기놀이의 중요성

쌓기놀이는 영유아의 인지적, 사회적, 정서적 발달에 긍정적인 영향을 미친다. 연구에 따르면, 쌓기놀이를 통해 영유아들은 문제를 해결하고 창의적으로 사고하는 능력을 키우며, 손으로 조작하는 활동을 통해 소근육 발달이 촉진된다(박지영, 2018). 또한, 친구들과 함께 구조물을 쌓고 협력하는 과정을 통해 사회적 상호작용 능력이 발달하며, 놀이 중에 생기는 갈등을 해결하는 법을 배우게 된다(이정은, 2021). 예를 들어, 블록을 이용해 집이나 탑을 쌓으며 무게와 균형을 체험적으로 이해하게 되고, 이는 물리적 원리에 대한 기초를 형성하는 데도 기여한다.

3) 쌓기놀이 시 교사의 역할

교사는 쌓기놀이를 통해 영유아가 다양한 경험을 할 수 있도록 지원하며, 놀이가 학습 기회가 되도록 유도하는 역할을 한다. 교사는 영유아들이 자유롭게 탐색할 수 있는 다양한 블록과 재료를 제공하고, 놀이 활동에서 어려움을 느낄 때 적절한 도움을 주어 놀이에 몰입할 수 있도록 도와야 한다(최현주, 2020). 또한, 교사는 영유아들의 놀이에 질문을 던져 사고를 자극하거나, 새로운 방법으로 문제를 해결할 수 있도록 격려하는 역할을 한다. 예를 들어, "이 탑을 더 높이 쌓으려면 어떻게 해야 할까?"와 같은 질문을 통해 아이들이 구조와 균형에 대해 생각해 볼 기회를 제공할 수 있다(김지연, 2019). 또한, 교사는 협동 놀이가 이루어질 수 있도록 유도하고, 친구들과 함께 놀이할 때 생기는 갈등을 원만히 해결할 수 있도록 지도하는 역할도 필요하다(박현아, 2021).

쌓기놀이 들여다보기

놀이명	우리 원을 만들어보아요	대상연령	4세
놀이 자료 및 환경	- 유아들이 유치원을 만들어보도록 다양한 블록을 제공한다. - 유아들이 역할놀이를 할 수 있도록 막대 인형을 제공한다. - 유아들이 충분히 놀이를 할 수 있도록 공간을 넓혀본다.		
안전 및 유의사항	- 놀이 중 블록을 가지고 장난치거나 다른 유아들에게 던지지 않도록 미리 유아들에게 안내하고 안전하게 놀이할 수 있도록 관찰한다. - 바깥놀이 중 유아들이 질서와 안전에 유의하며 유치원을 둘러볼 수 있도록 지도한다.		
교사의 기대	- 우리 원을 둘러보면서 유치원에 대한 친근감을 갖는다. - 다양한 쌓기 놀잇감를 통해 창의력을 기른다. - 다른 유아와 함께 협력하며 더불어 생활하기와 공동체 의식을 가진다. - 쌓기 놀이를 통해 대 · 소근육을 조절하며 자유롭게 표현해본다.		
놀이의 전개과정	**놀이 → 놀이** 3월의 놀이 주제는 우리 원의 환경이며, 자유놀이 시간 전, 유아들과 바깥놀이를 하며 우리의 원을 돌아보았다. 자유놀이 시간이 되어 유아들이 쌓기놀이 영역에서 놀이를 하다 유아가 오늘 둘러본 유치원을 블록으로 쌓아보고 싶다고 하여 교사가 유치원의 모습을 지도앱을 볼 수 있도록 지원하였다. 교사가 지원한 지도앱을 통해 유치원을 보며 블록으로 만들게 된다.		

놀이의 시작

			놀이 자료
놀이의 시작	쌓기놀이 영역에서 유아들 끼리의 놀이	**자유놀이 시간에 쌓기놀이 영역에서 유치원을 만들고 있다.** • (교실에 돌아와서) 유아들이 쌓기놀이 영역에서 자유놀이 진행하고 있다. C: 우리 아까 봤던 유치원도 만들면 안 돼? C: 그래! C: 어 나도 만들고 싶다. 같이 하면 안 돼? C: 그래! 너도 같이하자 C: 근데 유치원이 어떻게 생겼더라? C: 동그랗게 생겼잖아~ C: 아니야! 뾰족해! 창문도 있어~ C: 맞아 창문도 있어 C: 그랬었나? C: 근데 잘 기억이 안 나	 〈쌓기 놀이영역에서 노는 유아들의 모습〉

<table>
<tr><th colspan="4">놀이 실행</th></tr>
<tr><td>놀이 관찰</td><td>교사와 유아의 상호작용</td><td>

• 유아들이 유치원을 만들기 위해 다시 바깥놀이를 가고 싶다고 이야기한다.
C: 그럼 우리 선생님한테 물어볼까? 선생님~
T: 어 ○○아 왜 불렀어요?
C: 선생님 유치원 민들고 싶은데 유치원이 어떻게 생겼는지 기억이 잘 안 나요.
T: 그럼 어떻게 하면 친구들이 유치원을 기억하고 만들 수 있을까요?
C: 저는 밖에 나가서 보고 오고 싶어요.
C: 저도요!
T: 그럼 우리 다 같이 나가서 보고 올까요?
C: 네~

• 유아의 궁금증을 해소하기 위해 바깥놀이를 지원한다.
T: 우리 그럼 한 줄 기차로 서서 보고 옵시다!
T: ○○반 한줄기차로 서볼까요?
C: 네!
(바깥놀이 영역 도착 후)
C: 봐 내가 창문 5개라고 했지?
C: 아 맞네~
C: 우리 유치원 초록색도 있고 노란색도 있어~
C: 저거는 파란색 블록으로 내가 만들어야지
T: 우리 유치원 뒤쪽도 보러 가볼까요?
C: 우와 난 텃밭 만들 거야! 왜냐면 저기 내가 심은 당근 있거든
C: 그럼 나는 저기 내가 좋아하는 미끄럼틀 만들어야지!
T: 친구들 우리 유치원 다 관찰했나요?
C: 네!
T: 그럼 우리 다시 교실로 돌아 가볼까요?
C: 네!

</td><td>

〈바깥놀이 나가서 유치원을둘러보는 유아들의 모습〉

</td></tr>
<tr><td>놀이 이어 가기</td><td>교사의 놀이 자료 지원과 반응</td><td>

• 바깥놀이에서 유치원을 둘러본 후 다시 쌓기놀이를 이어 간다.
(교실에 돌아와 쌓기놀이를 다시 진행한다.)
T: 친구들 쌓기놀이하다가 또 궁금한 점 있으면 선생님한테 물어보세요
C: 네!
(쌓기놀이를 계속 이어나간다.)
C: 봐봐 내 말이 맞지? 아까 나가보니깐 동그란 거 있었잖아.
C: 아 아니야 뾰족한 것도 있었어.
C: 우리 먼저 벽부터 만들어보자!
C: 그래!

</td><td></td></tr>
</table>

C: 어 근데 지붕은 어떻게 생겼었지? 너는 기억나?
C: 우리 유치원 어떤 모양이었지?
C: 아니. 잘 기억이 안 나. 선생님한테 물어볼까?
C: 선생님!!
T: ○○이 무슨 일이예요?
C: 유치원 몇 층이었는지 기억이 안 나요.
C: 저는 유치원 지붕이 어떻게 생겼는지 잘 모르겠어요.

〈네이버 지도앱의 거리뷰를 통해 유치원을 둘러보는 모습〉

- **유아의 놀이 중 생긴 궁금증을 해소하기 위해 지도앱을 통해 지원한다.**

T: 우리 ○○반 친구들이 유치원이 어떻게 생겼는지 기억이 잘 안 나는구나. 그럼 선생님이 밖에 나가지 않고도 유치원을 볼 수 있는 방법을 아는데 우리 다 같이 봐볼까요?
(아침 모임 자리로 와서 지도 앱을 띄우고)
T: 짠 이게 뭘까요?
C: 우와 우리 유치원이다~
T: 맞아요. 우리 유치원이 보이죠?
C: 네!
C: 우와 우리 유치원 잘 보인다! 유치원 옆쪽도 보일까? 난 보고싶은데…
T: ○○이가 유치원 옆쪽도 보이는지 궁금하구나. 그럼 우리 유치원 옆이 어떻게 생겼는지 볼까?
C: 네!
C: 우와! 우리 유치원 옆에서 보니깐 신기하다!
C: 아 맞다! 텃밭도 있었다! 내가 만들기로 했는데!
C: 우리 유치원 뒤쪽에 텃밭 같이 만들자!
C: 그래!
C: 유치원에 동그란 부분도 있었네! 색깔도 많아!
T: 우리 유치원 색깔이 정말 다양하지? 우리 유치원에 무슨 색깔들이 보이는지 볼까?
C: 노란색이요! 빨간색이요! 파란색이요!
T: 노란색, 빨간색, 그리고 파란색도 있지~
C: 선생님 그런데 창문 5개 맞아요?
T: ○○이가 창문을 다시 확인하고 싶구나~ 우리 같이 창문 다시 세볼까요?
C: 네~
C: 우와 정말 창문 5개네?
C: 선생님! 우리 이제 만들 수 유치원 잘 만들 수 있을 것 같아요!
T: 그러면 선생님이 이 화면을 계속 띄워 둘 테니깐 궁금하면 다시 와서 보고 만들어보아요.
C: 네!

• **유아들이 쌓기놀이 영역으로 돌아가 놀이를 이어간다.**

C: 나는 텃밭 만들래! 너는 뭐 만들 거야?
C: 나는 유치원 벽 마저 만들게!
C: 우리 같이 놀이터 만들자~
C: 창문이 파란색이었으니깐 파란색 블록 구해와야지!
C: 근데 여기서만 쌓기놀이 하니까 너무 좁아~
C: 선생님~ 여기 좁아서 자꾸 무너져요~
T: 그럼 역할놀이 영역까지 확장해서 쌓기놀이 해볼까요?
C: 네~
T: ○○이는 뭐 만들고 있어요?
C: 저는 아까 본 놀이터 만들고 있어요!
T: 우와 ○○이는 놀이터를 만들고 있구나! 멋진걸
T: △△는 뭐 만들고 있어요?
C: 저는 벽 만들고 있었는데 벽이 동그래서 만들기 어려워요.
T: 그럼 선생님이 어떻게 도와주면 좋을까요?
C: 선생님이 블록 잡아주세요! 내가 위에 다시 쌓을래요!
T: 그럼 선생님이 블록 잡아줄테니 △△가 한 번 쌓아볼까요?
C: 네!
C: 선생님 이거 봐요! △△가 이거 쌓았어요!
T: 와 △△가 블록을 잘 쌓아줬구나.
C: ㅁㅁ야 우리는 울타리 만들까?
C: 그래! 그러면 문 앞에서부터 만들자
C: 그럼 내가 블록 세울테니깐 네가 위에 쌓아줘
C: 내가 블록 세우고 싶은데…
C: 그럼 우리 같이 세울까?
C: 그래!
C: 근데 블록으로 울타리 만들기 힘들다. 자꾸 부서지잖아.
C: 어떡하지…?
C: 선생님!
T: ㅁㅁ 무슨 일이예요?
C: 선생님 블록으로 울타리 만드는데 자꾸 부서져요… 새로운 거 있었으면 좋겠어요…
T: ㅁㅁ가 블록으로 울타리를 만들기 힘들었구나… 그러면 선생님이 재료보관함에 쌓을만한 새로운 재료가 있는지 한 번 찾아볼게요.
T: 두구두구두구… 짠! 선생님이 이걸 가져왔어요! 이게 뭘까요?
C: 우와 종이컵이요! 선생님 이걸로 쌓아도 돼요?
T: 그럼요. 이걸로 유치원 자유롭게 만들어보세요!
C: 네!
C: 우와! 울타리 완성됐다!

〈유아의 요구로 교사가 지원한 종이컵〉

〈종이컵을 이용하여 쌓기놀이 하는 유아들의 모습〉

		C: 얘들아 우리 울타리 다 만들었어! C: 어? 나도 다 만들었는데! C: 우와 그럼 우리 유치원 완성됐다 C: 선생님한테 보여주자! C: 선생님! 우리 유치원 다 만들었어요! T: 우와 우리 ○○반 친구들이 우리 유치원을 잘 만들어 주었네~	
놀이 확장하기	놀이 영역 간 통합과 교사의 지원	**• 유아들이 막대인형을 가지고 역할놀이를 진행한다.** C: 우리 유치원 다 만들었으니까 다른 놀이하자 C: 뭐할래? C; 나는 역할놀이 하고 싶은데… C: 그래 그럼 역할놀이 하자 C: 그럼 우리 무슨 역할놀이 할 거야? C: 선생님 놀이하자 C: 그래 좋아 나는 선생님 하고 싶어? 너는 뭐하고 싶어? C: 아… 나도 선생님 하고 싶은데… C: 그래 그럼 네가 선생님 해! 나는 그럼 신라반 친구 해야지 C: 좋아!! 내가 그럼 유치원 앞에 갈게 네가 인사해줘. C: (종이 인형을 움직이며) 선생님 ○○이 왔어요! C: 우리 ○○이 왔구나? 우리 이제 교실로 들어갈까? C: 좋아요! (교실에 도착했다는 설정) C: 우리 인사 노래할까요? C: 네! (인사 노래 부르기) T: 우리 친구들 어떤 놀이 하고 있나요? C: 저희 선생님 놀이하고 있어요! T: 친구들이 재밌게 놀고 있구나 C:선생님 저희는 바깥놀이 하는 것처럼 놀고 있어요! C: 선생님도 같이 놀아요! T: 선생님도 같이 놀까요? 선생님은 그런 무슨 역할 하지?? C: 선생님은 신라반 친구 했으면 좋겠어요! T: 그래요! C: 얘들아 우리 잡기 놀이하자! C: 좋아! 선생님이 잡아주세요	 〈역할놀이 영역까지 놀이가 확장되어 놀이하는 모습〉  〈역할놀이 영역에 배치되어 있는 종이인형〉
놀이 마무리	유아들의 흥미를 반영한 다음 놀이 지원 계획	**• 하원시간이 되어 교사가 유아들에게 정리 노래를 틀어 준다.** C: 어? 정리할 시간이다! (쌓기놀이영역에서 역할놀이 진행 중) C: 우리 이제 다 정리해야 해 C: 우리가 만든 유치원은 어떻게 하지?	

		C: 그냥 부수자~ C: 나는 더 놀고 싶은데… C: 선생님 계속 놔두고 싶어요~ T: 그래도 우리 내일도 교실에서 놀아야 하니까 만든 유치원은 부숴서 정리할까요? C: 네~ (정리가 끝난 후) T: 정리 다 한 친구들은 이야기 나누기 자리로 와주세요! **• 유아들의 흥미가 이어질 수 있도록 다음 시간에 어떤 활동을 하면 좋을지에 이야기 나눈다.** T: 우리 오늘 지도앱으로 유치원을 살펴봤는데 다음 시간에는 어떤 걸 해보면 좋을까요? C: 저는 우리 집 가보고 싶어요! C: 내가 좋아하는 짜장면집 보고 싶어요~ T: 음… 그럼 우리 다음 시간에는 지도앱을 가지고 마을 탐험을 해볼까요? C: 좋아요~ C: 재밌겠다!! C: 선생님 그걸로 게임도 하면 안 돼요? T: 그럼 지도를 만들어서 보드게임을 해볼까요? C: 네~ T: 우리 이제 옷 입고 가방 챙겨서 올까요? C: 네~	

교사의 발견

- 3월의 놀이 주제는 우리 원의 환경이며 유아들은 유치원의 적응을 하는 시간을 보내고 있다.
- 바깥놀이 시간에 유치원을 돌아보면서 유치원에 대해 관찰하고 유치원에 관심을 가지며 쌓기 놀이영역에서 블록으로 유치원의 모습을 만드는 모습을 보였다.
- 처음에는 유치원을 기억에 의존하여 블록으로 만들다가 잘 기억이 나지 않아 교사에게 유치원을 보러 나가고 싶다고 요청하였고 교사는 바깥놀이를 다시 나가 지원하였다. 유치원을 만들면서 유치원을 잘 떠올리지 못하는 유아들을 관찰하면서 지도 앱을 통해 유치원을 둘러볼 수 있도록 지원하였다.
- 유아들이 유치원 환경을 자유롭게 만들 수 있도록 다양한 블록들을 지원하였고, 유아들은 블록을 탐색 후 즐겁게 유치원 만들기 놀이를 이어갔다.
- 블록으로 유치원을 만들면서, 서로 유치원의 어떤 부분을 만들지 이야기 나누는 모습을 관찰하였다.
- 쌓기놀이 영역에서 유치원을 만든 유아들이 다 만들자 흥미가 떨어지는 모습을 관찰하였고 이후 역할놀이로 확장되는 모습을 관찰하였다.
- 유아들의 요구로 쌓기 놀이영역에서의 놀이뿐만 아니라 자연스럽게 역할놀이 영역과도 연계되는 모습을 보였다.
- 다양한 재료들을 활용하여 스스로 유치원을 만들며 즐거움과 성취감을 느끼는 모습이었다.
- 유아들이 유치원 만들기를 하며 또래들과 소통하며 서로의 의견을 주고 받으며 협력하는 모습을 보였다.
- 공간을 넓혀 쌓기놀이영역에서부터 역할놀이영역까지 놀이가 확장되는 모습을 보였다.

놀이 분석 및 평가	
발견 목표	• 다양한 방법을 활용하여 유치원을 관찰한다. • 다양한 블록, 재료 등을 통해 자신의 생각을 표현한다. • 상대방과의 대화를 통해 자신의 의견을 말한다. • 실내활동과 실외활동에 다치지 않고 안전에 유의하며 놀이한다.
교육과정 관련 요소	• 신체운동 · 건강: 안전하게 생활하기 - 일상에서 안전하게 놀이하고 생활한다. • 신체운동 · 건강: 신체활동 즐기기 - 신체 움직임을 조절한다. • 의사소통: 듣기와 말하기 - 말이나 이야기를 관심 있게 듣는다. • 의사소통: 듣기와 말하기 - 자신의 경험, 느낌, 생각을 말한다. • 사회관계: 나를 알고 존중하기 - 내가 할 수 있는 것을 스스로 한다. • 사회관계: 더불어 생활하기 - 친구와 서로 도우며 사이좋게 지낸다. • 사회관계: 더불어 생활하기 - 서로 다른 감정, 생각, 행동을 존중한다. • 사회관계: 사회에 관심 가지기- 내가 살고 있는 곳에 대해 궁금한 것을 알아본다. • 예술경험: 창의적으로 표현하기 - 다양한 미술 재료와 도구로 자신의 생각과 느낌을 표현한다.
유아 경험을 누리과정 5개 영역과 연계하여 이해하기	• 신체운동 · 건강: 유치원을 만들기 위해 블록을 쌓는 과정에서 신체의 움직임을 조절하고, 친구들과 다치지 않고 안전하게 놀이해보는 경험을 하였다. • 의사소통: 교사에게 궁금한 점이나 필요한 것을 스스로 말하고, 친구들과 놀이할 때 친구의 의견을 듣고 자신의 생각을 말해보는 과정을 통해 의견을 말하고 조율하는 경험을 하였다. • 사회관계: 블록을 이용하여 함께 유치원을 만들어보는 과정을 통해 서로 도우며 놀이를 하는 경험을 하였고, 유치원의 모습에 대해 이야기를 나누며 서로의 다른 생각을 알고 이해하는 경험을 하였다. 지도 앱으로 유치원을 탐색하는 활동을 통해 나의 주변 환경에 대한 궁금한 점들을 해결해보는 경험을 하였다. • 예술경험: 다양한 블록과 재료로 유치원을 만들며 생각과 느낌을 표현하는 경험을 하였다.
유아의 놀이 과정 들여다보기	유아들이 바깥 놀이를 진행하던 도중 유치원을 외관을 돌아보았고 건물에 흥미를 가지기 시작하였다. 바깥 놀이 이후 원으로 돌아와 자유 놀이를 진행하던 중 아까 흥미를 가졌던 유치원 건물을 쌓아보고 싶다는 의견을 나누며 유아들끼리 쌓기 놀이를 진행하는 모습이 관찰되었다. 유아들이 집단을 구성하여 쌓기 놀이를 진행함으로써 자신의 의견을 이야기하고, 상대방의 의견을 받아들이려는 태도가 관찰되었다. 유아들이 쌓기 놀이를 위해 유치원의 외관을 떠올리며 이야기를 나누었지만 잘 기억이 안 나 다시 바깥에 나가고 싶다는 의견을 교사에게 제안하였고, 다시 바깥에 나가 외관을 보았다. 관찰 후 원으로 돌아와 다시 쌓기 놀이를 진행하였지만, 여전히 생각이 나지 않는 부분이 있다며 교사에게 도움을 요청하였고, 교사는 지도 앱을 지원해 주었다. 지도 앱 지원과 함께 유아들과 유치원 건물에 대한 이야기 나누기를 진행하였고, 이후 유아는 다시 쌓기 놀이 영역으로 돌아가 유치원을 완성하였다. 유치원을 완성한 후 유아들끼리 칠판에 붙여둔 종이인형 교구를 이용해 유치원을 배경으로 역할놀이를 진행하는 모습이 관찰되었다.

교육적 놀이 지원	• **디지털**: 유아가 바깥으로 나가지 않고 건물을 볼 수 있도록 지도 앱을 지원해 주었고, 유치원 건물과 관련하여 이야기 나누기를 진행하였다. 이후 화면에 유치원 외관의 모습을 계속 보여주어 쌓기 놀이를 이어 나갈 수 있도록 지원해 주었다. • **놀이자료**: 유아가 새로운 재료를 요구하여 교사가 자료보관함에서 종이컵을 지원하였다. • **안전**: 유아가 바깥 놀이영역으로 다시 나가서 자유롭게 유치원 외관을 둘러볼 때 다른 곳으로 이탈하거나 유아끼리 움직이며 부딪히지 않도록 주의하였다.
유아의 흥미를 반영한 다음 놀이 지원 계획	• 지도를 통한 보드게임을 하기 전, 유아들과 게임과 관련한 규칙을 정한다. • 유아들이 궁금해하는 마을을 탐색해 볼 수 있도록 지도앱을 지원한다. • 유아 모두가 놀이에 참여할 수 있도록 충분한 시간을 제공한다 • 유아들이 마을 지도를 만들 수 있도록 다양한 미술 재료, 보드게임에 필요한 재료들을 제공한다.

4. 역할놀이

1) 역할놀이의 개념

역할놀이는 영유아가 특정한 역할이나 직업을 수행하면서 상상력과 창의성을 발휘하는 놀이 활동이다. 영유아들은 다양한 사회적 상황을 재현하면서 다른 사람의 입장을 이해하고, 사회적 규범과 규칙을 경험하는 기회를 가진다. 예를 들어, '엄마'나 '선생님', '의사', '소방관' 등의 역할을 맡으며 그들의 언어와 행동을 모방하는 놀이가 대표적이다(이정미, 2019).

2) 역할놀이의 중요성

역할놀이는 영유아의 인지적, 사회적, 정서적 발달에 중요한 영향을 미친다. 연구에 따르면, 역할놀이는 아이들이 사회적 규칙과 규범을 이해하고, 감정 표현 능력과 문제해결 능력을 향상시키는 데 도움이 된다(정해리, 2020). 예를 들어, 역할놀이를 통해 아이들은 다른 사람의 감정을 공감하고, 갈등을 해결하는 방법을 학습한다(김수정, 2019). 또한, 언어 발달에도 중요한 영향을 미친다. 영유아들은 역할놀이 중 다양한 대화와 상호작용을 통해 어휘를 확장하고 언어 표현 능력을 기른다(이유리, 2021).

3) 역할놀이 시 교사의 역할

교사는 역할놀이에서 영유아의 상상력과 창의성을 자극하고, 놀이가 자연스럽게 발전하도록 지원하는 중요한 역할을 한다. 교사는 놀이를 적절히 유도하고, 영유아들이 다양한 역할을 시도해볼 수 있는 기회를 제공한다(박혜정, 2020). 예를 들어, 교사는 역할놀이의 장면을 설정하거나, 영유아들이 놀이를 확장할 수 있도록 새로운 도전 과제를 제공할 수 있다. 또한, 교사는 놀이 중 영유아들의 사회적 상호작용을 촉진시키고, 갈등이 발생했을 때 중재하여 긍정적인 상호작용을 유도해야 한다(정혜진, 2020). 교사는 영유아들이 역할놀이를 통해 사회적 규칙과 감정 조절 능력을 배우고, 자신의 생각과 감정을 표현할 수 있는 안전한 환경을 만들어 주는 역할을 해야 한다.

역할놀이 들여다보기

<table>
<tr><td>놀이명</td><td>햄버거 가게놀이</td><td>대상연령</td><td>5세</td></tr>
<tr><td>놀이 자료 및 환경</td><td colspan="3">– 유아들이 햄버거를 만들 수 있도록 미술 재료를 충분히 마련한다.
점토, 종이
– 햄버거 가게놀이를 위해 유아가 요청하는 자료들을 마련한다.
햄버거 가게 메뉴판, 색종이, 계산기, 키보드, 키오스크, A4 종이, 마이크, 미술도구</td></tr>
<tr><td>안전 및 유의사항</td><td colspan="3">– 유아들이 질서를 지킬 수 있도록 안내하고, 안전하게 놀이할 수 있도록 관찰한다.
– 적정 거리를 유지하여 전자기기를 사용한다.</td></tr>
<tr><td>교사의 기대</td><td colspan="3">– 다양한 미술 자료를 사용하여 만들기를 하며 창의력을 기른다.
– 소근육을 사용한 놀이를 통해 신체적 조절감을 기르며 자유롭게 표현해본다.
– 상황과 역할에 맞게 자신의 생각과 느낌을 표현해본다.
– 친구와 함께 협동하여 즐겁게 가게놀이를 한다.</td></tr>
<tr><td>놀이의 전개과정</td><td colspan="3">놀이 → 놀이
11월의 놀이 주제는 우리 동네이며, 자유놀이 시간 전, 유아들과 우리 동네에 대한 이야기 나누기 활동을 하였다. 활동 중 한 유아의 경험을 시작으로 유아들이 햄버거에 흥미와 관심을 가졌다. 자유놀이 시간이 되어 유아들이 미술영역에서 햄버거를 만들며 햄버거와 관련된 이야기를 이어간다. 그러다 자신들이 점토로 만든 것으로 햄버거 가게놀이를 하고 싶다고 하였다. 유아들이 역할놀이 영역에서 햄버거 가게놀이를 하던 중 키오스크 기계로 주문을 하고 싶다고 하여 교사가 자료를 지원해주어 놀이가 전개된다.</td></tr>
</table>

<table>
<tr><td colspan="4">놀이의 시작</td></tr>
<tr><td>놀이의 시작</td><td>미술영역에서 유아들의 놀이</td><td>점토로 햄버거를 만들며 햄버거 가게에 다녀온 경험에 대해 이야기를 나눈다.
유아들은 자신이 만든 햄버거로 가게놀이를 한다.

• 유아들이 미술영역에서 햄버거를 만들며 자신이 햄버거 가게에 가본 경험에 대해 이야기를 나눈다.
T: (미술영역에서 놀이하는 유아에게 다가가서) ○○이는 무엇을 만들고 있나요?
C: 햄버거 만들고 있어요!
T: 우와 맛있겠다. 완성되면 선생님한테도 보여줘요~
C: 네~ 예쁘게 만들어야지!
C: (점토로 햄버거를 만들며) 나는 치즈버거를 제일 좋아하니까 치즈버거 만들 거야.
C: 나는 치즈버거 한 번도 안 먹어 봤어. 맛있어?
C: 응 내가 제일 좋아하는 거야.
C: 나는 감자튀김에 케첩 찍어 먹는 거 좋아해. 그래서 감자튀김 만들고 있어.
C: 우와~ 그럼 우리 이거 다 만들고 햄버거 가게놀이 할까?
C: 좋아! / 재밌겠다~ / 빨리 만들어야지!!</td><td>놀이 자료

점토

햄버거</td></tr>
</table>

<table>
<tr><th colspan="4">놀이 실행</th></tr>
<tr>
<td>놀이 관찰</td>
<td>유아들의 상호작용</td>
<td>

• 유아들이 만든 햄버거로 가게놀이를 한다.
C: 어서오세요~
C: 불고기버거 하나 주세요~
C: 2천 원입니다.
C: 감사합니다.
C: 여기 음료수나 감자튀김은 없나요?
C: 있어요! 여기 메뉴판 앞에 있어요!
C: 아~ 메뉴판이 여기 있었네요~ 감사합니다.
T: 콜라랑 감자튀김도 같이 주세요!
C: 4천 원입니다.
T: 여기 4천 원이요.
C: 음식 나오면 알려드릴게요!

• 유아들이 키오스크로 주문을 하고 싶어 한다.
C: 그런데 나 저번에 햄버거 가게 갔을 때 키오스크로 주문해봤는데…
C: 키오스크로 주문하는 거 재미있었는데 / 우리 햄버거 가게놀이에도 할 수 없을까?
C: 음 그럼 우리 선생님한테 쓸 수 있는지 물어볼까?
C: 좋아! / 우리 저번에 카페 놀이할 때 써봤잖아.
C: 맞아 그때 키오스크 써서 재밌었는데.

</td>
<td>

메뉴판

간판
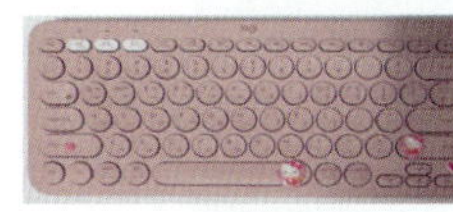
키보드

계산기
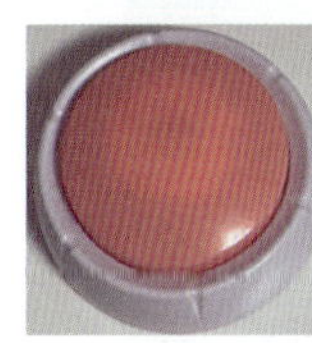
마이크

</td>
</tr>
<tr>
<td>놀이 이어 가기</td>
<td>교사의 놀이 자료 지원과 반응</td>
<td>

• 유아들이 키오스크를 사용하고 싶다고 말한다.
C: 선생님 우리 저번에 카페놀이 할 때 키오스크 써봤잖아요~
C: 햄버거 가게 놀이하는데 햄버거 주문도 키오스크로 하면 안 돼요?
T: 저번에 사용한 카페 키오스크가 재미있었구나~ 그럼 선생님 햄버거 가게도 있는지 한 번 확인해보고 알려줄게요~
C: 네~

• 햄버거 가게 키오스크 앱을 지원해준다.
T: 선생님이 찾아봤는데 햄버거 가게 키오스크가 있어서 가지고 왔어요!
C: 우와~ / 선생님 최고 최고!
C: 키오스크가 있으니까 나 손님 할래! / 재밌겠다!!
C: 그런데 나 키오스크 어떻게 쓰는지 몰라 알려줄 사람~?

</td>
<td>

</td>
</tr>
</table>

C: 내가 도와줄게! 나 키오스크 써봤어!!
C: 우와~ 고마워~
T: 전자기기를 사용할 땐 어떤 약속을 지켜야 할까요?
C: 가까이서 보면 안 돼요.
C: 던지지 말고 소중하게 다뤄야 해요.
C: 키오스크는 하나니까 차례를 지켜야 해요.
T: 맞아요~ 햇님반 친구들이 잘 말해주었네요~ / 약속을 잘 지켜서 놀이할 수 있겠죠?
C: 네~!

• 키오스크 앱을 사용하여 가게놀이를 한다.
C: 어서오세요~
C: 치킨버거 하나 주세요!
C: 손님! 주문은 키오스크로 해주세요!
C: 아! 네 감사합니다.
C: (마이크를 사용하여) 주문하신 메뉴 나왔습니다.
C: 감사합니다~
C: (햄버거를 먹는 시늉을 하며) 음~ 맛있다~
C: 여기 햄버거 가게가 다른 곳에 비해 조금 더 싸다~

• 교사에게 함께 놀이하자고 요청한다.
C: 선생님!
T:(유아가 있는 곳으로 가며) 왜요? 다른 필요한 게 있나요?
C: 아니요! 선생님도 같이 놀아요~!!
T: 그럴까? 선생님은 어떤 역할을 할까?
C: 선생님 손님 해요! / 제가 햄버거 만들어 줄게요!
T: 우와~ 햄버거 맛있게 만들어주세요~
C: (교사가 손님으로 들어왔을 때) 어서오세요~ / 주문은 키오스크로 해주세요~
T: 네 감사합니다~
C: (마이크를 사용하여) 주문하신 메뉴 나왔습니다.
T: 우와~ 맛있겠네요~ 감사합니다.
T: (먹는 시늉을 하며) 빨간색은 무엇인가요?
C: 그건 토마토입니다.
C: 으~ 나는 토마토 싫어
C: 왜~ 토마토가 얼마나 맛있는데! 나는 토마토 좋아
C: 나도 좋아해! 엄마가 몸에 좋다고 했어!
T: 콜라 다 마셨는데 한 번 더 먹을 수 있나요?
C: 네~ 딱 한 잔만 더 드릴게요. / 맛있게 드세요!
T: 감사합니다~

키오스크

놀이 마무리	유아들의 흥미를 반영한 다음 놀이 지원 계획	**• 점심시간이 되어 교사가 유아들에게 정리하자고 이야기를 한다.** T: 햇님반 친구들~ 우리가 약속한 시간이 5분밖에 남지 않았어요~ / 지금 긴바늘이 어디에 있죠? C: 12에 있어요! T: 그렇죠~ 긴바늘이 1에 가면 하던 놀이를 정리하고 손 씻고 밥 먹도록 할게요~ C: 네! T: (정리 음악 '모두 제자리'가 나오는 중) 자~ 정리할 시간입니다~ 하던 놀이 정리해볼까요? C: 벌써요? 더 하고 싶은데… C: 선생님 저 아직 햄버거 못 받았어요 C: 저는 아직 다 못 먹었어요 / 햄버거 제일 좋아하는데 C: 햄버거 먹고싶다… 밥 안 먹을래요 T: 햇님반 친구들, 아직 놀이가 더 하고 싶구나~ / 지금 점심을 먹어야 하는데 어떻게 하면 좋을까? C: 조금 더 놀아요! C: 이거 정리 안 하면 안 돼요? / 밥 먹고 더 할래요! T: 지금 하던 놀이를 더 하고 싶어 하는 친구들이 많으니, ○○이가 말한 것처럼 이대로 두고 밥 먹고 돌아와서 하는 건 어떨까? C: 아… 지금 더 놀고 싶은데 C: 좋아요~ / 야~ 그냥 밥 빨리 먹고 와서 하자! C: 아… 그래~ **• 유아들의 흥미가 이어질 수 있도록 다음 시간에 어떤 활동을 하면 좋을지에 이야기 나눈다.** C: 그런데 선생님 햄버거 가게 놀이하니까 햄버거가 너무 먹고 싶어요. / 우리 햄버거 먹어요! T: ○○이는 지금 햄버거가 먹고 싶구나~ 그런데 지금은 ○○이를 위해서 점심식사가 준비되어 있어요~ C: 아… 햄버거 먹고 싶다… T: 그럼~ 우리 내일 햄버거를 만들어 먹는 건 어떨까? C: 우와~ 정말요? 좋아요! C: 내일 햄버거 만든다! 오예~! T: 자~ 그럼 우리 손 씻고 밥 먹으러 가볼까요? C: 네! / 빨리 먹고 와서 놀아야지~	 '모두 제자리' 악보  시계

교사의 발견

- 11월의 주제인 우리 동네에 대해 이야기 나누기를 하던 중, 햄버거와 관련한 경험을 이야기 나누는 모습을 보였다.
- 자유시간에 미술 영역에서 많은 유아가 점토로 햄버거를 만드는 모습을 보였다.
- 유아들이 햄버거를 만드는데 서로 웃으며 즐거움을 표현하였다. 즐거운 분위기에서 놀이가 확장되었다.
- 놀이에 필요한 것들에 대해 유아가 능동적으로 생각하며, 서로 이야기 나누는 모습을 보였다.
- 유아들이 자신의 역할과 관련하여 말하며 행동하는 모습을 보였다.
- 놀이 중 필요한 것이 생기면 가감 없이 교사에게 자신의 의사를 표현하였다.
- 자신들의 흥미를 더욱 지속시키기 위해 다른 이들에게 함께 놀이하기를 권하는 모습을 보였다. 함께 놀이하며 유아들 내 언어적 상호작용이 활발하게 나타났다.
- 이전 경험을 통해 새로운 기계 사용을 원하여 지원하였다. 유아들이 놀이를 더욱 즐겁게 하였다.
- 놀잇감을 함께 사용하기 위해 유아들이 서로 약속을 정하고 순서를 지켜 사용하였다.
- 키오스크 활용법을 모르는 유아를 위해 유아들이 서로 도와주는 모습을 보였다. 서로 협력하며 문제를 해결하는 모습을 보였다.

놀이 분석 및 평가	
발견 목표	• 여러 미술재료를 사용하여 햄버거를 만들며 자신의 생각을 자유롭게 표현해본다. • 역할놀이를 하며 또래의 감정과 행동에 관심을 가진다. • 역할놀이에 자발적으로 참여하고 즐거움을 느낀다.
교육과정 관련 요소	• 신체운동 · 건강 < 안전하게 생활하기 < 일상에서 안전하게 놀이하고 생활한다. • 신체운동 · 건강 < 신체활동 즐기기 < 실내외 신체활동에 자발적으로 참여한다. • 신체운동 · 건강 < 안전하게 생활하기 < TV, 컴퓨터, 스마트폰 등을 바르게 사용한다. • 의사소통 < 듣기와 말하기 < 자신의 경험, 생각, 느낌을 말한다. • 의사소통 < 듣기와 말하기 < 말이나 이야기를 관심 있게 듣는다. • 의사소통 < 듣기와 말하기 < 상황에 적절한 단어를 사용하여 말한다. • 의사소통 < 듣기와 말하기 < 상대방이 하는 이야기를 듣고 관련해서 말한다. • 사회관계 < 더불어 생활하기 < 친구와 서로 도우며 사이좋게 지낸다. • 사회관계 < 더불어 생활하기 < 서로 다른 감정, 생각, 행동을 존중한다. • 사회관계 < 더불어 생활하기 < 약속과 규칙의 필요성을 알고 지킨다. • 예술경험 < 창의적으로 표현하기 < 다양한 미술 재료와 도구로 자신의 생각과 느낌을 표현한다. • 자연탐구 < 생활 속에서 탐구하기 < 도구와 기계에 관심을 가진다. • 자연탐구 < 탐구과정 즐기기 < 궁금한 것을 탐구하는 과정에 즐겁게 참여한다.
유아 경험을 누리과정 5개 영역과 연계하여 이해하기	• 신체운동 · 건강: 전자기기를 사용할 때 적정 거리를 유지함으로 안전하게 놀이하였다. • 의사소통: 또래 유아나 교사가 말할 때, 귀를 기울이고 이와 관련하여 말함으로 듣고 말하는 태도를 형성하는 데 도움이 되었다. 역할놀이 시 자신의 역할을 이해하여, 자신의 역할과 상황에 맞는 언어표현을 하였다. • 사회관계: 유아들 간 약속을 정하여 놀이하였다. 전자기기 사용에 어려움을 겪는 친구를 도와 함께 협력하여 놀이하였다. • 자연탐구: 키오스크에 대한 관심을 가지고 이를 요청하고 조작하며 기계에 대한 관심이 확장되었다. • 예술경험: 가게놀이 전, 다양한 미술재료로 자신들이 만들고 싶은 것을 만들며, 놀이 중에도 이를 사용하기 위해 자유롭게 자신의 생각을 담아 표현할 수 있는 경험을 하였다.

유아의 놀이 과정 들여다보기	유아들과 11월의 놀이 주제인 우리동네에 대해 이야기 나누기 활동을 하는데 햄버거에 흥미와 관심을 보였다. 자유 놀이 시간에 교사가 제공한 점토로 햄버거를 만들며 햄버거와 관련된 경험에 대해 이야기를 하며 즐거워하는 모습을 볼 수 있었다. 유아들이 점토로 만든 햄버거를 사용하여 가게놀이를 하자는 의견을 제시함으로 놀이를 확장해 나가는 모습이 보였다. 미술영역에서 역할놀이 영역으로 연계되어 통합적으로 놀이가 이루어졌다. 유아들이 서로의 의견을 존중하며 역할을 나누고 놀이 과정에 즐겁게 참여하였다. 가게 놀이를 하며 상상력과 창의력을 기르게 되고 친구와 상호작용을 통해 언어발달에 도움을 주었다. 유아들이 키오스크를 사용했던 경험을 나눈 후, 교사에게 놀잇감에 대한 도움을 요청하였다. 새로운 도구에 관심을 가지며 놀이를 확장시켰다. 어려움이 발생하였을 때 서로 협동하여 해결함으로 협력하는 것을 경험하였다. 교사가 지원해 준 키오스크로 햄버거 가게 놀이를 하며 교사와 함께 놀이하고 싶어 하였다.
교육적 놀이 지원	• **놀이공간**: 미술 영역에서 햄버거를 만든 후, 역할놀이 영역에서 햄버거 가게 놀이를 하는 유아들의 요청으로 놀이공간 확장을 위해 놀이영역을 조정하였다. • **놀이자료**: 키오스크가 필요하다는 유아들의 의견을 수용하여 제공하였다. • **상호작용**: 관찰하기, 질문하기, 제안하기, 정서적 지원하기, 함께 놀이하기로 놀이를 지원하였다. • **안전**: 안전하게 놀이하기 위해 유아들이 서로 놀잇감을 사용할 때에 대한 약속을 정하고 놀이할 수 있도록 하였다. • **디지털**: 키오스크를 지원하여 햄버거 가게 놀이가 더 확장되었다.
유아의 흥미를 반영한 다음 놀이 지원 계획	• 키오스크를 사용하는데 유아들 간 언어적 상호작용이 활발히 이루어질 수 있도록 추가 자료를 고민해봐야겠다. • 햄버거 만들기 요리 활동을 하기 전 유아들과 지켜야 할 약속을 유아와 함께 정해봐야겠다. • 햄버거를 만들 때 청결을 유지할 수 있도록 앞치마를 챙겨올 수 있도록 가정과 연계해 봐야겠다. • 햄버거 만들기에 사용할 재료는 어떤 것이 좋을지 유아들과 함께 이야기를 나누어봐야겠다.

5. 신체놀이

1) 신체놀이의 개념

신체놀이는 영유아가 자신의 신체를 이용하여 다양한 활동을 통해 신체 능력을 발달시키는 놀이이다. 이 놀이에는 달리기, 점프, 춤추기, 공 던지기, 장애물 넘기 등 다양한 신체적 활동이 포함된다. 신체놀이는 영유아들이 근육을 사용하여 신체의 움직임을 조정하고, 균형 감각과 협응 능력을 키울 수 있는 기회를 제공한다(김수정, 2020).

2) 신체놀이의 중요성

신체놀이는 영유아의 신체적 발달뿐만 아니라 정서적, 사회적, 인지적 발달에도 중요한 영향을 미친다. 연구에 따르면, 신체놀이는 영유아들의 운동 능력과 협응력을 향상시키며, 신체 건강과 체력 발달에도 기여한다(박은영, 2018). 또한, 신체놀이 중에는 영유아들이 스트레스를 해소하고 감정 조절을 배우는 데 도움을 주며, 사회적 상호작용을 통해 협동과 규칙을 배우게 된다(정지윤, 2021). 예를 들어, 여러 명의 영유아들이 함께 공을 차거나, 함께 놀이기구를 사용하며 협력하는 경험을 통해 사회적 유대감을 형성하고, 갈등을 해결하는 방법을 배우게 된다.

또한, 신체놀이는 영유아의 뇌 발달에도 긍정적인 영향을 미친다. 연구에 따르면, 신체활동을 통해 뇌의 신경 회로가 자극되어 인지적 능력 발달에 기여하며, 집중력과 기억력 향상에도 도움을 준다(이정미, 2020). 신체놀이는 신경계 발달을 촉진하며, 영유아가 환경과 상호작용하는 데 필요한 기초적인 능력을 기르는 데 중요한 역할을 한다.

3) 신체놀이 시 교사의 역할

교사는 신체놀이 활동에서 영유아들이 안전하게 놀이할 수 있도록 지도하고, 놀이를 통해 발달적인 목표를 달성할 수 있도록 지원하는 중요한 역할을 한다. 교사는 놀이 환경을 안전하게 조성하고, 영유아들이 신체활동을 자유롭게 할 수 있는 공간을 제공하는 것이 중요하다(김지혜, 2019). 예를 들어, 영유아들이 공을 차거나 달릴 때 위험을 방지하고, 안전하게 놀이를 할 수 있도록 항상 주의를 기울여야 한다.

또한, 교사는 신체놀이를 통해 아이들이 신체 능력을 발휘할 수 있도록 적절한 자극을 주고, 다양한 활동을 유도하여 발달을 촉진해야 한다. 예를 들어, "이제 공을 멀리 던져 보자"와 같은 격려의 말을 통해 영유아들이 더 도전적인 활동을 시도하도록 유도할 수 있다(박지영, 2021). 교사는 놀이 중 영유아들이 서로 협력하거나 갈등을 해결하는 방안을 제시하고, 긍정적인 상호작용을 유도하는 역할도 중요하다. 또한, 영유아들이 신체활동을 통해 자기조절 능력과 감정을 표현하는 법을 배울 수 있도록 돕는 것이 교사의 중요한 역할이다.

신체놀이 들여다보기

<table>
<tr><td>놀이명</td><td>팝콘 놀이해요.</td><td>대상연령</td><td>4세</td></tr>
<tr><td>놀이 자료 및 환경</td><td colspan="3">– 충분한 공간에서 놀이할 수 있도록 책상을 옮겨 공간을 넓혀준다.
– 유아들이 다양한 팝콘을 표현해볼 수 있도록 태블릿을 마련한다.
– 태블릿 1대, 종이블록</td></tr>
<tr><td>안전 및 유의사항</td><td colspan="3">– 놀이 중 친구들 또는 책상, 교구장 등에 부딪히지 않도록 유아들에게 안내하고 안전하게 놀이할 수 있도록 관찰한다.</td></tr>
<tr><td>교사의 기대</td><td colspan="3">– 신체를 활용하여 자유롭게 팝콘의 움직임을 표현하며 창의력을 기른다.
– 팝콘을 표현하며 신체적 조절감을 기른다.
– 태블릿 사용에 대한 약속의 필요성을 느낀다.</td></tr>
<tr><td>놀이의 전개과정</td><td colspan="3">한 달에 한 번 있는 요리활동 시간에 유아들의 의견을 반영하여 팝콘을 만들어보았다. 이후 유아들이 팝콘에 관심을 가지기 시작하여 파라슈트로 팝콘을 튀겨보는 활동을 진행하였다. 활동이 끝난 후 자유놀이 시간에 튀겨지는 팝콘을 신체로 표현하며 놀이하는 유아들이 있었다. 유아들은 팝콘기계를 만들고 다양한 맛의 팝콘을 표현하며 놀이하였다. 교사가 태블릿을 지원해주자 자신만의 팝콘을 만들고 신체로 표현하기 시작하였다.</td></tr>
<tr><td colspan="4">놀이의 시작</td></tr>
<tr><td>놀이의 시작</td><td colspan="2">아침 모임 후 파라슈트로 팝콘을 튀겨보는 활동을 진행하였다. 활동이 끝난 후 자유놀이 시간이 주어졌고, 유아들이 활동하며 직접 경험하였던 튀겨지는 팝콘을 신체로 표현하는 놀이가 시작된다.

C: (점프하며) 팝콘 또 튀기고 싶다.
C: 나도. 근데 너 지금 팝콘 같아.
C: 진짜? 왜?
C: (점프하며) 팝콘처럼 튀잖아.
C: 어! 그럼 우리 팝콘 놀이하자.
C: 그래.</td><td>놀이 자료

〈파라슈트로 팝콘을 튀겨요.〉</td></tr>
<tr><td colspan="4">놀이 실행</td></tr>
<tr><td>놀이 관찰</td><td colspan="2">• 유아들이 신체로 팝콘을 표현하며 놀이한다.
(유아들이 제자리에서 팝콘처럼 점프한다.)
C: (점프하며) 팡! 팡!
C: 나는 더 크게 틜 거야! (높이 점프한다.)
C: (앞구르기 하며) 나는 아직 안 터진 팝콘이야.
T: 무엇을 하고 있나요?
C: (점프하며) 선생님, 우리는 팝콘이에요.
T: 정말 팝콘이 튀는 것 같네요!
C: 선생님도 같이해요.
T: 그럴까요? (오리걸음을 하며) 선생님은 아직 팝콘이 되지 않</td><td>놀이자료</td></tr>
</table>

	은 옥수수에요. C: (교사를 따라 오리걸음을 하며) 어! 나도 안 터진 옥수수 해야지~	
이어가기 -교사의 놀이 지원	**• 팝콘 놀이를 하던 도중 문제 상황이 발생한다.** C: (교실을 뛰어다니며 팝콘을 표현하다 실수로 C가 만든 작품이 무너뜨린다.) C: 야! 내가 만든 게 무너졌잖아! C: 미안해. C: 괜찮아. 다시 만들면 돼. T: 교실을 뛰어다니면 다른 친구들의 놀이에 방해가 될 수도 있고 다칠 수도 있어요. 어떻게 하면 친구들의 놀이를 방해하지 않고 팝콘을 표현해볼 수 있을까요? C: 음… 우리가 팝콘처럼 될 공간을 정해놓고 해요. T: 좋은 방법이네요. 공간을 어떻게 정하면 좋을까요? C: (종이블록을 가리키며) 아! 그러면 저기 블록으로 팝콘 기계를 만들어서 그 안에서 하면 돼요. C: 그러자! C: 좋아! (유아들이 쌓기놀이 영역으로 향한다.) **• 쌓기놀이영역에서 종이블록으로 팝콘기계를 만들고 팝콘 놀이를 한다.** C: 근데 여기는 너무 좁아. C: 맞아. 우리는 크게 만들고 싶은데. T: 팝콘 기계를 만들 자리가 부족해요? C: 네. T: 그럼 선생님이 넓게 놀이할 수 있도록 책상을 다른 곳으로 옮겨줄게요. (교사가 책상을 다른 곳으로 옮긴다.) C: 와, 이제 넓어졌다. C: 우리 어떻게 만들래? C: (손으로 바닥에 원을 그리며) 팝콘 기계가 동그랗게 생겼으니까 이렇게 동그랗게 만들자. C: 근데 이 블록으로 동그랗게 만들기 어렵잖아. C: (손으로 바닥에 큰 네모를 그리며) 이렇게 네모나게 만들자. C: 그래! C: 그럼 난 이쪽에서부터 할게. C: 그럼 난 이쪽! (유아들이 종이블록으로 네모난 팝콘기계를 만든다.) C: 어, 됐다! (팝콘 기계 안으로 점프해 들어간다.) (다른 유아들도 팝콘 기계 속으로 점프해 들어간다.) C: 선생님도 들어오세요!	 〈종이블록〉  〈Scroobly〉

T: 그래요. (팝콘 기계로 들어가 쭈그려 앉는다.)
(자신의 까만 옷을 가리키며) 얘들아, 선생님 옥수수는 팝콘이 되지 못하고 까맣게 타버렸어.
(유아들이 꺄르르 웃는다.)
C: 나는 분홍색 옷이니까 딸기맛 팝콘이야.
T: 그러네요. ○○는 딸기맛 팝콘이네요.
C: 나는 카라멜 팝콘이네?
C: 나는 보라색인데 보라색 팝콘은 없잖아!
C: 그럼 너는 포도맛 하면 되잖아.
C: 그래. 그럼 나는 포도맛 팝콘이다! (팝콘을 표현한다.)
C: 나는 무지개맛 팝콘 하고 싶은데.
C: 무지개맛 팝콘이 어딨어.
T: ○○는 무지개맛 팝콘이 하고 싶었구나. 어떻게 하면 무지개맛 팝콘을 표현해볼 수 있을까?
C: 음… 저는 집에 무지개 색깔 옷이 없는데… 모르겠어요.
T: 그럼 선생님이 ○○이를 무지개맛 팝콘으로 변신시켜줄 방법을 알려줄까요?
C: 우와! 어떻게요?
T: 선생님이 변신할 수 있도록 태블릿을 가져다줄게요.
(교사 책상에서 태블릿을 가져와 유아에게 건네준다.)

• 태블릿으로 자신만의 팝콘을 그리고 신체로 표현해본다.
T: 여기 있어요. (시범을 보이며) 여기에 펜을 사용해서 ○○이가 하고 싶은 색과 모양으로 몸에 그리면 이렇게 화면에 나타나요. 색을 바꾸려면 여기를 누르면 되고, 다른 모양도 해보고 싶으면 화살표를 누른 후 아래에서 누르면 돼요.
C: 아싸! 무지개맛 팝콘 해야지~ (자리에 앉아 무지개 팝콘을 그린다.) 됐다! 나 무지개 팝콘이지롱~
C: 선생님 저도 할래요.
T: 그래요. ○○는 무슨 팝콘을 하고 싶나요?
C: 똥맛 팝콘이요. (화면을 보며 팝콘이 튀는 모습을 표현하며) 와~ 똥맛 팝콘이다!
(다른 유아들이 "뭐야?"하고 말하며 모여든다.)
C: 선생님 저도 이거 할래요.
C: 저도요.
T: 하고 싶은 친구들이 많네요. 그런데 우리 반에는 태블릿이 한 대밖에 없는데 어떻게 하면 좋을까요?
(유아들이 자신의 의견을 동시에 이야기한다.)
C: 순서를 정해놓고 해요.
C: 가위바위보로 순서 정해요.
C: 아니 그러지 말고 종이에 이름 적어요.
C: 시간도 정해놓고 해요.
T: 신라반 친구들이 다양한 의견을 이야기해주었네요.

<table>
<tr><td>놀이 마무리</td><td>• 태블릿 사용 약속을 정하기 위해 교구를 정리하고 모임자리로 모인다.
T: 우리 모임자리에 모여서 태블릿을 어떻게 사용하면 좋을지에 이야기해 보면 어떨까요?
C: 좋아요!
T: 그러면 자신이 놀이했던 교구를 정리하고 모임 자리로 모여볼까요?
C: 네.
(교사가 정리 노래 「제자리를 찾아주세요!」를 틀자 유아들이 자신이 놀이했던 교구를 정리한다.)</td><td>

〈제자리를 찾아주세요!〉</td></tr>
</table>

교사의 발견

- 유아들이 팝콘이 튀겨지는 모습을 떠올리며 신체로 자유롭게 표현하였다.
- 다른 친구의 놀이를 방해한 것에 자신의 실수를 인정하고 사과하는 모습을 보였다.
- 놀이 중 발생한 문제상황을 유아들 간의 상호작용을 통해 긍정적으로 해결하였다.
- 여러 명의 유아들이 협동하여 종이블록을 활용해 하나의 큰 팝콘기계를 만드는 모습을 보였다.
- 종이블록으로 팝콘기계를 만들고 종이블록을 점프하며 뛰어넘으며 신체활동을 즐기는 모습을 보였다.
- 교사가 교사 자신의 옷을 가리키며 까맣게 탄 팝콘을 표현함으로써 놀이가 확장되었다.
- 유아가 자신의 옷 색을 보고 같은 색을 가진 다양한 팝콘의 맛을 떠올리거나 새로운 맛을 창조해내는 모습을 보였다.
- 태블릿(Scroobly)을 활용하여 자신만의 팝콘을 창의적으로 만들어내고 신체로 표현하는 모습을 보였다.
- 태블릿 사용에 있어 많은 유아들이 하고 싶어 하는 문제 상황이 발생하였고 교사는 활동을 통해 유아들이 스스로 해결방안을 찾을 수 있도록 지원하였다.

놀이 분석 및 평가

<table>
<tr><td>발견 목표</td><td>– 신체를 활용하여 자유롭게 팝콘의 움직임을 표현하며 창의력을 길렀다.
– 팝콘을 표현하며 신체적 조절감을 길렀다.
– 태블릿 사용에 대한 약속의 필요성을 느꼈다.</td></tr>
<tr><td>교육과정 관련 요소</td><td>• 신체운동 · 건강: 신체활동 즐기기– 신체 움직임을 조절한다.
• 신체운동 · 건강: 신체활동 즐기기– 실내외 신체활동에 자발적으로 참여한다.
• 신체운동 · 건강: 신체활동 즐기기– 기초적인 이동운동, 제자리 운동, 도구를 이용한 운동을 한다.
• 의사소통: 듣기와 말하기– 자신의 경험, 느낌, 생각을 말한다.
• 의사소통: 듣기와 말하기– 상대방이 하는 이야기를 듣고 관련해서 말한다.
• 사회관계: 더불어 생활하기– 친구와 서로 도우며 사이좋게 지낸다.
• 사회관계: 더불어 생활하기– 친구와 어른께 예의 바르게 행동한다.
• 사회관계: 더불어 생활하기– 약속과 규칙의 필요성을 알고 지킨다.
• 예술경험: 창의적으로 표현하기– 신체나 도구를 활용하여 움직임과 춤으로 자유롭게 표현한다.
• 예술경험: 창의적으로 표현하기– 다양한 미술 재료와 도구로 자신의 생각과 느낌을 표현한다.</td></tr>
</table>

유아의 경험을 누리과정 5개영역과 연계하여 이해하기	• **신체운동 · 건강**: 팝콘이 튀겨지는 모습을 표현해보는 과정에 자발적으로 참여하고 그 과정에서 강약을 조절하며 점프하기, 오리걸음, 종이블록을 점프하며 넘나들기 등의 기초적인 이동운동을 하며 자신의 신체 움직임을 조절하였다. • **의사소통**: 팝콘 기계를 어떻게 만들지 자신의 생각을 이야기하고 다른 친구가 이야기한 의견과 관련된 이야기를 하였다. 또한 태블릿을 사이좋게 사용하는 방법에 대해 자신들의 의견을 이야기하였다. • **사회관계**: 실수로 다른 친구의 놀잇감을 무너뜨렸을 때 자신을 실수를 인정하고 사과하였으며 사과를 받아주는 모습을 보였다. 그리고 친구들과 함께 협력하여 종이블록으로 팝콘기계를 만들어 나갔으며 태블릿의 개수가 부족하자 약속과 규칙의 필요성을 느끼고 정하고자 하였다. • **예술경험**: 자신의 신체를 이용하여 팝콘이 만들어지는 과정을 자유롭게 표현하였으며 태블릿을 활용하여 무지개팝콘과 같이 자신이 생각해낸 팝콘을 표현하였다.
유아의 놀이 과정 들여다보기	한 달에 한 번 있는 요리활동 시간에 유아들의 의견을 반영하여 팝콘을 만들어보았고 이후 유아들이 팝콘에 관심을 가지기 시작하여 파라슈트로 팝콘을 튀겨보는 활동을 진행하였다. 활동이 끝난 후 자유놀이 시간에 튀겨지는 팝콘을 자유롭게 신체로 표현하며 놀이하는 유아들이 있었다. 교실을 돌아다니며 팝콘을 표현하던 유아들에게 교사가 친구들의 놀이를 방해하지 않고 놀이할 수 있도록 발문하였고, 유아들은 서로의 생각과 의견을 주고받으며 쌓기놀이영역의 종이블록을 활용해 팝콘기계를 만들었다. 교사가 교사 자신의 옷 색으로 팝콘을 표현하자 유아들도 자신의 옷 색에 따라 다양한 맛의 팝콘을 자유롭게 표현하며 놀이하였다. 그러던 중 무지개 맛의 팝콘을 표현하고 싶은 유아에게 자유롭게 표현할 수 있도록 태블릿을 제공하였고 교사가 태블릿을 지원해주자 유아들은 자신만의 팝콘을 만들어 신체로 표현하였다. 다른 영역에서 놀이하던 유아들도 이에 관심을 가지며 모여들었고 놀이를 하고 싶어 하는 유아들이 많아지자 약속이 필요하다는 것을 느끼며 자신들의 생각을 이야기하였다.
교육적 놀이 지원	• **관찰하기**: 유아들의 놀이를 관찰하며 상황에 적절한 발문과 지원을 해주었다. • **제안하기**: 태블릿을 사용하는 방법에 대해 자신들의 의견을 이야기하는 유아들에게 모임자리에 모여 함께 약속을 정해보도록 제안하였다. • **함께 놀이하기**: 유아들이 교사에게 함께 팝콘놀이 할 것을 제안하였고, 유아들의 요청에 응하여 함께 놀이하였다. • **정서적 지원**: 어떻게 하면 친구들의 놀이를 방해하지 않고 팝콘을 표현해볼 수 있을지, 많은 친구들이 태블릿을 어떻게 사이좋게 사용할 수 있을지에 대해 질문하여 유아들이 문제상황에 대해 생각하고 자신의 의견을 이야기해볼 수 있도록 하였으며 유아들의 다양한 팝콘 맛 표현에 대해 공감, 지지해주었다. • **모델링하기**: 교사가 자신의 검정 옷 색으로 까맣게 탄 팝콘을 표현하며 유아들이 다양한 종류의 팝콘을 표현해볼 수 있도록 하였으며 태블릿 사용 예시를 보여주며 유아들이 태블릿을 사용하여 다양한 팝콘을 표현할 수 있도록 하였다. • **공간지원**: 팝콘기계를 만들 공간이 부족하다는 유아들의 모습을 관찰하여 책상을 옮김으로써 놀이 공간을 넓혀주었다. • **디지털지원**: 다양한 맛의 팝콘을 표현하고 싶어 하는 유아의 요구에 응하여 태블릿을 제공해주었다. • **안전지원**: 교실을 뛰어다니면 다른 친구와 부딪히거나 넘어지는 등 사고의 위험이 있으므로 유아들이 안전에 대해 생각하며 놀이할 수 있도록 이야기를 나누었다.

유아의 흥미를 반영한 다음 놀이 지원 계획	• 태블릿을 사용하며 지켜야 할 약속에 대해 유아들과 함께 정한다. • 유아들이 자유롭게 팝콘의 움직임을 신체로 표현할 수 있도록 강당 또는 실외 놀이터와 같이 충분히 넓은 공간에서 놀이할 기회를 제공해준다. • 유아들에게 팝콘을 표현하는 데에 있어 더 필요한 것이 있는지 물어보고 유아들의 요구 사항에 맞게 지원해준다.

6. 전통놀이

1) 전통놀이의 개념

전통놀이는 특정 문화와 지역에서 오랜 시간 동안 전해져 내려온 놀이로, 그 지역의 고유한 역사, 문화, 가치관을 반영하는 놀이이다. 영유아가 전통놀이를 통해 과거의 문화적 유산과 사회적 규범을 배울 수 있는 기회를 제공한다. 예를 들어, 한국의 전통놀이로는 윷놀이, 제기차기, 줄넘기, 딱지치기 등이 있으며, 이러한 놀이들은 신체적 활동뿐만 아니라 규칙을 따르고, 협력과 경쟁을 통해 사회적 기술을 익힐 수 있는 기회를 제공한다(이민정, 2020).

2) 전통놀이의 중요성

전통놀이는 영유아에게 다양한 발달적 이점을 제공한다. 첫째, 전통놀이를 통해 영유아들은 신체 능력을 발달시키고, 균형 감각과 협응력, 소근육을 향상시킬 수 있다. 예를 들어, 제기차기를 하며 발의 움직임을 조절하고 균형을 잡는 능력이 길러진다(박혜정, 2018).

둘째, 전통놀이를 통해 사회적 규칙과 협동을 배우는 중요한 기회가 된다. 전통놀이 중에는 팀워크와 소통이 중요한데, 이를 통해 영유아들은 서로 협력하는 방법을 배우고, 갈등을 해결하는 경험을 하게 한다(정지윤, 2020). 또한 윷놀이와 같은 게임에서는 규칙을 지키는 것과 순서를 기다리는 인내심을 배우게 한다.

셋째, 전통놀이를 통해 영유아들은 문화적 정체성을 이해하고, 자국의 전통에 대한 자긍심을 가질 수 있다. 이러한 놀이를 통해 영유아들은 자기 문화와 역사에 대한 이해도를 높이고, 타 문화와의 차이를 존중하는 태도를 기를 수 있다(이정미, 2021).

3) 전통놀이 시 교사의 역할

교사는 전통놀이가 영유아의 발달적 요구에 맞도록 적절히 유도하고 지원하는 중요한 역할을 한다. 첫째, 교사는 전통놀이의 의미와 규칙을 영유아들에게 설명하고, 놀이가 원활하게 이루어질 수 있도록 환경을 조성해야 한다. 예를 들어, 윷놀이를 할 때 각 규칙을 명확히 설명하고, 영유아들이 놀이를 이해하며 즐길 수 있도록 도와야 한다(김수정, 2019).

둘째, 교사는 영유아들이 놀이 중에 협동과 경쟁을 경험할 수 있도록 놀이의 전개를 지도해야 한다. 예를 들어, 놀이 중 발생할 수 있는 갈등 상황을 중재하고, 공정하게 게임을 진행할 수 있도록 지도하는 역할이 중요하다(이유리, 2020).

셋째, 교사는 전통놀이가 영유아들의 창의적 사고를 자극할 수 있도록 도와야 한다. 전통놀이 중에서 영유아들이 다양한 변형을 시도하거나, 새로운 방법으로 놀이를 확장할 수 있도록 격려하는 것이 중요하다(정혜진, 2021).

전통놀이 들여다보기

놀이명	나는야 딱지왕	대상연령	4세
놀이 자료 및 환경	- 유아들이 딱지를 접을수 있도록 미술 영역에 다양한 미술재료를 배치한다. 양면 색종이, 단면 색종이, 반짝이 색종이, 마분지, 패턴 색종이, 신문지, 스티커, - 유아들이 충분히 놀이를 할 수 있도록 공간을 넓혀본다. - 유아의 요구에 따라, 딱지 접기 영상 자료를 제공한다.		
안전 및 유의사항	- 놀이 중 블록을 가지고 장난치거나 다른 유아들에게 던지지 않도록 미리 유아들에게 안내하고 안전하게 놀이할 수 있도록 관찰한다. - 다양한 미술 재료들을 가지고 다른 유아들과 함께 나누어 쓰고, 안전하게 놀이할 수 있도록 관찰한다. - 유아의 요구에 따라 가위를 제공한다.		
교사의 기대	- 다양한 미술 재료를 사용한 딱지 만들기를 통해 예술적 표현력을 기른다. - 다른 유아와 함께 협력하며 더불어 생활하기와 공동체 의식을 가진다. - 딱지치기를 통해 신체적 조절감을 기르며 자유롭게 놀이한다. - 딱지 접기를 통해 사고력을 확장한다.		
놀이의 전개과정	**놀이 → 활동 → 놀이** 10월의 놀이 주제는 전통놀이이며, 자유놀이 중 미술영역에서 유아들이 접은 딱지를 보고 다른 유아들의 관심이 딱지접기로 이동하는 모습을 보였다. 접은 딱지를 가지고 싶었던 몇 명의 유아들은 딱지를 접을 줄 아는 유아에게 딱지를 접어달라 요구하였고, 유아들의 요구가 점점 늘어나자 딱지를 접던 유아가 교사에게 함께 접기를 요청하여 놀이에 참여하였다. 놀이를 하던 중 한 유아가 딱지 접기를 다 같이 배우고 싶다고 말하였고, 이에 다른 유아들도 딱지 접기에 관심을 보였다. 유아들에 요구에 따라 교사는 디지털 지원으로 영상 자료를 제공해 주어 다 같이 딱지 접기를 배우는 활동으로 전개하였다. 유아들은 자신이 접은 딱지로 딱지치기 놀이를 해보며 다시 놀이로 전개된다. 딱지치기 놀이 중 바깥에서 딱지를 치고 싶었으나 비가 와서 바깥에서 딱지를 치지 못한 유아들을 위해 AR 교육적 지원으로 원하는 가상배경에서 딱지치기를 할 수 있도록 해주었다.		

놀이 시작과 전개

			놀이 자료
놀이의 시작과 전개	자유놀이 시간 미술영역에서 유아들끼리의 놀이 / 교사의 도움	자유놀이 중 미술영역에서 유아들이 접은 딱지를 보고 다른 유아들의 관심이 딱지접기로 이동하고 있다. **• 유아들이 미술 영역에서 딱지를 접고 있다.** T: (자유놀이 시간 교실에서 유아들의 놀이를 관찰하면서 돌아다닌다.) C: (유아들이 접은 딱지를 보고 다른 유아들이 딱지를 접어달라 요청한다.) C: (여러 명의 딱지를 접다가 버거워하여 교사에게 도움을 요청한다.)	

		T: (도움을 요청한 유아에게 다가가 놀이에 참여하여 도움을 준다.) **• 교사와 유아가 함께 딱지를 접는다.** C: (교사가 딱지를 접는 모습을 보고 딱지 접는 방법에 대해 관심을 가진다.) C: 선생님 딱지 어떻게 접는지 알려주세요!/저도 접어보고 싶어요! T: 그럼 우리 같이 딱지 접는 법을 배워볼까요? C: 선생님 저는 여기서 잘 안 보여요. T: 모든 친구들이 함께 배우려면 어떻게 해야 할까요? C: 크게 보고 싶어요/유튜브로 보여주세요/티비로 보자 T: (유아들의 요구에 따라 티비 화면으로 딱지 접기 영상을 보여준다.) **• 유아들이 딱지 치기를 하고 있다.** C:(딱지치기를 하는 중, 좁은 공간으로 인해 유아들이 한정된 장소에서 놀이를 하여 불편함을 호소한다.) T: (더 넓은 공간을 마련해준다.) 선생님이랑 함께 공간을 넓혀볼까요? C: 저는 바깥에 나가서 치고 싶어요./밖에 비 오는데? T: 그러면 선생님이 바깥에서 딱지 치는 것처럼 할 수 있게 배경을 만들어 줄까요? C: 네! 어떻게요? T: 저번에 과학 체험관 가서 화면에 우리 나오게 했었던 것처럼 선생님이 교실에서 할 수 있게 해줄게요. T: 어떤 배경에서 하고 싶나요? 가고 싶은 장소가 있나요? C: (다양한 가상 배경을 통해 딱지치기를 해본다.)	
놀이 마무리	유아들의 흥미를 반영한 다음 놀이 지원 계획	**• 유아들의 흥미가 이어질 수 있도록 다음 시간에 어떤 활동을 하면 좋을지에 이야기 나눈다.** C: 다음에는 딱지 대회도 하고 싶다/ 누가 딱지 왕인지 정하자 T: 그럼 점심 먹고 딱지치기 대회를 해볼까요? C: 네	

교사의 발견

- 11월의 놀이 주제는 전통놀이이며 유아들은 다양한 전통놀이에 대해 알고 다양한 경험하였다.
- 전통놀이 중 딱지에 관심을 가지며 미술영역에서 다양한 재료로 딱지를 접는 모습을 보였다.
- 딱지를 접을 줄 아는 유아에게 다른 유아들이 딱지를 접어달라고 요구하는 모습을 보였고, 두 명의 유아가 딱지를 모두 접기에 힘들어하여 교사에게 도움을 요청하는 모습을 보였다.
- 처음에는 두 명의 유아만 딱지를 접고 있었으나, 다른 유아들의 관심이 딱지로 향함에 따라 딱지 접는 방법에 대해 배우고 싶어 하는 모습을 보였다.

- 유아들이 다양한 재료로 딱지를 접어볼 수 있도록 다양한 종류의 색종이, 마분지, 신문지, 스티커를 지원하였고, 이를 탐색하고 활용하여 딱지를 접고 창의적으로 꾸미는 모습을 보였다.
- 유아들에게 디지털 지원으로 딱지 접기 영상을 제공하여 모든 유아가 딱지 접기 영상에 집중하는 모습을 보였다.
- 다양한 재료들을 활용하여 선생님을 따라서 어려운 부분도 접어보면서 성취감을 느끼는 모습이었다.
- 교사가 알려준 딱지접기 방법 외에도 자신이 원하는 방법으로 여러 가지 종이접기를 해보면서 창의력을 보여주었다.
- 유아들은 종이접기를 하며 또래 서로에게 관심을 가지며 도움을 주고 협력하는 모습을 보였다.
- 딱지를 접은 후 딱지치기를 해보면서 영상에서 나온 장면인 민속촌에서도 전통놀이인 딱지치기를 하고 싶어 하는 모습을 보였다.
- 딱지치기가 전통놀이임을 알고 AR 가상배경에 맞게 표현하고 문장을 구사한다.

놀이 분석 및 평가	
발견 목표	• 다양한 미술재료들을 활용하여 여러 가지 방법으로 딱지를 접고 꾸민다. • 미술 재료를 사용하여 자신의 생각과 느낌을 자유롭게 표현한다. • 또래의 생각과 느낌에 관심을 가지고 협력할 수 있다. • 실내활동에 자발적으로 참여하고 즐길 수 있다.
교육과정 관련 요소	• **신체운동 · 건강**: 신체활동 즐기기 - 실내외 신체활동에 자발적으로 참여한다. • **신체운동 · 건강**: 안전하게 생활하기 - 일상에서 안전하게 놀이하고 생활한다. • **의사소통**: 듣기와 말하기 - 말이나 이야기를 관심 있게 듣는다. • **의사소통**: 듣기와 말하기 - 상대방이 하는 이야기를 듣고 관련해서 말한다. • **사회관계**: 나를 알고 존중하기 - 내가 할 수 있는 것을 스스로 한다. • **사회관계**: 더불어 생활하기 - 친구와 서로 도우며 사이좋게 지낸다. • **사회관계**: 더불어 생활하기 - 서로 다른 감정, 생각, 행동을 존중한다. • **예술경험**: 예술 감상하기 – 서로 다른 예술 표현을 존중한다. • **예술경험**: 창의적으로 표현하기 - 다양한 미술 재료와 도구로 자신의 생각과 느낌을 표현한다.
유아 경험을 누리과정 5개 영역과 연계하여 이해하기	• **신체운동 · 건강**: 실내외 활동에 자발적으로 참여하여, 도구를 이용하면서 안전하게 놀이하는 방법을 경험하였다. • **의사소통**: 자유놀이 시간에 친구들과 언어적, 비언어적 상호작용을 통해 역할놀이에 참여하며, 적절한 단어를 사용하여 친구에게 종이접기 방법을 알려주었다. • **사회관계**: 미술 재료를 활용하여 자신이 만들고자 하는 것을 스스로 만들며, 어려움이 생긴 친구를 서로 도와줌으로써 더불어 생활하는 태도를 형성하는 데 도움이 되었다. • **예술경험**: 다양한 미술 재료로 자신이 만들고 싶어 하는 딱지를 만들며 자유롭게 표현할 수 있는 경험을 하였다. • **자연탐구**: 종이접기를 통해 접는 방향에 대해 이해하고 다양한 크기의 종이를 사용하여 접어보는 경험을 하였다.
유아의 놀이 과정 들여다보기	유아들은 10월의 놀이 주제인 전통놀이에 대해 지속적으로 관심을 보였으며, 자유 놀이 시간에는 미술영역에서 다양한 재료로 딱지접기를 하는 모습을 볼 수 있었다. 유아들은 딱지 접기를 여러 가지 방법으로 시도해보며 자신의 경험을 토대로 딱지 접기를 확장해 나가는 모습을 보였다. 딱지 접기에 어려움이 있을 때는 서로 도움을 요청하기도 하고

	도움을 주며 더불어 생활하는 모습을 보였다. 미술영역에서 딱지 접기를 하며 놀이하였으나, 딱지를 잘 접는 한 유아에게 도움을 요청하는 유아들이 몰리게 되어 혼자 다른 유아들을 도와주기 어려워졌다. 이에 유아는 교사에게 함께 종이 접기를 도와달라고 도움을 요청하였다. 딱지 접는 방법에 관심이 생긴 유아들은 교사에게 종이 접기 영상을 크게 보여달라고 요청하였다. 유아들은 자신이 만든 딱지로 놀이하며 성취감을 높일 수 있었다. 실내에서 딱지치기 공간을 확장하기 위하여 유아들과 함께 교실 공간에 대한 탐색도 경험해 볼 수 있었다. 가상배경에 관심을 가지고 적극적으로 참여하는 모습을 보였다.
교육적 놀이 지원	• **놀이공간**: 바깥 날씨를 고려하여 유아가 주도적으로 실내 놀이 공간을 재구성하도록 허용하였다. • **놀이자료**: 딱지 꾸미기 재료가 필요하다는 유아들의 의견을 수용하였다. 유아들이 다양한 색종이를 요구하여 충분히 제공하였다. • **상호작용**: 관찰하기, 질문하기, 지원하기, 지지하기로 놀이를 지원하였다. • **안전**: 종이접기를 하는 유아들에게 종이에 베이지 않도록 주의를 주고, 딱지를 친구가 있는 쪽으로 던지지 않도록 이야기해준다. • **디지털**: 디지털지원으로 딱지치기 만드는 순서를 지원하였고 AR 교육적 지원으로 원하는 가상배경에서 딱지치기를 할 수 있도록 해주었다.
유아의 흥미를 반영한 다음 놀이 지원 계획	• 유아들이 딱지치기 대회를 해볼 수 있도록 공간을 함께 구성한다. • 유아들의 놀이가 확장될 수 있도록 색종이 이외의 다양한 종이(신문지, 종이상자)를 미술영역에 배치한다.

7. 미술놀이

1) 미술놀이의 개념

미술놀이는 영유아가 다양한 미술 재료와 도구를 사용하여 창의적이고 표현적인 활동을 하는 놀이이다. 영유아들은 그림 그리기, 색칠하기, 종이 오리기, 점토로 만들기 등 다양한 미술 활동을 통해 자신의 생각과 감정을 시각적으로 표현할 수 있다. 미술놀이는 영유아가 물리적, 감각적, 그리고 정신적으로 다양한 자극을 받을 수 있는 놀이이다(이수연, 2019).

2) 미술놀이의 중요성

미술놀이는 영유아 발달에 여러 중요한 영향을 미친다.

첫째, 인지발달을 돕는다. 미술놀이를 통해 영유아들은 색, 형태, 크기, 질감 등 다양한 미적 요소를 인식하고 이해할 수 있다. 이를 통해 시각적 감각이 발달하며, 문제 해결력과 창의적 사고가 촉진된다(김은정, 2020). 예를 들어, 다양한 재료를 이용한 그림 그리기는 영유아들이 색과 형태를 조합하여 독창적인 결과물을 만들 수 있게 한다.

둘째, 정서발달을 돕는다. 미술놀이는 감정 표현을 위한 중요한 도구로, 영유아들이 자신의 감정을 그림이나 조형물로 표현하면서 자아를 인식하고 감정을 조절하는 데 도움을 준다(박지혜, 2021). 또한, 미술활동은 영유아들이 스트레스를 해소하거나 불안감을 표현하는 방법을 배울 수 있는 기회를 제공한다.

셋째, 소근육 발달을 돕는다. 미술놀이에서 사용하는 도구(예: 붓, 크레용, 가위 등)는 소근육 발달을 촉진한다. 손과 손목의 움직임을 조절하는 활동을 통해 손의 세밀한 운동 능력도 함께 발달한다(정효정, 2020).

넷째, 사회성 발달을 돕는다. 미술놀이는 협력적 활동으로 이어질 수 있어, 친구들과 함께 작업하거나 서로의 작품을 존중하는 법을 배우는 기회를 제공한다. 예를 들어, 그룹으로 큰 벽화를 그리거나 공동 작업을 통해 상호작용을 촉진할 수 있다(이정미, 2021).

3) 미술놀이 시 교사의 역할

교사는 미술놀이에서 영유아가 창의적이고 표현적인 활동을 할 수 있도록 도와주는 중요한 역할을 해야 한다. 교사의 역할은 다음과 같다.

첫째, 자극과 다양한 자료를 지원해야 한다. 교사는 영유아들이 자유롭게 미술놀이를 할 수 있도록 다양한 재료를 제공하고, 그들이 활동을 시작하도록 자극을 주는 역할을 해야 한다. 예를 들어, "오늘은 어떤 색을 사용해볼까?"와 같은 질문을 통해 영유아들의 창의성을 유도할 수 있다(김수연, 2020).

둘째, 긍정적 피드백을 적절하게 사용해야 한다. 교사는 영유아들이 만든 작품에 대해 긍정적인 피드백을 주어 영유아들이 자신감을 얻을 수 있도록 해야 한다. "집에 창문도 그리고 문도 그리고 정말 다양하게 그림을 그렸구나!"와 같은 구체적인 칭찬은 영유아들이 미술 활동에 대한 긍정적인 태도를 유지하는 데 도움이 된다(박지혜, 2021).

셋째, 감성 표현의 모델링을 보여주어야 한다. 예를 들어, 교사가 자신의 감정을 그림으로 표현하거나, 영유아들이 그림을 통해 감정을 표현하도록 도와주는 역할을 한다(정효정, 2020).

넷째, 놀이의 확장과 심화가 이루어지도록 해야 한다. 교사는 영유아들이 특정 미술 활동에 흥미를 가지면 그 놀이를 확장하거나 심화할 수 있는 기회를 제공한다. 예를 들어, 그림을 그린 후 그 그림에 대해 이야기하거나, 다른 재료를 이용해 해당 작품을 재구성하는 활동을 제안할 수 있다(이정미, 2021).

미술놀이 들여다보기

놀이명	나만의 가을을 만들어요.	대상연령	4세
놀이 자료 및 환경	- 유아들이 자연물을 사용하여 자유롭게 표현해볼 수 있도록 다양한 재료를 마련한다. 다양한 재료: 눈알 스티커, 색종이, 가위, 풀, 색연필, 사인펜, 크레파스, 퐁퐁이, 글루건, 테이프, 빨대, 털실 - 유아들이 자신의 작품을 전시해 볼 수 있도록 충분한 공간을 제공한다.		
안전 및 유의사항	- 유아가 글루건을 필요로 할 시에 안전하게 교사가 지원해 줄 수 있도록 한다. - 다양한 미술 재료들을 가지고 다른 유아들과 함께 나누어 쓰고, 가위와 같은 재료들로 장난치지 않고 안전하게 놀이할 수 있도록 관찰한다.		
교사의 기대	- 다양한 자연물과 미술 자료를 사용한 만들기를 통해 창의력을 기른다. - 자연물을 사용한 만들기를 통해 주변의 자연물에 관심을 지속한다. - 다른 유아와 함께 협력하며 더불어 생활하기와 공동체 의식을 가진다.		
놀이의 전개과정	**놀이 → 놀이** 10월의 놀이 주제는 가을이며, 자유놀이 시간 전, 유아들은 바깥놀이로 숲체험을 가서 다양한 자연물을 모아왔다. 이에 나뭇가지와 나뭇잎, 열매 등 다양한 자연물에 관심을 보였다. 자유놀이 시간이 되어 유아들이 미술영역에서 모아온 자연물을 가지고 만들기를 하는 중에 자연물이 마음대로 잘 붙지 않는 것뿐만 아니라 더 다양한 재료가 필요하다고 하여 교사가 재료를 지원해 주어 유아가 다양한 표현을 한다. 만든 작품을 교실에 전시하고 다른 친구들도 초대하고 싶다고 하여 교사의 지원을 통해 전시회를 꾸미고 초대장을 만드는 놀이가 전개된다.		

놀이의 시작			
놀이의 시작	미술 영역에서 유아들끼리의 놀이	자유 놀이 시간 전, 유아들이 바깥놀이로 숲 체험을 가서 다양한 자연물을 모아왔다. • **유아들이 책상 위에 주운 자연물을 배치하며 놀이하고 있다.** C: 아까 나뭇잎 주운 걸로 뭐하지? C: 나는 나뭇가지 주워왔어. 짜잔 많지? C: 우와, 진짜 많이 주워왔네. 이걸로 어떻게 놀지? C: 음… 그러게 어떻게 놀면 재밌을까? 우리 같이 생각해 보자. C: 아! 어떻게 놀면 좋을지 생각났어! C: 어떻게 놀 건데? C: 나는 이렇게 나뭇잎이랑 돌을 책상 위에 놓아서 아까 본 다람쥐를 만들어 볼 거야. C: 우와~ 귀엽다! 그러면 나는 숲에서 본 나무를 만들어 봐야지.	**놀이 자료** 

놀이 실행			
놀이 관찰	유아들의 상호작용	**• 유아가 자연물을 붙이고 싶다고 이야기한다.** C: 근데 이렇게만 갖고 놀면 나중에 정리할 때 없어지잖아. C: 음… 그러네. C: 아! 우리가 만든 거 종이에 붙여보면 어때? C: 좋아! 종이에 붙이면 나중에 정리할 때 없어지지도 않고 집에도 가져갈 수 있겠다. 내가 풀이랑 종이, 테이프 가져올게. C: 그래, 고마워. (종이에 나뭇잎과 자연물을 붙이면서 놀이한다.) C: 근데 내 나뭇잎은 풀로 잘 안 붙어. C: 내가 주워 온 솔방울도 그래. 흠… 어떡하지? C: 우리 선생님한테 붙여달라고 해 볼까? C: 그래, 좋아. C: 선생님, 도와주세요.	
놀이 이어가기	교사의 놀이 자료 지원과 반응	**• 교사가 아이들에게 어떤 것이 필요한지에 대해 물어본다.** T: 와, 아까 주운 자연물로 멋지게 만들기를 하고 있었네요. 선생님이 어떻게 도와주면 될까요? C: 저희가 주워 온 것들을 많이 많이 붙이고 싶은데 종이에 잘 안 붙어요. C: 맞아요 T: 많이 붙이고 싶었는데 잘 안 붙었어요?. C: 선생님 풀 말고 다른 건 없어요? C: 풀보다 더 잘 붙는 게 필요해요! T: 아~ 솔방울은 뾰족뾰족하게 생겨서 잘 안 붙는구나. 자연물을 잘 붙일 수 있는 게 필요했구나! 선생님이 우리 친구들이 쓸 수 있는 도구가 있는지 찾아보고 갖다 주도록 할게요~ T: 그거 말고 더 필요한 게 있을까? C: 음… 없어요! T: 좋아요, 선생님이 빨리 가져다줄 테니까 친구들은 하다가 선생님 도움이 또 필요하면 언제든지 불러주세요. C: 네~ T: 선생님이 글루건을 가져왔어요. 그런데 친구들~ 글루건을 사용할 땐 어떻게 해야 하죠? C: 글루건은 뜨거워요. C: 뜨거우니까 손으로 만지면 안 돼요. C: 선생님한테 도와달라고 해야 돼요. T: 맞아요~ 글루건은 뜨거우니까 필요한 친구는 선생님을 불러주면 선생님이 친구들이 붙이고 싶은 곳에 글	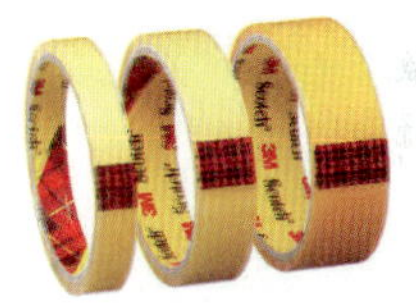 〈미술 영역에 있던 미술 재료들〉   

루건으로 붙여줄게요.
C: 네, 감사합니다 선생님.

• 유아들이 자연물 외 더 다양한 재료로 만들어보고 싶다고 이야기한다.

C: 짠~ 다 만들었어. 선생님이 도와줘서 내가 주워 온 것들로 아까 본 잠자리도 만들고, 다람쥐도 만들었어!
C: 내 것도 봐봐. 나는 큰 나무도 만들고 꽃도 만들었어.
C: 나는 나뭇잎으로 나뭇잎 만들었어. 히히.
C: 근데 난 더 알록달록하게 만들고 싶어.
C: 맞아 나뭇잎, 솔방울, 나뭇가지로만 만드니까 우리 거 색깔이 다 비슷하네. 색깔이 더 많으면 좋을 텐데…
C: 그러게, 은행잎 분명 나무에 붙어있을 땐 노랑노랑 예뻤는데! 떨어진 거 주워왔더니 색이 바뀌었어!
T: 맞아요! 우리가 밖에서 은행잎을 봤을 때는 노란색이었는데 지금은 색깔도 갈색으로 변하고, 쉽게 잘 바스라지기도 하네요.
우리 친구들이 이런 변화를 잘 알아채줬어요!
C: 선생님, 저는 나무랑 꽃 만들었어요.
C: 이것 보세요, 제가 만든 건 잠자리랑 다람쥐예요!
T: 친구들이 만든 거 다 멋지네요!
C: 네! 근데 선생님, 저희는 더 꾸미고 싶어요!
T: 그렇구나. 그러면 어떻게 꾸미면 좋을까요?
C: 뭐가 좋을까? (유아들끼리 이야기를 나눈다)
C: 아! 나는 여기에 색종이를 붙여볼래!
C: 그러면 나는 색연필이랑 사인펜으로 다람쥐한테 눈코입 그려줘야지.
C: 좋아~
T: 다들 좋은 생각이네요! 더 필요한 재료가 있으면 선생님한테 말해주세요.
(유아들이 꾸미기 재료를 찾고 있다.)
C: 우와 스티커다! 나뭇잎에 스티커를 붙여볼까?
C: 나는 폼폼이 쓰고 싶어. 어? 선생님 어제 여기 폼폼이가 있었는데 다른 친구들이 다 썼나 봐요. 없어요.
T: 선생님이 얼른 폼폼이를 더 가져다줄게요.
C: 네, 감사합니다.

• 유아들이 제공된 재료로 만들기를 다양하게 하기 시작한다.

C: 그럼 우리 이제 폼폼이랑 여러 가지가 더 생겼으니까 다른 것도 많이많이 만들 수 있겠다!!
C: 흠… 그러면 나는 이번에는 선생님 얼굴 만들어야지! 폼폼이 이렇게 이렇게 하고 나뭇가지로 올리면 선생님

(색종이, 색연필과 사인펜, 가위와 풀, 폼폼이, 색 빨대, 스티커 등등)

		얼굴 같지!! C: 선생님!! ○○이가 선생님 얼굴 만들었어요!! T: 선생님 얼굴을 만들어 준 거예요? C: 네! 이건 눈이고 이거는 입, 이거는 머리카락이에요! 저 이것도 하고 싶은데 선생님이 글루건으로 붙여주시면 안 돼요? T: ○○이가 어디에 붙이면 되는지 알려주면 선생님이 글루건 사용하는 걸 도와주도록 할게요. C: 선생님, 저도 폼폼이가 잘 안 붙는데 도와주세요! C: 선생님, 저도요!! T: 글루건이 뜨거워서 다칠 수 있으니까 한 명씩 차례대로 줄 서서 기다려주면 선생님이 순서대로 도와줄게요. 친구들 잘할 수 있죠? C: 네! 제가 두 번째예요. C: 그럼 내가 세 번째다!	
놀이 이어가기	교사의 놀이 공간 지원과 반응	**• 유아들이 만든 작품을 전시하고 싶다고 말한다.** C: 선생님 저희 이렇게 엄청 예쁜 거 많이 만들었는데 다른 사람한테도 자랑하고 싶어요. C: 맞아, 맞아. 자랑하고 싶다. C: 그러면 저번에 물감 그림 그리기했던 거 전시회 했었잖아. 그렇게 또 하면 재미있을 것 같지 않아? C: 좋아좋아!! 선생님 저희 이거 전시회 해요! T: 전시회 좋은 생각이에요. 선생님도 우리 친구들이 만든 이런 예쁜 작품들을 다른 많은 사람들이 보면 참 좋을 것 같다고 생각했어요. C: 네! 저번에 전시회 예쁘게 잘했으니까 이번에도 예쁘게 하고 싶어요. **• 전시회를 어떻게 진행할까?** T: 그럼 우리 친구들 전시회를 어떻게 하면 좋을지 각자 앉은 자리에서 같이 이야기 나누어 볼까요? C: 네. T: 전시회를 우리 어디서 어떻게 꾸미면 좋을 것 같나요? C: 교실 벽에다가 하면 좋을 것 같아요! C: 아니야! 교실보다 복도가 더 넓잖아. 난 복도에서 하고 싶어. C: 그렇네? 그럼 우리 복도에서 전시회 하자! C: 우와, 복도에서 하면 진짜 좋겠다!! T: 복도에서 전시회를 하고 싶어 하는 친구들이 많네요. 그러면 우리 복도에서 전시회를 할 수 있도록 선생님이 공간을 마련해줄게요.	

• 전시회에 초대할 방법에 대해 이야기 나눈다.

C: 그런데 전시회 다른 사람들도 올 수 있게 하려면 초대장을 만들어야 해!

C: 그러게 초대장을 만들어야 사람들이 우리 전시회를 보러 올 텐데!!

C: 그럼 우리 같이 초대장 만들자! 그런데 누구 초대하지?

C: 옆반 친구들은 어때???

C: 좋아!

C: 얘들아, 우리 다같이 하는 전시회인데 초대장도 같이 크~게 만드는 게 어때?

C: 와, 좋은 생각이다!

C: 너 천재다! 근데 그렇게 하려면 엄청 큰 종이 필요한 거 아니야?

C: 그렇네? 선생님한테 종이 달라고 하자!

C: 좋아! 선생님! 저희 옆반 친구들한테 초대장 보내고 싶은데 친구들이랑 다같이 만들고 싶어요! 초대장 만들려면 큰 종이가 필요해요.

T: 알겠어요. 선생님이 큰 종이를 가지고 올게요. 조금만 기다려요.

T: 이 정도 크기면 괜찮을까요? 그럼 친구들이 초대장 만들다가 선생님 도움이 필요하면 불러주세요. 친구들이 예쁘게 꾸밀 수 있죠?

C: 네!

• 저번 시간에 만들어봤던 QR코드 사용해서 옆반 친구들에게 초대장을 보내면 좋을 것 같다고 이야기한다.

C: 선생님, 그런데 저번에 엄마아빠한테 초대장 보냈을 때 쓴 QR코드 이번에도 쓰면 안 돼요? 그때 그거 엄청 신기하고 재미있었는데 그치??

C: 맞아!! 카메라로 사진 찍으면 사진 나오는 거 엄마한테 신기해서 자랑했었어~

C: 나도 우리 동생한테 보여줬었는데!

T: 친구들이 좋은 아이디어를 내줬네요! 그럼 QR코드를 붙여서 초대장을 만들어 볼까요? 흠… 저번에는 사진으로 보일 수 있게 QR코드를 만들어 봤는데 그럼 친구들 이번에는 어떤 걸 QR코드로 만들어 보면 좋을까요?

C: 저번에는 사진 해봐서 다른 것도 하고 싶은데 뭐가 있지?

C: 동영상 어때? 선생님, 동영상도 돼요?? 신기할 것 같아요! 재미있겠다!!

T: 친구들이 이번에는 동영상으로 QR코드를 만들어 보고 싶구나.

• 전시회 초대장에 들어갈 동영상을 찍는다.

T: 초대장에 들어갈 동영상을 어떻게 찍으면 좋을까요?

C: 그냥 전시회에 와달라고 이야기해요.

C: 전시회에 초대한다고 해요.

C: 다 같이 '신라반 전시회에 초대합니다'라고 말하면 좋을 것 같아요.

C: 좋다 그렇게 하자~

T: 친구들이 전시회에 초대한다는 말을 넣고 싶어 하네요. 그러면 다 같이 신라반 전시회에 놀러 오세요라고 말하는 영상을 찍어서 보내주는 건 어때요?

C: 좋아요~~

T: 동영상에 나오고 싶은 친구들은 여기 앞에 모여서 앉아볼까요?

T: 선생님이 하나둘셋 하면 신라반 전시회에 놀러오세요라고 이야기하면 돼요.

C: 네

T: 하나둘셋

C: 신라반 전시회에 놀러오세요~~

C: 선생님 저희 잘 찍혔어요? 보고 싶당.

T: 같이 동영상이 어떻게 찍혔는지 확인해 볼까요?

C: 우와 맘에 든다

C: 내 목소리가 제일 크다!!

T: 그러면 선생님이 찍은 영상을 QR코드로 만들어올 테니까 그동안 친구들이 초대장을 예쁘게 꾸며봐요.

• 전시회 초대장을 만든다.

T: 친구들이 전시회 초대장을 만들 동안 선생님이 찍은 영상을 QR코드로 만들고 인쇄했어요.

C: 잘 나오는지 찍어보고 싶어요.

T: 그러면 나와서 패드로 누가 한번 찍어볼까요?

C: 제가 해볼게요!

T: ○○이가 나와서 패드로 QR코드를 잘 찍어보세요~

(영상을 본다)

C: 어 잘 나온다

C: 잘 나오는 것 같아요

T: QR코드가 잘 만들어진 것 같나요?

C: 네

C: 여기 그림 옆에 QR코드 붙이자

C: 좋아 좋아.

• 완성된 전시회 초대장을 어떻게 전달할지 이야기 나눈다.

C: 선생님 근데 이 초대장 어떻게 전달해줘요?

T: 어떻게 전달해주었으면 좋겠나요?

<table>
<tr><td></td><td></td><td>C: 우리 점심 먹고 다른 반 친구들이랑 노는 시간 있잖아.
C: 그때 전달해주면 되겠다.
C: 선생님 나중에 다 같이 노는 시간에 전달해줘요.
T: 좋아요. 나중에 다른 반이랑 같이 노는 시간에 전달해 주기로 해요.</td><td></td></tr>
<tr><td>놀이 마무리</td><td>유아들의 흥미를 반영한 다음 놀이 지원 계획</td><td>• 점심시간이 되어 교사가 유아들에게 정리하자고 이야기를 한다.
T: 얘들아 지금 긴바늘이 어디에 있죠?
C: 11이요~
T: 맞아요! 시곗바늘이 12에 가면 정리하고 손 씻고 밥 먹으러 갈게요~
C: 더 꾸미고 싶은데…
C: 남은 자연물로 전시회도 꾸미고 싶다

• 유아들의 흥미가 이어질 수 있도록 다음 시간에 어떤 활동을 하면 좋을지에 이야기 나눈다.
T: 지금은 우리가 점심을 먹어야 하니까 만들기 재료들을 우선 정리하고 나중에 다시 꺼내서 꾸미는 건 어떨까요?
C: 네…
C: 선생님 자연물들은 어느 영역에 두면 되나요?
T: 어느 영역에 두고 싶나요?
C: 나중에 꾸밀 거니까 미술영역에 둘래요.
T: 좋아요. 미술영역에 정리해두기로 해요.</td><td></td></tr>
</table>

교사의 발견

- 10월의 놀이 주제는 가을이며 유아들은 나뭇가지, 나뭇잎, 열매 등 다양한 자연물에 관심을 보였다.
- 숲 체험을 다녀와서 다양한 자연물을 수집했고, 수집한 자연물을 책상 위에 배치하며 놀이하는 모습을 보였다.
- 처음에는 책상 위에 자연물을 배치하며 놀이하다가 만든 것들을 보관하기 위해서 종이에 자연물을 붙이는 것을 관찰하였다. 풀로는 자연물이 종이에 잘 붙지 않아 교사에게 도움을 요청하였다.
- 유아들이 자연물을 종이에 붙일 수 있도록 글루건을 지원하였고, 유아들은 글루건이 필요한 상황에서 교사에게 도움을 요청하면서 놀이를 이어갔다.
- 자연물 외 다른 재료를 필요로 하는 유아들에게 폼폼이, 빨대, 실, 스티커를 지원하였다.
- 자연물을 활용한 작품들을 만든 후, 자신들의 작품을 전시하고 소개할 수 있는 전시회를 하고 싶다고 이야기 나누는 모습을 보였다.
- 공간을 넓혀 교실에서 벗어나 유치원 복도에서 전시회를 진행하고 싶어 하는 모습을 보였다.
- 큰 종이를 활용하여 유아들이 다 같이 초대장을 만들 수 있도록 지원하였다.
- 초대장에 QR코드를 넣고 싶다는 유아의 요구에 따라 초대장에 QR코드를 통해 볼 수 있는 동영상을 넣을 것을 제안하였다.
- 다양한 재료들을 활용하여 스스로 작품을 만들고 전시하는 과정을 통해 즐거움과 성취감을 느끼는 모습이었다.
- 유아들은 만들기를 하며 또래 서로에게 관심을 가지며 도움을 주고 협력하는 모습을 보였다.

놀이 분석 및 평가	
발견 목표	• 자연물에 관심을 가지고 다양한 자연물들을 활용하여 여러 가지 방법으로 자신의 작품을 만든다. • 미술 재료를 사용하여 자신의 생각과 느낌을 자유롭게 표현한다. • 또래와 협력하여 하나의 작품을 완성할 수 있다. • 실내활동에 자발적으로 참여하고 즐길 수 있다.
교육과정 관련 요소	• 신체운동 · 건강 - 안전하게 생활하기: 일상에서 안전하게 놀이하고 생활한다. • 의사소통 - 듣기와 말하기: 말이나 이야기를 관심 있게 듣는다. • 의사소통 - 듣기와 말하기: 자신의 경험, 느낌, 생각을 말한다. • 의사소통 – 듣기와 말하기: 상대방이 하는 이야기를 듣고 관련해서 말한다. • 사회관계 - 더불어 생활하기: 친구와 서로 도우며 사이좋게 지낸다. • 사회관계 - 더불어 생활하기: 서로 다른 감정, 생각, 행동을 존중한다. • 사회관계 - 더불어 생활하기: 약속과 규칙의 필요성을 알고 지킨다. • 예술경험 - 아름다움 찾아보기: 자연과 생활에서 아름다움을 느끼고 즐긴다. • 예술경험 - 창의적으로 표현하기: 다양한 미술 재료와 도구로 자신의 생각과 느낌을 표현한다. • 예술경험 - 예술 감상하기: 서로 다른 예술 표현을 존중한다. • 자연탐구 - 자연과 더불어 생활하기: 주변의 동식물에 관심을 가진다. • 자연탐구 - 탐구과정 즐기기: 주변 세계와 자연에 대해 지속적으로 호기심을 가진다.
유아 경험을 누리과정 5개 영역과 연계하여 이해하기	• **신체운동 · 건강**: 여러 가지 도구를 이용하여 일상에서 안전하게 놀이하였다. • **의사소통**: 교사나 친구들의 말이나 이야기를 관심 있게 듣고, 그와 관련하여 말하는 태도를 형성하였다. 또한, 여러 가지 자연물들을 활용하여 자신의 경험, 느낌, 생각을 자유롭게 말하는 모습을 보였다. • **사회관계**: 자연물을 이용한 만들기를 하는 과정에서 친구와 서로 다른 감정, 생각, 행동을 존중하며 사이좋게 지내는 모습을 관찰하였고, 위험한 물건을 사용할 때 지켜야 할 약속을 잘 지켰다. • **예술경험**: 다양한 자연물과 미술 재료 · 도구를 활용하여 자신의 생각과 느낌을 표현하였고, 친구의 예술 표현을 존중하는 모습을 보였다. • **자연탐구**: 숲 체험을 다녀온 뒤, 숲에 있는 여러 자연물에 관심을 보였다. 수집한 자연물을 활용하여 놀이하며 자연물의 특성과 모양, 형태에 관심을 가졌다.
유아의 놀이과정 들여다보기	유아들은 10월의 놀이 주제인 '가을'에 대해 지속적으로 관심을 가졌다. 자유 놀이 시간 전, 유아들의 이러한 관심을 확장시켜주기 위해 가을 숲 체험을 다녀왔고 유아들은 이 과정에서 나뭇잎, 나뭇가지, 열매 등 여러 가지 자연물을 수집하게 되었다. 자유놀이시간, 유아들은 수집해 온 자연물들을 책상에 배치하며 놀이를 시작하였다. 자신들이 만든 것을 종이에 붙이며 놀이하던 중, 자연물이 종이에 잘 붙지 않자 교사에게 도움을 요청했고 교사는 글루건 등을 제공하였다. 자연물 작품을 더 꾸미기 위해 뿅뿅이, 눈알 스티커, 털실, 색연필, 색종이 등을 활용하였고 추가로 필요한 재료들을 교사에게 요청하였다. 이후 유아들끼리 자신들의 작품을 자랑하기 위한 전시회를 여는 것에 대한 이야기가 나왔고 교사에게 전시회를 열 것을 제안하였다. 유아들은 다 같이 전시회 초대장을 꾸미며 협동심을 길렀다. 또한, 자신들의 경험을 토대로 초대장에 QR코드를 활용할 것을 이야기 나누었다. 유아들은 자신들이 찍은 동영상을 QR코드로 만들어 교사의 도움을 통해 초대장을 완성시킴으로써 성취감을 느낄 수 있었다.

교육적 놀이 지원	• **놀이공간**: 유아의 놀이 흐름에 따라 유아가 주도적으로 놀이 공간을 확장할 수 있도록 허용하였다. 교실 밖 복도를 활용하여 전시회를 진행하며 유아의 놀이가 지속되었다. • **놀이자료**: 다양한 미술 재료가 필요하다는 유아들의 의견을 수용하였다. 유아들이 붙일 수 있는 재료를 요구하여 글루건을 제공하였다. 미술영역에 폼폼이가 부족하여 유아가 더 많은 폼폼이를 요청하자 교사가 여분의 폼폼이를 제공해 주었다. 초대장을 만들 때 QR코드를 활용할 수 있도록 포토프린터를 활용해 도움을 주었다. • **상호작용**: 관찰하기, 질문하기, 정서적 지원하기로 놀이를 지원하였다. • **안전**: 안전사고 예방을 위해 유아가 글루건을 요구했을 때, 교사가 도움을 줌으로써 유아가 도구를 사용할 때의 안전 수칙에 대해서 생각해볼 수 있도록 이야기를 나누었다. • **디지털**: 초대장에 QR코드를 통해 동영상을 제공할 수 있었다.
유아의 흥미를 반영한 다음 놀이 지원 계획	• 전시회를 하기 전, 유아들과 지켜야 할 약속을 유아와 함께 정한다. • 복도 공간을 충분히 확보하여 유아들이 전시회를 진행하는 데 어려움이 없도록 한다. • 유아의 흥미가 이어질 수 있도록 가을과 관련된 동화책이나 음악을 지원한다.

참고문헌

강숙현, 김정아, 김희정, 윤숙희, 이은희 (2014). 놀이지도. 서울: 학지사.

강은숙 (2019). 유아 놀이의 자율성과 교사의 역할. 한국유아교육학회지, 39(1), 5-23.

교육부, 보건복지부 (2019). 2019 개정 누리과정 놀이실행자료.

교육부, 보건복지부 (2019). 2019 개정 누리과정 놀이이해자료.

교육부, 보건복지부 (2019). 2019 개정 누리과정 해설서.

교육부 (2021). 디지털 기반 놀이환경 현장지원자료. 세종시: 교육부.

권지연 (2002). 유아의 인지양식과 성격에 따른 놀이 스타일의 차이. 동덕여자대학교 대학원 석사학위논문.

길효정, 엄세진 (2021). 발현적 접근법에 기반한 놀이이론과 실제. 경기: 공동체.

김경희 (2011). 창의성 위기: 창의적 사고에 대한 토런스테스트에서 창의적 사고 점수 감소. 창의성 연구 저널, 23(4), 285-295.

김나영 (2021). 계획된 놀이 환경에서의 유아 협동 놀이 효과 연구. 유아교육학회지, 35(2), 78-92.

김민정 (2018). 영유아 자연친화놀이의 개념과 교육적 접근. 유아교육학회지, 37(2), 120-134.

김민정, 김희영, 김남연, 문가영 (2020). 유아 대상 원격교육에 대한 유치원 교사의 인식 탐색. 한국유아교육연구, 22(3), 201-229.

김수연 (2020). 미술놀이에서 교사의 역할. 유아교육연구, 39(2), 55-68.

김수영, 김수임, 김현아, 정금자 (2000). 유아놀이의 이론과 실제. 서울: 양서원.

김수정 (2019). 전통놀이와 영유아발달. 유아교육연구, 38(1), 72-85.

김수정 (2019). 역할놀이와 사회적 발달. 유아교육연구, 38(2), 92-107.

김수정 (2020). 영유아 신체놀이의 개념과 발달적 중요성. 유아교육연구, 39(1), 55-70.

김수지 (1996). 아동의 기질과 놀이실 행동. 연세대학교 대학원 석사학위논문.

김수진 (2020). 영유아 쌓기놀이의 개념과 발달 효과. 아동발달연구, 42(2), 115-130.

김수희 (2004). 부모의 놀이 참여수준과 유아 놀이성과의 관계. 대구가톨릭대학교 대학원 석사학위논문,

김용희 (1991). 유아의 기질에 따른 놀이영역 선택 및 놀이형태 -4세아를 중심으로-. 이

화여자대학교 대학원 석사학위논문.
김윤나, 박희숙 (2016). 유아의 스마트기기 몰입경향성과 놀이성 간의 관계에 대한 연구. 유아교육학논집, 20(4), 337-353.
김은정 (2019). 자연친화적 놀이 경험이 영유아 발달에 미치는 영향. 아동발달연구, 41(3), 215-230.
김은정 (2020). 미술놀이가 영유아의 인지적 발달에 미치는 영향. 유아교육과정연구, 28(3), 74-89.
김정겸, 강영식 (2016). 유아의 스마트폰 사용 경험이 정서조절과 주의집중력에 미치는 영향. 예술인문사회융합멀티미디어논문지, 6(4), 97-109.
김정신 (2000). 유아 놀이에 대한 부모의 인식 및 태도에 관한 연구. 경기대학교 교육대학원 석사학위논문.
김종민, 문정주, 권미량 (2014). 유아기 스마트기기 중독성에 대한 탐색적 연구. 생태유아교육연구, 13(1), 199-219.
김지연 (2019). 유아의 창의성 발달을 위한 쌓기놀이에서 교사의 역할. 유아교육연구, 38(3), 89-104.
김지혜 (2019). 유아 신체놀이에서 교사의 역할과 안전 관리. 유아교육학회지, 36(2), 147-161.
김형미 (1998). 유아의 기질에 따른 실외 놀이 형태. 이화여자대학교 대학원 석사학위논문.
남효순, 신지혜, 전선영 (2002). 예비 영유아교사를 위한 놀이지도. 경기도: 어가.
문무경 (2022). 지속가능발전과 미래 유아교육의 과제: 디지털 전환을 중심으로. 한국유아교육학회 춘계학술대회 자료집, 55-72.
문희연 (2002). 흥미영역에 대한 유아의 선호 연구. 중앙대학교 교육대학원 석사학위논문.
박미영 (2020). 영유아 놀이 지원을 위한 교사의 역할과 안전 관리 방안. 아동보육학회지, 42(3), 205-220.
박수연 (2019). 영유아 자연친화 활동에서의 교사의 역할. 환경교육연구, 33(1), 89-105.
박지영 (2018). 쌓기놀이가 영유아의 문제해결력과 창의성에 미치는 영향. 유아발달학회지, 34(1), 67-82.
박지영 (2021). 신체놀이가 영유아의 사회적 상호작용에 미치는 영향. 아동발달연구, 42(4), 99-112.
박지은 (2021). 유아 수조작 활동에서 교사의 질문 기법이 아동의 문제해결 능력에 미치는 영향. 유아교육학회지, 43(2), 195-212.

박지혜 (2021). 미술놀이와 감정 표현. 아동심리학연구, 31(2), 91-104.

박은영 (2018). 신체놀이가 영유아 신체발달에 미치는 영향. 유아발달연구, 40(3), 135-150.

박혜정 (2018). 전통놀이가 영유아 신체발달에 미치는 영향. 유아교육학회지, 34(2), 111-123.

박혜정 (2020). 유아 역할놀이에서 교사의 역할과 교육적 접근. 유아교육학회지, 34(3), 45-59.

보건복지부 (2020). 보육사업안내.

박현아 (2021). 영유아의 협동놀이 발달과 쌓기놀이에서의 사회적 상호작용. 아동심리연구, 37(4), 200-218.

서울교육 (2023). 놀이 중심 교육과정 속 디지털 활용하기 -디지털 놀이, 어디까지 해봤니?-. 교과교육 2023 여름호(251호).

서울특별시교육청 (2022). 패들렛으로 보는 놀이중심 교육과정 일년살이 자료. 서울특별시교육청 미래교육지원단.

서울특별시교육청 (2023). 2023학년도 유치원 신학기 도움자료. 서울특별시교육청 유아교육과.

서윤희, 한유진 (2021). 유치원 교사들의 원격수업 경험에서의 의미 구성. 학습자중심교과교육연구, 21(4), 1285-1312.

손민주 (2020). 수조작놀이를 통한 영유아 논리적 사고력 발달. 유아수학연구, 32(4), 217-231.

손유진 (2021). 자연 속에서의 놀이가 영유아 생태적 감수성에 미치는 영향. 유아생태교육연구, 29(1), 97-113.

송승민, 박인영, 김미옥, 이순희 (2020). 개정 누리과정에 기초한 유아중심, 경험중심 놀이지도. 경기: 공동체.

심혜진 (2003). 유아교육과정의 질에 따른 유아 참여 및 상호작용에 관한 연구. 덕성여자대학교 대학원 석사학위논문.

여성가족부 (2020). 스마트폰, 우리 아이 불균형한 뇌 발달의 원인.

육아정책연구소 (2024). 개정 0-2세 표준보육과정 연수 자료집. 교육부 · 전국 시도교육청.

윤동은, 오경숙 (2009). 보육시설 유아의 연령에 따른 실외놀이 시설에 대한 선호도. 한국유아체육학회지, 10(1), 118-132.

이경미 (2009). 유아교육기관에서 유아가 경험하는 하루일과에 대한 연구. 이화여자대학교 대학원 박사학위논문.

이기숙, 김정원, 이현숙, 전선옥 (2013). 제3판 영유아교육과정. 경기: 공동체.
이민정 (2020). 전통놀이의 교육적 가치와 현대적 적용. 유아교육과정연구, 27(4), 105-120.
이선미 (2019). 영유아 쌓기놀이와 공간 인식 발달. 유아교육학회지, 35(1), 50-65.
이선화 (2017). 영유아 안전 관리를 위한 일과 전환 시 교사의 역할. 한국유아교육학회지, 29(1), 87-100.
이수연 (2019). 수조작놀이 환경 조성과 교사의 역할. 유아교육연구, 35(2), 157-170.
이숙재 (2015). 영유아 놀이의 이론과 실제. 서울: 창지사.
이승미 (2015). 부모-자녀 놀이 및 사교육 현황과 유아의 인식이 유아의 행복에 미치는 영향. 이화여자대학교 대학원 박사학위논문.
이영희 (2021). 영유아 수 개념 발달을 위한 수조작놀이의 중요성. 유아교육현장연구, 36(1), 101-115.
이유리 (2020). 전통놀이에서 협동과 경쟁의 경험. 유아사회교육연구, 30(2), 134-146.
이유리 (2021). 역할놀이가 영유아 언어발달에 미치는 영향. 아동언어학회지, 29(2), 73-87.
이정미 (2019). 역할놀이의 교육적 가치와 효과. 유아교육과정연구, 27(4), 101-115.
이정미 (2020). 신체놀이와 인지발달. 유아교육과정연구, 28(3), 75-89.
이정미 (2021). 미술놀이와 사회적 상호작용. 유아사회교육연구, 29(3), 112-124.
이정은 (2020). 자연친화 활동과 영유아 정서발달. 아동심리연구, 35(3), 145-160.
이정은 (2021). 쌓기놀이가 영유아의 사회적 발달에 미치는 영향. 유아사회교육연구, 30(2), 153-170.
이재영 (2020). 자유놀이에서의 유아 놀이 주도성에 대한 교사 인식 연구: Q방법론적 접근을 중심으로. 남서울대학교 대학원 박사학위논문.
이지현 (1998). 유아의 기질 및 성에 따른 놀이행동. 성신여자대학교 대학원 석사학위논문.
이현주 (2018). 교사 계획에 따른 놀이의 질 향상 연구. 유아교육연구, 24(3), 101-119.
장정백 (2002). 실내외 놀이환경에 따른 유아의 인지 사회적 놀이행동 연구. 숙명여자대학교 대학원 박사학위논문.
장한빛 (2015). 유치원에서 유아의 연령 및 성별에 따른 실외놀이영역 선호도. 이화여자대학교 대학원 석사학위논문.
장현진, 남옥선 (2021). 영유아 관련 스마트기기 이용에 대한 연구동향. 영유아교육: 이론과 실천, 6(2), 109-133.
전경화 (2019). 놀이의 교육적 의미: 존 듀이의 관점. 서울교육대학교 교육전문대학원 석사학위논문.

정남미 (2019). **2019 개정 누리과정을 반영한 놀이지도**. 경기: 정민사.

정지윤 (2020). 전통놀이와 사회적 상호작용. **아동심리학연구, 31**(4), 245-258.

정지윤 (2021). 신체놀이와 정서발달. **유아정서교육연구, 33**(1), 21-35.

정효정 (2020). 미술놀이가 영유아의 소근육 발달에 미치는 영향. **유아발달연구, 40**(1), 115-130.

정해리 (2020). 역할놀이가 영유아의 사회적 및 정서적 발달에 미치는 영향. **아동심리학연구, 33**(4), 232-248.

정혜진 (2020). 유아 역할놀이에서 교사의 중재와 사회적 상호작용. **유아사회교육연구, 29**(1), 121-135.

정혜진 (2021). 전통놀이의 창의적 발달과 교사의 역할. **유아교육과정연구, 29**(1), 67-81.

조영지 (2011). 유아의 성별, 연령별 놀이성과 친사회적 행동의 차이 비교. 충남대학교 교육대학원 석사학위논문.

조은옥, 최영희 (2003). 유아의 기질과 놀이행동에 관한 연구. **놀이치료연구, 6**(1), 57-67.

진명희, 서현순 (2004). 3, 4, 5세 유아의 놀이선호도와 놀이참여 유형에서의 성유형성 비교 및 성역할 고정관념과의 관련성. **유아교육연구, 24**(3), 141-163.

최영희 (1991). 아동의 기질이 모자 상호작용과 아동의 문제행동에 미치는 영향에 관한 연구. 숙명여자대학교 대학원 박사학위논문.

최영희 (2021). 자연친화놀이에서 교사의 개입과 지원 전략. **유아교육과정연구, 29**(4), 178-195.

최현주 (2020). 쌓기놀이의 교육적 의미와 교사의 중재 방안. **유아교육과정연구, 29**(2), 180-195.

채종옥, 이경화, 김고양 (2004). **유아와 놀이 이론과 실제**. 양서원.

한국보육진흥원 (2014). **놀이를 통해 배워요**. 서울: 한국보육진흥원.

한국보육진흥원 (2018). **2018 제3차 어린이집 평가인증 안내**. 서울: 보건복지부, 한국보육진흥원.

한국보육진흥원 (2024). **2024 개정 어린이집 평가 매뉴얼**. 서울: 한국보육진흥원.

한유진, 박지원 (2020). 개방적 놀이 환경에서의 유아 자기주도성 발달 연구. **한국놀이연구, 17**(2), 133-145.

환경부 환경보건정책과 (2023). 어린이활동공간 환경보건업무 매뉴얼.

황준성, 홍주영 (2013). **놀이의 반란: 아이의 인생을 바꾸는 '놀이'의 숨은 비밀**. 서울: 지식너머.

American Academy of Pediatrics (2016). Media and Young Minds. *Pediatrics, 138*(5).

Bandura, A. (1986). *Social foundations of thought and action: A social cognitive theory*. Englewood Cliffs, NJ: Prentice-Hall.

Baumrind, D. (1971). Current patterns of parental authority. *Developmental Psychology Monographs, 4*(1, Pt.2), 1-103.

Bredekamp, S., & Copple, C. (1997). *Developmentally Appropriate Practice in Early Childhood Programs*. NAEYC.

Bruner, J. (1996). *The culture of education*. Harvard University Press.

Berk, L. E. (2006). *Child development*. Pearson.

Bronfenbrenner, U. (1979). *The Ecology of Human Development: Experiments by Nature and Design*. Harvard University Press.

Casey, T. (2003). *Enhancing children's learning through play in early years settings*. London: Paul Chapman Publishing.

Christakis, D. A. (2009). The effects of infant media usage: what do we know and what should we learn?. *Acta Paediatrica, 98*(1), 8-16.

Diamond, A. (2013). Executive functions. *Annual Review of Psychology, 64*, 135-168.

Drew, W. F., & Rankin, B. (2004). Promoting creativity for life using open-ended materials. *Young Children, 59*(4), 38-45.

Dunn, J., & Kendrick, C. (1982). *Siblings: Love, envy, and understanding*. Harvard University Press.

Epstein, J. L. (2001). *School, family, and community partnerships: Preparing educators and improving schools*. Boulder, CO: Westview Press.

Epstein, A. S. (2007). *The intentional teacher: Choosing the best strategies for young children's learning*. Washington, DC: National Association for the Education of Young Children (NAEYC).

Fein, G. G. (1975). Atransformation analysis of pretending. *Development Psychology, 11*(3), 291-296.

Field, T. (1980). Preschool play: Effects of teacher/child rations and organization of class-room space. *Child Study Journal, 10*, 191-205.

Freud, S. (1959). *Beyond the Pleasure Principle*. In Standard Edition (Vol. 18).

Frost, J. L., & Klein, B. (1979). *Children's pllay and the educative process*. New York: Rine-hart & Winston, Inc.

Frost, J. L., Wortham, S. C., & Reifel, R. S. (2011). *Play and child development*. Upper Saddle River, NJ: Pearson.

Frost, J. L., Wortham, S. C., & Reifel, R. S. (2012). *Play and Child Development* (4th ed.). Upper Saddle River, NJ: Pearson Education.

Garvey, C. (1990). *Play*. Cambridge, MA: Harvard University Press.

Gee, J. P. (2003). What video games have to teach us about learning and literacy. *Computers in Entertainment (CIE), 1*(1), 20-20.

Ginsburg, K. R. (2007). The importance of play in promoting healthy child development and maintaining strong parent-child bonds. *Pediatrics, 119*(1), 182-191.

Göncü, A., & Gaskins, S. (2007). *Play and Development: Evolutionary, Sociocultural, and Functional Perspectives*. Lawrence Erlbaum Associates.

Gopnik, A., Meltzoff, A. N., & Kuhl, P. K. (2001). *The Scientist in the Crib: What Early Learning Tells Us About the Mind*. HarperCollins.

Gump, P. V., & Keller, H. W. (1991). Children's space use and physical environment in the child care setting. *Environment and Behavior, 23*(3), 305-330.

Hughes, M., & Hutt, C. (1979). Heart rate correlates of childhood activities: Play, exploration, problem solving, and daydreaming. *Child Development, 50*(1), 170-179.

Harter, S. (1981). A model of mastery motivation in children: Individual differences and developmental change. In W. A. Collins (Ed.), *Minnesota Symposium on Child Psychology* (Vol. 14, pp. 215-255). Hillsdale, NJ: Erlbaum.

Helm, J. H., & Katz, L. G. (2011). *Young Investigators: The Project Approach in the Early Years*. Teachers College Press.

Howe, N., & Recchia, H. (2009). Sibling relations and their impact on children's development. Encyclopedia on Early Childhood Development.

Huizinga, J. (2010). **호모 루덴스**. 이종인 역. 고양: 연암서가. (원본 발간일 1938).

Hutt, C. (1971). Exploration and play in children. In R. Herron, & B. Sutton-Smith (Eds), *Child's play* (pp. 231-251). New York: Wiley.

Isbell, R., & Raines, S. C. (2013). *Creativity and the arts with young children*. Belmont, CA: Wadsworth/Cengage Learning.

Jeffree, D. M., & McConkey, R. (1976). An observation scheme For recording children's imaginative doll play. *Journal of Child Psychology and Psychiatry, 17*(3), 189-97.

Jonson, J., Christie, J., & Yawkey, T. (1999). *Play and early childhood development*. New York: Addison Wesley Longman, Inc.

Jonson, J. E., Christie, J. F., & Wardle, F. (2005). *Play development and early education*. New York: Pearson, Allyn and Bacon.

Kontos, S. (1999). Preschool teachers' talk, roles, and activity settings during free play. *Early Childhood Research Quarterly, 14*(3), 363-382.

Kramer, L., & Conger, K. J. (2009). What we learn from our siblings when we're not looking. *Perspectives on Psychological Science, 4*(4), 310-315.

Kuhl, P. K. (2010). Brain mechanisms in early language acquisition. *Neuron, 67*(5), 713-727.

Levy, J. (1978). *Play Behavior*. New York: Wieley.

Livingstone, S., & Stoilova, M. (2021). Privacy and Data Protection: What do Children and Parents think?. *European Journal of Privacy Law & Technologies, 1*, 55-78

Louv, R. (2008). *Last Child in the Woods: Saving Our Children from Nature-Deficit Disorder*. Algonquin Books.

Marsh, J. (2014). The relationship between online and offline play: Friendship and exclusion. *European Journal of Cultural Studies, 17*(6), 647-663.

Maxwell, L. E., Mitchell, M. R., & Evans, G. W. (2008). Effects of play equipment and loose parts on preschool children's outdoor play behavior: An observational study and design intervention. *Children, Youth and Environments, 18*(2), 36-63.

McAfee, O., & Leong, D. J. (2007). *Assessing and Guiding Young Children's Development and Learning*. Pearson Education.

McHale, S. M., Updegraff, K. A., & Whiteman, S. D. (2012). Sibling relationships and influences in childhood and adolescence. *Journal of Marriage and Family, 74*(5), 913-930.

Millar, S. (1968). *The Psychology of Play*. London: Penguin Books.

Nansen, B., Chakraborty, K., Gibbs, L., & MacDougall, C. (2012). Children and Digital Wellbeing: An Integrative Review. *Children & Society, 26*(1), 50-62.

Montessori, M. (1967). *The Absorbent Mind*. Holt, Rinehart & Winston.

Moore, R. C. (1986). *Childhood's domain: Play and place in child development*. Croom Helm.

Olds, A. R. (2000). *Child care design guide*. New York: McGraw-Hill.

Pagani, L. S., Fitzpatrick, C., Barnett, T. A., & Dubow, E. (2010). Prospective associations between early childhood television exposure and academic, psychosocial, and physical well-being by middle childhood. *Archives of Pediatrics & Adolescent Medicine, 164*(5), 425-431.

Panksepp, J. (2007). The neurobiology of play: Mammalian playfulness as a window on the emotional basis of human nature. *Current Directions in Psychological Science, 16*(2), 68-72.

Parten, M. B. (1932). Social participation among preschool children. *Journal of Abnormal and Social Psychology, 27*(3), 243-269.

Piaget, J. (1962). *Play, Dreams, and Imitation in Childhood.* W. W. Norton & Company.

Rogers, S., & Evans, J. (2008). *Inside role-play in early childhood education: Researching young children's perspectives.* London: Routledge.

Roggman, L. A., Boyce, L. K., Cook, G. A., Christiansen, K., & Jones, D. (2004). Playing with daddy: Social toy play, early head start, and developmental outcomes. *Fathering: A Journal of Theory, Research, and Practice about Men as Fathers, 2*(1), 83-108.

Rogoff, B. (2003). *The cultural nature of human development.* Oxford University Press.

Rubin, K. H., Fein, C. G., & Vandenberg, B. (1983). Play. In E. Hetherington (Ed), *Hand-book of child psychology*, Vol. IV, Socialization, personality, and social develop-ment(pp. 693-774). New York: Wiley.

Saracho, O. N. (1996). Preschool children's cognitive styles and play behaviors. *Child Study Journal, 26*(2), 125–148.

Saracho, O. N., & Spodek, B. (1995). Children's play and early childhood education: Insibhts from history and theory.

Saracho, O. N., & Spodek, B. (1995). Children's Play and Early Childhood Education: Insights from History and Theory. *Journal of Education, 177*, 129 148.

Sheridan, S., & Pramling Samuelsson, I. (2001). Children's conceptions of participation and influence in pre-school: A perspective on pedagogical quality. *International Journal of Early Years Education, 9*(2), 109-118.

Sherry, J. L. (2004). Flow and media enjoyment. *Communication Theory, 14*(4), 328-347.

Siraj-Blatchford, I., Sylva, K., Muttock, S., Gilden, R., & Bell, D. (2002). Researching effective pedagogy in the early years. *Research Report No. 356*, Department for Education and Skills.

Smilansky (1968). *The effects of sociodramatic play on disadvantaged preschool children.* New York: Wiley.

Smith, P. K. (1978). A longitudinal study of social participation in preschool children solitary and parallel-aware play reexamined. *Developmental Psychology, 14*(5), 517-523.

Tamis-LeMonda, C. S., Shannon, J. D., Cabrera, N. J., & Lamb, M. E. (2004). Fathers and mothers at play with their 2- and 3-year-olds: Contributions to language and cognitive development. *Child Development, 75*(6), 1806-1820.

Trawick-Smith, J. (2010). *Early Childhood Development: A Multicultural Perspective*. Pearson.

UNESCO (2018). UNESCO ICT Competency Framework for Teachers.

Vandewater, E. A., Bickham, D. S., & Lee, J. H. (2006). Time well spent? Relating television use to children's free-time activities. *Pediatrics, 117*(2), 181-191.

Volling, B. L. (2003). "Sibling relationships." In M. H. Bornstein, L. Davidson, C. L. M. Keyes, & K. A. Moore (Eds.), *Well-being: Positive development across the life course*. Lawrence Erlbaum Associates Publishers, 205-220.

Vygotsky, L. S. (1978). *Mind in Society: The Development of Higher Psychological Processes*. Harvard University Press.

Weiss, H. B., Caspe, M., & Lopez, M. E. (2006). *Family involvement in early childhood education*. Harvard Family Research Project.

Whiteman, S. D., McHale, S. M., & Crouter, A. C. (2007). Explaining sibling similarities: Perceptions of sibling influences. *Journal of Youth and Adolescence, 36*(7), 963-972.

Wortham, S. C. (2006). *Assessment in Early Childhood Education* (5th ed.). Pearson.

Wortham, S. C. (2010). *Assessment in Early Childhood Education*. Pearson Education.

Wood, E. (2010). Developing integrated pedagogical approaches to play and learning. In P. Broadhead, J. Howard, & E. Wood (Eds.), *Play and learning in the early years* (pp. 9-26). London: Sage.

Wood, E. (2014). Free choice and free play in early childhood education: Troubling the discourse. *International Journal of Early Years Education, 22*(1), 4-18.

저자소개

■ 김정은

경성대학교 대학원 교육학 석사
경성대학교 대학원 교육학 박사
전) 동부산대학교 유아교육과 조교수
　　김해대학교 유아교육과 조교수
현) 신라대학교 유아교육과 조교수

영유아를 위한 놀이지도

초판 1쇄 인쇄 / 2025년 1월 3일
초판 1쇄 발행 / 2025년 1월 9일

저　자 / 김　성　은
발행인 / 이　중　수
발행처 / **동　문　사**

서울특별시 서대문구 홍제원 1길 12
(홍제동 137-8)
Tel : 02)736-3718(대), 736-3710, 3720
Fax : 02)736-3719
등록번호 : 1974.04.27. 제9-17호
가격 : 24,000원

ISBN : 979-11-6328-641-7 (93370)
E-mail : dong736@naver.com
www.dongmunsa.com